【 한국의 속담 대백과 】

한국의 속담 대백과

이선종 엮어옮김

아이템북스

책머리에

선인들의 삶이 묻어나는 인생의 지혜

　속담은 우리 조상으로부터 물려받은 지식적 유산이며 도덕적 유산이다. 짤막한 속담 한 마디 속에 담긴 무궁무진한 철학적 진리는 수천 수만 마디의 미사여구와 비할 바가 아니다.

　속담은 한두 마디의 짧은 말로 깊은 뜻과 강한 느낌을 주는 것이 특징이다. 예컨대, '세 살 버릇 여든까지 간다.', '떡 줄 사람은 생각도 않는데 김칫국부터 마신다.' 등과 같이 주로 서민 생활 속에서 만들어진 것이 많은데, 고전이나 고사에서 나와 세상에 두루 퍼진 것들도 적지 않다.

　우리는 세상을 살아가면서 여러 가지 어려움을 겪게 된다. 이러한 어려움이 우리 주위에 찾아왔을 때 보석처럼 반짝이는 그 한 마디의 짧은 말은 우리의 의식 속에 무게와 힘을 더해 준다. 그것들은 비록 짧지만 우리의 정신을 일깨워 주고 어려운 순간을 이길 수 있는 힘을 길러주며 판단력을 갖도록 도와준다. 진리로서의 권위를 지니고 있으므로 수천 마디의 긴 설교보다도 훨씬 효과적으로 상대방을 설복하는 무기가 되고, 가정이나 학교에서 젊은이들에게 주는 비중 있는 교훈이 되며, 항상 마음에 새겨 둘 수양과 처세의 격언이 된다. 그리하여 원만한 세계관과 인생관, 그리고 사회관을 갖도록 이끌어 준다.

　이 속담은 한두 사람의 의견이 아니다. 수백 수천 년을 두고 대중들의 삶 속에서 공감대를 얻어 선인들의 입과 입을 통해 전해 내려오며 거르고 다듬어진 말들인 만큼 세상의 수 많은 말 중의 보석이요, 꽃이요, 별이라 할 수 있다. 따라서 속담은 그 민족의 독특한 예지와 정서와 심리도 함께 포함하고 있다. 이러한 점에서 그 민족을 알려면 그 민족들 사이에서 통용되는 속담을 알아야 하고, 그 속담을 모르고는 그 민족을 말할 수도 이해할 수도 없는 것이다.

우리의 언어 생활에 있어, '비근한 예를 들 때', 또는 '비꼬아서 말할 때', 또는 '익살을 부릴 때' 속담을 많이 쓰게 되는데, 이럴 때 사용하는 속담은 말에 힘을 실어 준다.

속담은 예로부터 수많은 세월을 두고 민중들 사이에서 회자되어 온 것인 만큼 본질적으로 우리 민중의 것이다. 그 속에는 시대적인 희로애락의 모습이 고스란히 담겨 있다. 따라서 우리의 수많은 속담 중에서도 민중들 사이에서 널리 회자되는 속담들만을 선별하여, 누구나 그 뜻을 쉽게 이해할 수 있도록 뜻풀이를 곁들여 엮었다.

우리 선조들의 입과 입을 통하여 전해 내려오는 속담은 하나같이 그 한 마디 한 마디가 삶의 진솔한 철학을 담고 있는 진리의 그릇이다. 그런 만큼 이 책이 독자들의 삶에 많은 도움이 되리라 믿는다.

- 엮어 옮긴이

차례

책머리에 • 6

가까운 이웃이 먼 일가친척보다 낫다 • 11

나가는 년이 세간 사랴 • 87

다된 농사에 낫 들고 덤빈다 • 129

마당삼을 캐었다 • 175

바가지를 긁는다 • 207

사나운 개 콧등 아물 틈 없다 • 251

아가리가 광주리만 해도 그런 소리는 못한다 • 323

자가사리가 용을 건드린다 • 415

차면 넘친다 • 475

칼날 위에 섰다 • 493

타는 닭이 꼬꼬 하고 그슬린 돝이 달음질한다 • 501

파고 세운 장나무 • 505

하나는 열을 꾸려도 열은 하나를 못 꾸린다 • 513

가까운 이웃이 먼 일가친척보다 낫다
이웃에서 서로 가까이 내왕하며 지내면 먼 데 있는 일가보다 더 친하게 된다는 말.

가까운 무당보다 먼 데 무당이 더 용하다
늘 상대하여 잘 아는 무당보다 잘 모르는 무당을 더 좋다고 한다는 말로, 사람은 흔히 무엇이나 자기가 잘 알고 가까이 있는 것보다는 잘 모르고 멀리 있는 것을 더 좋은 줄로 안다는 뜻.

가난 구제는 나라도 어렵다
가난한 사람을 구하는 것은 나라의 힘으로도 어려운데, 더구나 한 개인의 힘으로 구한다는 것은 더욱 힘든 일이라는 말.

가난한 집 제사 돌아오듯
괴로운 일이 연이어 자주 닥쳐 옴을 말함. 조상의 제삿날은 잘 차려야 하는데, 어려운 살림에 무엇 하나라도 마련하여 차려 놓기가 크게 고통스러워, 일 년에 한 번밖에 없는 제사이건만 자주 돌아오는 것같이 느껴지는 데서 하는 말.

가난할수록 기와집 짓는다
① 가난한 사람이 남에게 잘사는 것처럼 보이려고 하는 심리를 일컬음. ② 가난하다고 하여 주저앉고 마는 것이 아니라 어떻게든지 잘 살아 보려고 용단을 내어 큰일을 한다는 뜻.

가는 년이 물 길어다 놓고 갈까
이미 일이 다 틀어져서 그만두는 판에 뒷일을 생각하고 돌아다 볼 리 만무하다는 뜻. = 가는 년이 보리방아 찧어 놓고 가랴.

가는 말에도 채를 치랬다
빨리 달리는 말도 더욱 빨리 가게 하기 위하여 채찍질을 치라는 말이니, 무슨 일이나 잘되어 가더라도 더욱 더 열을 내고 힘쓰면 더 큰 효과를 얻을 수 있다는 뜻.

가는 말이 고와야 오는 말이 곱다
모든 인생사는 메아리와도 같아서 내가 남에게 좋게 하여야만 남도 내게 좋게 한다는 뜻.

가는 방망이 오는 홍두깨
① 이쪽에서 방망이로 저쪽을 때리면 저쪽에서는 홍두깨로 이쪽을 때린다는 말로, 무슨 일이거나 반드시 자기가 한 일보다 더 가혹한 갚음을 받게 된다는 말. ② 남을 해치려고 하다가 제가 도리어 더 크게 화를 입게 된다는 뜻.

가는 손님은 뒤꼭지가 예쁘다
가난하여 손님 대접하기가 어려운데, 이렇게 형편을 알아주어 곧 돌아가 주니 고맙게 여긴다는 말.

가는 토끼 잡으려다가 잡은 토끼 놓친다
너무 크게 욕심을 부려서 한꺼번에 여러 가지를 하려다가는 도리어 이미 이룬 일까지도 실패로 돌아가고 하나도 성취하지 못한다는 말.

가던 날이 장날이라
뜻하지 아니한 일을 때마침 공교롭게 만난 경우를 이름.

가랑비에 옷 젖는 줄 모른다
가랑비에 옷 젖는 줄 모르듯이 그렇게 조금씩 조금씩 없어지는 줄 모르게 재산 같은 것이 줄어들어 가는 것을 말함.

가랑잎에 불붙듯
바싹 마른 가랑잎에 불을 지르면 걷잡을 수 없이 활활 타오른다는 데서 온 말로, 성미가 마르고 급하여 도량이 작은 사람을 비유한 말.

가랑잎이 솔잎더러 바스락거린다고 한다
넓적넓적한 가랑잎이 바늘 같은 솔잎보다 더 큰 소리를 내면서도 도리어 솔잎더러 바스락 소리를 낸다는 말로, 제 허물 큰 줄은 모르고 남의 작은 허물을 들추어서 나무랄 때 이르는 말.

가루 가지고 떡 못 만들랴
누구나 당연히 할 수 있는 일을 가지고 잘했느니 잘못했느니 여러 소리를 할 때 이르는 말.

가루는 칠수록 고와지고 말은 할수록 거칠어진다
밀가루와 같은 가루는 체에 칠수록 더 고와지지만 말이 지나치게 많으면 득보다는 오히려 해되는 일이 많으니 말을 삼가라고 경계한 말.

가루 팔러 가니 바람이 불고, 소금 팔러 가니 이슬비 온다
가루 장사를 가면 바람이 불어 가루를 날리고 소금 장사를 가면 이슬비가 와서 소금을 다 녹여 버린다는 말로, ① 세상일이란 것은 뜻대로 되지 않고 빗나가는 수가 많다는 뜻. ② 무슨 일에 마가 끼어서 잘 안 된다는 뜻.

가림이 있어야 의복이라 한다
가려야 할 데를 가려야만 비로소 의복이라 할 수 있다는 뜻으로, 제가 맡은 바 구실을 온전히 하여야만 그에 마땅한 대우를 받는다는 말.

가마 타고 시집가기는 틀렸다
제 격식대로 하기는 틀렸음을 이르는 말.

가문(家門) 덕에 대접 받는다
① 저는 변변치 못하여도 좋은 가문에서 태어난 덕에 상당한 대우를 받게 된다는 말. ② 제가 지니고 있는 여러 조건이 유리하면 좀 못났더라도 사람 대접을 받으며 지낼 수 있다는 말.

가뭄 끝은 있어도 장마 끝은 없다
아무리 가뭄이 심하여도 이때는 농사나 안 되고 말지만, 장마가 크게 져서 물난리가 나면 농토뿐만 아니라 집·산·천·인명에까지 피해가 크므로 물을 더 무섭게 여겨 하는 말.

가시나무에 가시 난다
원인과 결과는 언제나 서로 따르는 것이어서 전혀 동떨어진 특출한 일은 있을 수 없다는 말.

가을 더위와 노인의 건강
가을에는 아무리 덥다 하더라도 오래 가는 더위가 아니요, 노인의 건강이 아무리 좋다 하더라도 오래 갈 수 없다는 뜻으로, 무엇이나 그 끝이 가까워 기운이 쇠하게 되면 오래 가지 못함을 일컬음.

가을 물은 소 발자국에 고인 물도 먹는다
소 발자국에 고인 물도 먹을 정도로 가을 물은 그렇게 매우 맑고 깨끗하다 하여 이르는 말.

가을볕에는 딸을 쪼이고, 봄볕에는 며느리를 쪼인다
가을볕보다 봄볕에 더욱 살갗이 거칠어지고 잘 타므로, 며느리보다는 딸을 더 사랑하고 아낀다는 말.

가을 상치는 문 걸어 잠그고 먹는다
아무도 못 들어오도록 방문을 걸어 잠그고 혼자 먹을 만큼 그렇게 가을 상치는 참으로 맛이 좋다고 하여 이르는 말.

가을 아욱국은 계집 내어쫓고 먹는다
사랑하는 아내마저 내쫓고 혼자 먹을 만큼 그렇게 가을 아욱국은 참으로 맛이 좋다는 뜻.

가을에 내 아비 제도 못 지내거든 봄에 의붓아비 제 지낼까
형편이 넉넉할 때 꼭 치러야 할 일도 못 하였는데, 하물며 어려운 때에 오직 체면을 차리기 위하여 힘든 일을 할 수 있겠느냐는 뜻.

가을에 못 지낸 제사를 봄에는 지낼까
무엇이나 넉넉할 때에도 못 한 일을 궁하고 없을 때 어떻게 할 수가 있겠느냐는 말.

가을일은 미련한 놈이 잘한다
가을 농촌 일은 매우 바쁘므로 꾀를 부려 약은 수로 일하는 것보다 그저 덮어놓고 닥치는 대로 해치워야 성과가 좋다는 말.

가을 중의 시주(施主) 바가지 같다
가을 추수가 끝나 곡식이 풍성하면 사람들이 시주를 많이 하게 되어 그 바가지가 가득 찰 것이니, 그처럼 무엇이 가득히 담긴 것을 이름.

가을철에는 죽은 송장도 꿈지럭한다
가을철 농가에서는 매우 분주하므로 이름.

가재는 게 편이요, 초록은 동색이라
가재와 게처럼 모양이 비슷하고 인연 있는 것끼리 서로 편이 되어 붙는다는 뜻.

가죽이 있어야 털이 나지
가죽 없이 털이 날 수 없는 것처럼 무엇이나 그 근본이 있어야만 생겨난다는 말.

가지 많은 나무 바람 잘 날 없다
자식 많은 부모는 갖가지 많은 일들이 생기게 되어 몸과 마음이 편할 때가 없다는 뜻.

가진 돈이 없으면 망건 꼴이 나쁘다
지니고 다니는 돈이 없으면 그만큼 겉모양도 허술해 보이고 마음에 떳떳하지 못하다는 말.

간다간다 하면서 아이 셋 낳고 간다
그만둔다고 말로만 하면서 그만두지 못하고 질질 끌게 됨을 이르는 말.

간에 가 붙고 쓸개에 가 붙는다
제게 조금이라도 이로울 일이라면 체면과 지조를 돌보지 않고 아무에게나 가서 아첨하는 것을 이르는 말.

갈구리 맞은 고기
갈구리를 맞아 놀라 헐떡거리며 어쩔 줄 모르는 고기와 같다는 말로, 매우 위급한 경우를 당하여 어찌할 바 모르고 있음을 이르는 말.

갈매기도 제 집이 있다
바닷가에서 날아다니는 갈매기에게도 집이 있거늘 어찌하여 사람에게 집이 없겠느냐고 하는 말.

갈치가 갈치 꼬리 문다
갈치가 서로 꼬리를 물고 뜯고 하며 괴롭히는 것처럼 동류(同類)끼리 서로 못 살게 해치고 돌아감을 이름.

감나무 밑에 누워도 삿갓 미사리를 대어라
감나무 밑에 누워 감이 저절로 떨어지기만을 기다리더라도 곧장 입으로 들어갈 수 있도록 삿갓 미사리를 입에 대고 있어야 받을 수 있다는 말로, 행운이나 이익이 틀림없을 듯한 경우에라도 자기의 노력이 없어서는 안 된다는 뜻.
* 미사리 : 삿갓 밑에 붙여 머리에 쓰게 된 둥근 테두리.

감나무 밑에 누워서 연시(홍시) 떨어지기 바란다.
열심히 노력해서 얻으려 하지 않고 가만히 앉아서 불로소득만을 바란다는 뜻.

감출 줄은 모르고 훔칠 줄만 안다
물건을 훔칠 줄 알면 감출 줄도 알아야 되겠는데 그렇지 못한다는 말은, 하나는 알고 둘은 모른다는 뜻.

갑작 사랑 영 이별
갑작스럽게 사랑에 빠지게 되면 오래지 않아서 아주 헤어져 버리기 쉽다는 말.

값도 모르고 싸다 한다
일의 사정도 잘 모르면서 이러니저러니 단정지어 말한다는 뜻.

값 싼 갈치자반 맛만 좋다
싼 값에 비해 물건이 제법 좋을 때 하는 말.

값 싼 비지떡
값 싼 물건 치고 좋은 것이 없다는 말. = 싼 게 비지떡.

갓방 인두 달 듯
갓 만드는 데의 인두가 언제나 뜨겁게 달아 있는 것처럼, 자기 혼자 애태우며 어쩔 줄 모른다는 뜻.

갓 쓰고 망신
한껏 모양새를 차리고 점잔을 빼고 있는데 어떤 일로 망신을 당하여 더욱 무참하게 되었을 때 쓰는 말.

갓 쓰고 박치기해도 제 멋
갓을 쓰고 박치기를 하면 갓이 다 못 쓰게 될 것이나 그래도 저 하고 싶어서 한다는 말로, 어떤 짓을 하거나 제 마음대로 하도록 내버려 두라는 뜻. = 지게 지고 제사를 지내도 제 멋이다. 도포를 입고 논을 갈아도 제 멋이다. 오이를 거꾸로 먹어도 제 멋.

갓 쓰고 자전거 탄다
서로 어울리지 않아 어색하고 우습다는 뜻.

갓장이 헌 갓 쓰고, 무당 남 빌어 굿하고
갓을 만드는 갓장이가 갓이 없어서 헌 갓을 쓰고 무당이 제 굿을 못한다는 말로, 무엇이나 제가 제 것을 만들어 가지지 못하고 제가 제 일을 처리하지 못하는 경우에 이르는 말.

강계(江界)도 평안도 땅이다
강계가 아무리 외떨어져 있어도 평안도 땅임에는 틀림없음과 같이, 무엇이 퍽 다르게 보이나 사실은 같은 범위 안에 든다는 뜻으로 하는 말.

강물도 쓰면 준다
강물의 물과 같이 무한한 것 같지만 자꾸 쓰면 줄어드는 법이므로, 무엇이나 많다고 헤프게 쓰지 말고 아껴 쓰라는 뜻.

강아지 똥은 똥이 아닌가
① 적고 희미하다 해서 본색을 감출 수는 없다는 말. ② 나쁜 일을 조금 하였다 하여 죄가 아니라고 발뺌을 할 수는 없다는 뜻.

강원도 포수(砲手)
일이 있어 밖에 나갔다가 오래도록 돌아오지 않을 때 쓰는 말. 강원도 산은 깊고 험하여 사냥 나간 포수가 돌아오기 어려웠던 데서 나온 말.

강철이 달면 더욱 뜨겁다
더디 달아오르는 강철이 막상 달아오르면 보통 쇠보다 더 뜨겁다는 말로, 웬만해서는 사물에 대해 움직이지도 않고 화도 낼 것 같지 않은 사람이 한번 성나면 한층 무섭다는 뜻.

강태공이 세월 낚듯 한다
중국 주(周)나라 때 강태공이 때를 기다려 세월을 보내기 위하여 위수(渭水) 가에서 낚시질을 하였다는 데서 나온 말로, 무슨 일을 하되 더디고 느리게 한다는 뜻.

강한 말은 매놓은 기둥에 상한다
지나치게 힘센 말은 그를 움직이지 못하게 매어 놓은 기둥에 몸부림치다 상처를 입게 된다는 말로, 아이들을 너무 자유롭게 하면 해로울까 싶어 심하게 구속하면 도리어 좋지 못한 결과를 얻게 된다는 뜻.

강화 도령인가 우두커니 앉았다
하는 일 없이 우두커니 앉아서 날을 보내는 사람을 이름.

* 강화 도령 : 이조 25대 철종을 가리키며, 이 철종이 즉위 전 강화에서 지낼 때 하는 일 없이 그날그날을 보냈다고 함.

갖바치 내일 모레
갖바치, 즉 가죽신을 만드는 사람이 자꾸 내일 모레 하며 약속일을 미루듯이, 약속한 날짜를 자꾸 이 핑계 저 핑계 대면서 하루하루 미룬다는 말.

갖에서 좀 난다
가죽에 좀이 나면 좀먹은 가죽도 없어지고 좀도 없어진다는 말로, 형제간의 다툼질이나 동류끼리 서로 해치고 싸우면 결국 양편이 모두 해롭게 된다는 말.

같은 값이면 과붓집 머슴살이
이왕 같은 일을 할 바에는 자기에게 이득이 더욱 많은 쪽으로 간다는 말.

같은 값이면 껌정소 잡아먹는다
누런 암소보다 껌정 암소 고기 맛이 더 좋다는 데서 나온 말로, 같은 값이면 물건이 더 좋은 것으로 택한다는 말. = 같은 값이면 다홍치마.

같은 값이면 은가락지 낀 손에 맞으랬다
꾸지람을 듣거나 벌을 받을 경우라도 이왕이면 덕 있고 이름 있는 사람에게 당하는 것이 좋다는 뜻. = 뺨을 맞아도 은가락지 낀 손에 맞는 것이 좋다.

같이 우물 파고 혼자 먹는다
노력은 여럿이서 같이 하고 거기서 나는 이득은 저 혼자 갖겠다고 한다는 뜻. 매우 욕심이 많은 사람을 두고 하는 말.

같잖은 투전에 돈만 잃었다
① 돈만을 염두에 두고 기를 쓰고 다툰 투전판도 아닌데 돈을 적지 않게 잃었다는 말. ② 자기가 정말 전심전력을 기울여서 한 일도 아닌데 손해만 보았다는 뜻.

개가 개를 낳지
개가 개를 낳지 사람을 낳을 수는 없다는 말로, 못난 그 어버이에게서 못난 그 자식이 나지 별 수 있느냐 하는 말.

개가 똥을 마다한다
개가 똥을 좋아한다고 해서 나온 말로, 틀림없이 좋아해야 할 것을 싫다고 할 때 쓰는 말.

개같이 벌어서 정승같이 쓴다
제 몸은 아무리 천하게 낮추어 일하더라도 거기에서 번 돈으로 정승처럼 깨끗이 살면 된다는 뜻.

개구리도 옴쳐야 뛴다
아무리 마음이 급할지라도 무슨 일을 이루려면 마땅히 그 일을 위하여 준비하고 주선(周旋)할 시간이 있어야 한다는 뜻.

개구리 올챙이 적 생각을 못 한다
① 예전에 미천하던 사람이 자신의 지난날을 생각지 않고 잘난 듯이 행실함을 뜻함. ② 일을 배워서 익숙하게 되면 지난날 자신의 서툴던 때는 생각지 않고 큰소리함을 이름.

개구리 주저앉는 뜻은 멀리 뛰자는 뜻이라
못난 듯이 주저앉으나 그것은 장차 뛰려는 뜻이 있어 하는 행동이라는 말로, 무릇 큰일을 이루기 위한 준비 태세는 언뜻 보기에 어리석고 못나 보임을 비유한 말.

개구멍에 망건 치기
① 개가 들어올 것을 염려하여 개구멍에 망건을 쳐 놓으면 망건만 못 쓰게 될 뿐 개는 제멋대로 들어온다는 말로, 한 가지 손해를 막으려다가 두 가지 손해를 보게 된다는 뜻. ② 남에게 빼앗길까 봐서 막고 있다가 막던 그 물건까지 잃게 된다는 말.

개, 그림의 떡 바라듯
개가 그림의 떡을 아무리 바라보고 있어 봐야 헛일이라는 말로, 행여나 하는 기대를 가지고 지켜보고 있으나 소용없는 짓이라는 뜻.

개 꼬라지 미워서 낙지 산다
사람이 고기를 사서 먹고 남는 뼈다귀는 개를 주게 되므로 개가 뼈다귀 먹는 꼴이 미워서 뼈 없는 낙지를 산다는 말로, 자기가 미워하는 자에게는 어떻게든지 그 자가 좋아할 일은 하지 않는다는 뜻.

개꼬리 삼 년 두어도 황모 못 된다
개꼬리를 아무리 오래 두어도 황모가 되지 않는다는 말로, 본래부터 못되게 타고난 것은 언제까지 가도 좋게 변하지 않는다는 뜻.
* 황모(黃毛) : 족제비의 누른 털. 붓을 매는 데 쓰임.

개 눈에는 똥만 보인다
개가 똥을 좋아한다는 데서 나온 말로, 어떤 것을 좋아하게 되면 모든 것이 그것과 같이만 보인다는 말.

개도 나갈 구멍을 보고 쫓아라
① 나갈 구멍도 없는데 무턱대고 개를 내쫓기만 하면 오히려 달려들어 물 수밖에 없게 되므로, 쫓더라도 도망갈 길은 내주어야 피해를 입지 않게 된다는 말. ② 사람을 아무리 궁지로 내몰더라도 살아날 길도 없이 너무 독하게 할 것은 아니며, 무슨 일에나 여유를 주지 않으면 안 된다는 말.

개도 닷새가 되면 주인을 안다
① 배은망덕한 사람에게 개만도 못하다고 하는 말.

② 개만도 못하게 어리석고 아둔한 사람을 두고 하는 말.

개도 부지런해야 더운 똥을 얻어먹는다
개도 부지런해야만 자신이 좋아하는 더운 똥을 얻어먹는다는 말로, 사람 역시 잘살려면 부지런해야 한다는 뜻.

개도 사나운 개를 돌아본다
사나운 개에 물릴 것을 두려워하여 뒤돌아보게 된다는 말로, 영악하고 험한 사람을 대할 때는 무슨 해를 입을까 두려워하는 나머지 다시 생각하고 돌아보아 더 잘해 준다는 말.

개도 제 털을 아끼거늘
제 몸을 도무지 돌보지 않고 함부로 사용하는 사람에게 충고할 때 쓰는 말.

개도 주인을 알아본다
남의 은혜를 받고도 배은망덕한 사람에게 '개만도 못하다'며 나무랄 때 쓰는 말.

개도 텃세한다
먼저 자리 잡은 개가 나중에 온 개에게 텃세를 부리는데 하물며 사람이야 더 말해 무엇하겠느냐는 말.

개 등의 등겨까지도 털어 먹는다
개 등에 붙은 등겨까지도 털어 먹는다 함은, 저보다 못 사는 사람을 벗겨 빼앗아 먹는다는 뜻.

개똥도 약에 쓰려면 없다
아무리 보잘것없고 흔한 것일지라도 정작 꼭 쓸 데가 있어서 찾으면 드물고 귀하다는 뜻.

개똥밭에 굴러도 이승이 좋다
아무리 고생스럽고 천하게 살더라도 죽는 것보다는 사는 것이 더 낫다는 말.

개똥참외는 먼저 맡는 이가 임자라
인분에 섞여 나온 참외씨가 땅에 떨어져서 열린 개똥참외는 임자가 따로 있는 것이 아니므로 누구나 먼저 따 먹으면 그만이라는 말로, 무엇이나 소유자가 없는 물건은 먼저 발견하는 사람이 가지게 마련이라는 뜻.

개를 따라가면 측간으로 간다
되지 못한 자와 상종하여 다니면 좋지 못한 곳으로 가게 된다는 말.
* 측간 : 변소. 화장실.

개와 친하면 옷에 흙칠을 한다
어리석은 사람과 사귀어 친하게 다니면 이로울 것은 없고 제게 손해되는 일만 생긴다는 뜻. = 아이를 예뻐하면 옷에 똥칠을 한다. 어린애 친하면 코 묻은 밥 먹는다.

개미가 절구통 들고 나간다
나약해 보이는 작은 사람이 힘에 겨운 큰일을 하거나 무거운 것을 가지고 갈 때 쓰는 말.

개미는 작아도 탑을 쌓는다
아무리 보잘것없고 힘없는 자라 할지라도 꾸준히 노력하고 정성을 들여 애쓰면 훌륭한 것을 이룰 수 있다는 말.

개미에게 불알 물렸다
아주 보잘것없는 것한테 피해를 입었다는 말.

개 발에 주석 편자
개 발에는 애당초 편자가 필요치 않은데 하물며 주석 편자가 격에 맞을 리 없다는 말로, 대개 옷차림이나 지닌 물건이 제 격에 맞지 않아 도리어 흉할 때 쓰는 말.
* 주석 편자 : 황동(黃銅)으로 만든 제철(蹄鐵).
* 제철(蹄鐵) : 말발굽에 대어 붙이는 'U' 자 모양의 쇳조각.

개밥에 도토리
개는 도토리를 먹지 아니하므로 밥 속에 들어도 먹지 않고 남기게 된다는 데서 나온 말로, 따로 돌리어 떨어져서 여럿에 어울리지 못하는 사람을 두고 하는 말.

개, 보름 쇠듯
① 명절이나 잘 먹고 지내야 할 날에 먹지도 못하고 지냄을 이름.
② 굶어서 배가 고프다는 말.

개살구가 옆으로 터진다
① 익숙하지 못한 솜씨에다 어색한 멋을 부려서 아주 보기 흉하게 됨을 뜻함. ② 못난 것이 도리어 되지 못한 짓을 함을 이름.

개살구도 맛들일 탓
① 어떤 일이나 취미를 붙이기에 달렸다는 말.
② 궂은일도 재미를 붙이면 좋아질 수 있다는 뜻.

개살구 지레 터진다
① 맛없는 개살구가 맛있는 참살구보다 먼저 익는다는 말로, 사람도 얕고 가벼운 사람이 도리어 언행에 민첩한 체하거나 잘난 체하며 뽐냄을 비웃는 말. ② 미처 자라기도 전에 좋지 않은 짓부터 할 때 쓰는 말.

개새끼도 주인을 보면 꼬리를 친다
짐승도 주인을 보면 그 은혜를 생각하고 아는 체를 하는데 어찌하여 사람이 그만 못하여 주인을 몰라보느냐고 나무라는 말.

개에게 된장 덩어리 지키게 하는 격
된장을 무척이나 좋아하는 개에게 된장 덩어리를 지키게 하면 덥석 덤벼들어 먹어치울 것이니, 믿지 못할 사람에게 보아 달라고 맡기어 일을 망쳐 버림을 이름.

개 잡아먹고 동네 인심 잃고, 닭 잡아먹고 이웃 인심 잃는다
색다른 음식을 하여 골고루 모두 나눠먹기가 어려움을 뜻함. 개는 큰 것이기 때문에 동네 사람들이 모두 나누어 먹다시피 하나 그 중에 어쩌다 빠지는 집이 있으면 서운해 하며, 닭을 잡아 이웃 간에 조금씩 나누어 주면 그 분량이 많다 적다, 또는 주었다 안 주었다는 등의 말이 많게 됨을 이름.

개장수도 올가미가 있어야 한다
무슨 일을 하든지 거기에 필요한 준비와 도구(道具), 또는 밑천이 있어야 한다는 뜻.

개천에 나도 제 날 탓이라
같은 개천에 태어나도 저마다 모두 다른 모습으로 태어난다는 말로, 아무리 미천한 집안에서 태어났다 하더라도 저만 잘나면 얼마든지 훌륭하게 될 수 있다는 말.

개천에 내다 버릴 종 없다
① 아무리 못생기고 미련한 종도 다 부릴 데가 있다는 말.
② 아무리 못생기고 미련한 사람도 다 쓰일 데가 있다는 말.

개천에 든 소
개천 속에서는 소가 양쪽 언덕의 풀을 모두 뜯어먹을 수 있다는 말로, 먹을 것이 많아 유복한 처지에 있음을 이름.

개천에서 용 난다
변변치 못한 가문에서 훌륭한 인물이 나온다는 말.

개 팔자가 상팔자라
① 놀고 있는 개가 부럽다는 뜻으로, 일이 분주하고 고생스러울 때 쓰는 말. ② 제 팔자가 하도 나쁘니 차라리 개 팔자가 더 좋겠다는 말.

개하고 똥 다투랴
본래 타고난 성질이 사납고 모진 사람과는 더불어 이득을 다투거나 시비를 가릴 수 없다는 뜻.

개 핥은 사발 같다
① 싹싹 쓸어 다 가지고 가서 아무 것도 남지 않고 깨끗하다는 뜻. ② 매우 인색하고 각박하여 다른 사람이 조금도 얻어 갈 게 없다는 뜻.

객지 생활 삼 년에 골이 빈다
자기 집을 떠나서 객지에 떠돌게 되면, 다른 사람이 아무리 잘해 준다 한들 고생이요 허울만 남게 된다는 말.

거꾸로 매달아도 사는 세상이 낫다
거꾸로 매달려 사는 것처럼 아무리 삶이 어렵고 고생스럽더라도 죽는 것보다는 사는 편이 낫다는 뜻.

거문고 인 놈이 춤을 추면 칼 쓴 놈도 춤을 춘다
자기는 할 수 없는 처지인데도 남들이 한다고 해서 덩달아 따라한다는 말.

거미도 줄을 쳐야 벌레를 잡는다
무슨 일이나 준비가 있어야 그 결실을 얻을 수 있다는 말.

거미줄에 목을 맨다
① 그렇게 분하거든 거미줄에나마 목을 매고 죽으라는 말로, 같잖게 분격한 사람을 놀리는 말. ② 처지가 너무나 궁박하고 답답하여 어쩔 줄을 모르고 어이없는 우스운 짓까지 한다는 뜻.

거북이 잔등의 털을 긁는다
털이 나지 않는 거북 잔등이에서 털을 긁는다 함은, 아무리 찾아도 얻지 못할 곳에서 구해 보려는 어리석은 행동을 이름.

거적문에 돌쩌귀
거적문이라면 새끼줄을 얽어매는 것이 제격일 것을 거기에다 돌쩌귀를 달았으니 격에 맞지 않고 지나쳐 도리어 우스울 때 쓰는 말.

거지가 논두렁 밑에 있어도 웃음이 있다
물질적으로는 가난하더라도 마음의 화평은 얼마든지 있을 수 있다는 말.

거지가 도승지를 불쌍타 한다
도승지는 아무리 추운 때라도 새벽 일찍 입궐해야 하므로 거지가 그것을 불쌍하게 여긴다는 말로, 자기가 불쌍한 처지에 있음에도 불구하고 도리어 그렇지 않은 사람을 동정한다는 뜻.

거지가 말 얻은 것
① 자기 몸 하나도 처신하기 어려운 거지가 말까지 얻어 데리고 다니자면 더욱 불편하니, 괴롭고 짐이 되는 중에 더 괴로운 일이 생겨났다는 뜻. ② 제 분수에 넘는 것을 얻어 가지고 자랑하는 것을 비웃는 말.

거지가 밥술이나 먹게 되면 거지 밥 한 술 안 준다
가난하게 살던 자가 좀 낫게 지내게 되면 도무지 어려운 사람 생각할 줄을 모른다는 말.

거지끼리 자루 찢는다
서로 동정하고 도와야 할 처지에 있는 사람들이 서로 욕심을 부리며 좋지도 않은 것을 제가 더 가지겠다고 싸울 때 쓰는 말.

거지도 부지런하면 더운밥을 얻어먹는다
사람은 어쨌든 부지런해야만 복 받고 잘살 수 있다는 말.

거지도 손 볼 날이 있다
아무리 가난한 집에도 손님이 와서 그를 대접해야 할 때가 생긴다는 말로, 가난한 집에서도 손님 맞을 준비를 해두어야 한다는 뜻.

거지발싸개 같다
더럽고 지저분한 것을 이름.
* 발싸개 : 버선을 신을 때 잘 들어가게 하기 위해 발을 싸는 헝겊이나 종이.

거지 밥주머니
거지의 밥주머니는 좋은 것 나쁜 것 더러운 것을 가리지 않고 먹을 것이면 무엇이나 다 얻어 넣는 것이므로, 이것저것 되는 대로 뒤섞어서 한 군데 넣어 둔 것이라는 뜻.

거지 베 두루마기 해 입힌 셈만 친다
보답이나 사례받을 것을 기대하지 않고 남에게 은혜를 베푼다는 뜻. = 거지 옷 해 입힌 셈 친다.

거지 자루 크면 자루대로 다 줄까
그릇이 크니 많이 달라고 할 때 그렇게 못 준다는 뜻으로 하는 말. 또는 지나치게 큰 그릇을 가지고 옴을 비웃는 말.

거짓말도 잘하면 오려 논 닷마지기보다 낫다
거짓말도 잘하면 처세에 이로운 것이므로, 사람은 아무쪼록 말을 잘해야 한다는 뜻.
* 오려 논 : 올벼(철 이르게 익는 벼)를 심은 논.

거짓말하고 뺨 맞는 것보다 낫다
언제나 사람은 좀 무안하더라도 사실을 사실대로 말해야지 거짓말을 하면 안 된다는 말.

건넛산 보고 꾸짖기
남을 욕하거나 꾸짖을 때 본인에게 직접 대놓고 하지 않고 간접적으로 다른 사람에게 한다는 말.

건더기 먹은 놈이나 국물 먹은 놈이나
① 잘 먹은 놈이나 못 먹은 놈이나 결과적으로 배고파지기는 매일반이라는 뜻. ② 잘산 사람이나 못산 사람이나 결국은 마찬가지라는 뜻.

걷기도 전에 뛰려고 한다
순서도 제대로 밟지 않고 쉬운 것도 못 하면서 단번에 어려운 것을 하려고 덤벙댄다는 말.

검둥개 목욕 감기듯
① 원체 검어 아무리 해도 깨끗하게 희어질 수 없음을 이름.
② 악인(惡人)이 제 잘못을 뉘우치지 못함을 말함.

검은 고양이 눈 감은 듯
검은 고양이는 눈을 뜨나 감으나 얼른 알아볼 수 없다는 말로, 무엇이나 경계가 명확히 지어지지 않아 무엇이 무엇인지 분간하기 어렵다는 뜻.

검은 머리 가진 짐승은 구제(救濟) 말란다
검은 머리 가진 짐승, 곧 사람을 도와주지 말라 함이니, 사람이 제가 지은 은혜를 갚지 않는다고 핀잔하는 말.

겉보리를 껍질째 먹은들 시앗이야 한 집에 살랴
겉보리를 껍질째 먹는다 할지라도 첩하고는 한 집에서 살 수 없다는 말로, 아무리 고생을 하고 산들 제 남편의 첩과 한 집에서 사는 것보다는 낫다는 뜻.
* 시앗 : 남편의 첩

겉보리 서 말만 있으면 처가살이 하랴
① 여북해야 처가살이를 하겠느냐는 말.
② 누구나 처가살이 할 것은 아니라는 뜻.

게걸음 친다
① 뒷걸음질만 친다는 뜻.
② 진보함이 없이 퇴보만 함을 이르는 말.

게 눈 감추듯 한다
음식을 몹시 빠르게 먹거나 마시거나 할 때 이르는 말.

게도 구럭도 다 잃었다
게는 잡지도 못하고 가지고 갔던 구럭까지도 잃었다는 말로, 일을 하려다가 이루지도 못하고 도리어 자기 것만 손해 보았다는 뜻.

게를 똑바로 기어가게 할 수는 없다
무엇이나 선천적으로 타고난 성품이 있어서 그 본성을 아주 뜯어 고치지는 못한다는 뜻.

게 새끼는 나면서부터 집는다
① 누구나 제가 타고난 천성대로 움직이지 유전적 본능과 판이한 버릇은 있을 수 없다는 말. ② 본성이 흉악한 사람은 어려서부터도 나쁜 짓만 한다는 뜻. = 게 새끼는 집고 고양이 새끼는 할퀸다.

게으른 년이 삼가래 세고, 게으른 놈이 책장 센다
게으른 년이 삼(麻)을 찢어 베를 놓다가 얼마나 했나 헤아려 보고, 또 게으른 놈은 책을 읽다가 얼마나 읽었나, 또 얼마나 남았나 헤아려 본다 함이니, 일에는 마음이 없고 빨리 그만두고 싶은 생각만 할 때 쓰는 말. = 게으른 선비 책장 넘기기. 게으른 여편네 밭고랑 세듯. 게으른 일꾼 밭고랑 세듯. 풀 베기 싫어하는 놈이 단 수만 센다.

게으른 놈 짐 탐 한다
게으른 사람이 짐을 나르다가, 빨리 끝마치려고 한꺼번에 많은 짐을 실으려 한다는 말로, 게으른 사람이 일하기 싫어 한 번에 많이씩 치우려고 하나 결과는 그렇게 안 되는 법이라는 뜻. = 게으른 말 짐 탐한다.

게으른 여편네 아이 핑계하듯
일하기 싫으니까 아이 핑계만 대며 일하지 않는다는 말로, 이런 저런 핑계만 대고 꾀부리며 일을 하지 않는다는 말.

게 잡아 물에 놓았다
① 헛수고만 하고 아무런 소득이 없다는 말.
② 조금 이를 보았다가 다시 찾지 못하게 놓쳐 버렸다는 말.

겨울바람이 봄바람보고 춥다 한다
못된 자가 저보다 나은 사람을 도리어 트집 잡고 나무란다는 뜻.

겨울이 다 되어야 솔이 푸른 줄 안다
푸른 것이 다 없어진 한겨울이 되어야만 그 솔이 얼마나 푸른 줄을 안다는 말로, 난세(亂世)가 되어야만 훌륭한 사람이 뚜렷이 나타나 보인다는 뜻.

겨울이 지나지 않고 봄이 오랴
세상일에는 무엇이나 다 일정한 순서가 있는 것이므로, 급하다고 하여 억지로 할 수 없다는 말.

경(經) 다 읽고 떼어 버려야겠다
이번 일이나 모두 마치고, 앞으로는 아주 인연을 끊어야겠다고 할 때 쓰는 말.

경점 치고 문지른다
경점 치는 군사가 경점 칠 시각이 아닌데 경점을 치고 나서 자기의 잘못을 깨달아 북이나 꽹과리를 문질러서 소리나지 않게 하려 한다는 말로, 일을 그르쳐 놓고 얼버무리려 하나 이미 때늦음을 이름.
* 경점(更點) : 옛날에 시간을 알리기 위하여 하룻밤을 오경(五更)으로, 그리고 경(更)을 오점(五點)으로 나누고 각각 북과 꽹과리를 쳤음.

경주 돌이면 다 옥석인가
① 경주에서는 옥석이 나오지만, 그렇다고 해서 경주 돌이 다 옥석이 아니라는 말로, 좋은 일 가운데도 궂은 것이 섞여 있다는 뜻.
② 무엇이나 그 이름에만 따를 것이 아니라는 말.

경치고 포도청 간다
죽을 욕을 보고 나서도 포도청에 잡혀가 벌을 받는다는 말로, 매우 혹독한 형벌을 받는다는 뜻.

곁방살이 코 곤다
남의 집에서 셋방살이를 하는 사람이 코를 곤다는 말은, 제 분을 모르고 버릇없이 함부로 군다는 뜻.

곁방에서 불난다
세 들어 사는 방에서 불이 난다 함은, 평소에 눈에 거슬리던 데서 사고가 생겨 더욱 밉다는 뜻.

계란에 유골.
① 늘 일이 잘 안 되던 사람이 모처럼 좋은 기회를 얻었건만 그 일마저 안 되고 말았다는 뜻. ② 운수 나쁜 사람의 하는 일에는 뜻하지 않은 방해가 끼어들어 제대로 되는 일이 없음을 이름. = 궁인(窮人) 모사(謀事)는 계란에도 유골(有骨).
* 유골(有骨) : 우리말 '곯다'의 '골' 음을 따서 '骨' 자를 쓴 것임.

계란이나 달걀이나
계란이나 달걀이나 그 뜻이 같듯이, 이것이나 저것이나 다 마찬가지라는 뜻.

계집 때린 날 장모 온다
하필 자기 아내를 때린 날에 장모가 온다는 말은, 일이 공교롭게도 꼬여서 낭패를 본다는 말.

계집은 상을 들고 문지방을 넘으며 열두 가지 생각을 한다
① 아내 된 사람은 남편에게 할 이야기가 많으나 이야기할 기회가 없어 못 하고 있다가 밥상을 들고 들어가면서는 여러 가지 말할 것을 생각한다는 뜻. ② 여자는 언제나 복잡한 딴생각을 하고 있다는 뜻.

계집의 매도 너무 맞으면 아프다
친한 사이라고 해서 함부로 하면 좋지 않은 일이 생기는 법이므로, 비록 친한 사이라도 예의를 잃지 말라는 뜻.

계집의 악담은 오뉴월에 서리 온 것 같다
여자가 한번 앙심을 먹고 저주하는 악담은 매우 독하고 매섭다는 뜻.

계(契) 타고 집 판다
운수가 좋아서 이득을 보게 되었으나 그로 말미암아 더 큰 손해를 보게 되었다는 뜻.

고기는 씹어야 맛을 안다
① 겉으로 핥는 것처럼 일을 건성 보아서는 그 참 뜻을 모른다는 말. ② 고기 맛은 씹어 보지 않고는 모르는 법이니, 무엇이든 바로 알려면 실제로 겪어 보아야 한다는 말.

고기는 씹어야 맛이고, 말은 해야 맛이다
마음속으로만 끙끙거리며 애를 태우지 말고 할말은 다 속시원히 해야 한다는 뜻.

고기는 안 잡히고 송사리만 잡힌다
정작 잡고자 하던 큰 고기는 잡히지 않고 고기 축에도 못 드는 자잘한 송사리만 잡힌다는 말로, 목적하던 바는 이루지 못하고 하찮은 것만 얻게 됨을 이름.

고기도 먹어 본 사람이 많이 먹는다
① 고기는 늘 먹던 사람이 더 잘 먹고 많이 먹지 않던 사람은 속이 느끼해서 못 먹는다 하여 이르는 말. ② 무슨 일이든지 늘 하던 사람이 더 잘하게 된다는 말.

고기도 저 놀던 물이 좋다
평소에 낯익은 곳이 좋다는 말로, 정든 제 고장이 좋고, 늘 가까이 지내는 사람들 사이에 있는 것이 좋다는 뜻.

고기 만진 손, 국솥에 씻으랴
지나치게 인색한 사람에 대해 하는 말로, 아무리 인색한들 그렇게까지 인색하기야 하겠느냐는 말.

고기 새끼 하나 보고 가마솥 부신다
성미가 매우 급하여 조그마한 것을 보고도 지레 짐작으로 서둘러댄다는 뜻.

고래 그물에 새우가 걸린다
정작 잡으려던 고래는 안 잡히고 애매한 새우만 잡힌다는 말로, 목적하던 큰 것은 놓치고 쓸데없는 것만 잡았다는 말.

고래 싸움에 새우 등 터진다
① 강자끼리 다투는 사이에서 아무 관계없는 약자가 피해를 입는다는 말. ② 남이 싸우는 통에 아무 관계없는 사람이 해를 입는다는 말.

고리 백정(白丁) 내일 모레
고리를 만드는 백정이 늘 약속한 기한을 안 지키고 자꾸 차일피일 미룬다는 말로, 기약한 날짜를 안 지키고 자꾸 뒤로 미룰 때 쓰는 말.
* 고리 : 껍질을 벗긴 고리버들의 가지. 고리나 대오리로 엮어 상자같이 만든 물건. 고리짝.
* 고리버들 : 버드나뭇과의 낙엽 활엽 관목. 냇가나 들에 나는데, 가지는 껍질을 벗겨 버들고리·키 등을 만듦.
* 백정 : 고리장이. 고리버들로 키나 고리짝을 만들어 파는 것을 업으로 하는 사람.

고삐 풀린 망아지
지금까지 매였던 데서 풀려나 매우 자유스럽고 거침이 없이 활보한다는 뜻.

고사리도 꺾을 때 꺾는다
① 무슨 일이든지 다 그에 맞는 시기가 있으므로 그 때를 놓치지 말아야 한다는 말. ② 무슨 일을 시작하면 할 때 마저 해치우라는 뜻.

고생 끝에 낙이 있다
어려운 일이나 괴로운 일을 겪고 나면 즐겁고 좋은 일이 따라오게 되어 있다는 말.

고슴도치도 살 동무가 있다
온몸에 가시가 돋친 고슴도치도 같이 살 동무가 있거늘 하물며 사람에게 친히 사귀어 지내는 친구가 없을 수 없다는 뜻.

고슴도치도 제 새끼는 함함하다고 한다
① 털이 바늘같이 꼿꼿한 고슴도치도 제 새끼의 털이 부드럽다고 옹호한다는 말로, 자기 자식의 나쁜 점은 모르고 도리어 자랑삼는다는 말. ② 어버이의 눈에 제 자식은 모두 잘나 보인다는 뜻.
* 함함하다 : 털이 보드랍고 윤기가 있다.

고양(高揚) 밥 먹고 양주(楊洲) 구실
제가 해야 할 일은 안 하고 남의 일을 함을 이름.
* 고양과 양주는 경기도의 서로 인접한 군(郡)의 이름.

고양이가 쥐를 마다한다
고양이가 쥐를 마다할 리 없듯이, 으레 좋아해야 할 것을 싫다고 할 때 쓰는 말.

고양이 꼬막조개 보기
고양이가 조개를 보고도 까지 못하여 못 먹는다는 말로, 보기만 하고 실상은 아무 소용이 없다는 뜻.

고양이 덕은 알고 며느리 덕은 모른다
고양이가 쥐를 잡아서 이익을 끼쳐 주는 것은 알면서도 며느리가 자식을 낳고 집안일을 하는 것은 조금도 고맙게 여기지 않는다는 말로, 흔히 시부모가 며느리를 미워한다 하여 이르는 말.

고양이 목에 방울 달기
실행하지 못할 것을 공연히 의논함을 이르는 말.

고양이보고 반찬 가게 지켜 달란다
염치도 예의도 없고 믿을 수도 없는 사람에게 소중한 물건을 맡겨 그것을 보아 달라고 하면 도리어 잃게 될 뿐이라는 말.

고양이 세수하듯
① 남이 하는 짓을 흉내만 내고 그침을 이름.
② 세수를 하되 콧등에 물만 묻히는 정도로 그칠 때 쓰는 말.

고양이 수파 쓴 것 같다
본래 보잘것없이 생긴 주제에 제 몸에 어울리지도 않는 것을 입었기 때문에 모양이 더욱 우스꽝스럽다는 뜻.
* 수파(繡帕) : 수를 놓아 만든 장신구로 이마를 두르고 목에 거는 것.

고양이 앞에 쥐
고양이 앞에서 쥐가 어쩔 줄을 몰라 쩔쩔매듯이 그렇게 꼼짝을 못한다는 뜻.

고양이에게 고기반찬 달란다
고기반찬을 즐기는 고양이에게 도리어 그것을 달라고 한다 하여도 줄 리가 없으니, 전혀 경우에 어긋나는 행동을 한다는 뜻.

고양이와 개다
고양이와 개는 서로 상극이니, 만나면 반드시 서로 으르렁대고 적대시함을 이르는 말.

고양이 죽은 데 쥐 눈물만큼
고양이가 죽었다고 해서 쥐가 눈물을 흘릴 리 없으니, 무엇이 아주 없거나 있어도 매우 적을 때 이르는 말.

고양이 쥐 생각
쥐를 보기만 하면 잡아먹는 고양이가 쥐의 입장을 생각해 줄 리 없다는 말로, 당치 않게 누구를 위해서 생각해 주는 척함을 비유한 말.

고양이한테 생선 맡긴 것 같다
믿을 수 없을 뿐만 아니라 도리어 해(害)될 사람에게 무엇을 지켜 달라고 부탁하면 다 잃게 되어 오히려 부탁하지 않음만 못하다는 뜻. = 도둑괭이더러 제물 지켜 달란다. 호랑이더러 날고기 봐 달란다.

고운 사람 미운 데 없고, 미운 사람 고운 데 없다
한번 좋게 보면 그 사람이 하는 일은 다 옳게만 보이고 한번 나쁘게 보면 그 사람이 하는 일은 무엇이나 다 궂게만 보인다는 뜻.

고운 사람은 멱을 씌워도 곱다
보기 흉하게 하기 위하여 멱서리를 씌워도 고운 사람은 곱다는 말로, 본색은 어떻게 하여도 나타난다는 말.

* 멱 : 멱서리의 준말로, 짚으로 날을 촘촘히 결어서 만든 그릇의 하나(곡식을 담음).

고운 일 하면 고운 밥 먹는다
무슨 일에나 인과의 법칙에 의해, 어진 일을 하면 좋은 댓가를, 모진 일을 하면 나쁜 댓가를 받게 된다는 뜻.

고쟁이를 열두 벌 입어도 보일 것은 다 보인다
① 아무리 여러 번 감싸도 정작 가릴 것은 못 가렸다는 말.
② 일을 서투르게 하면 하지 않는 것만 못하다는 뜻.

고추는 작아도 맵다
몸은 작아도 힘이 세든지, 성질이 모질든지, 또는 무슨 일을 알차게 하는 사람을 이름.

고추장 단지가 열둘이라도 서방님 비위를 못 맞춘다
① 성미가 까다로워 비위 맞추기가 어렵다는 뜻.
② 물질만으로는 사람의 마음을 사기가 어려움을 이름.

고추장이 밥보다 많다
밥을 비빌 때 밥보다 고추장이 많다는 말로, 본체보다 그에 딸린 부수적인 것이 더 많다는 말.

고치를 짓는 것이 누에다
제 맡은 바 본분을 다해야 명실(名實)이 상부(相符)하게 된다는 말.

곡식 이삭은 잘될수록 고개를 숙인다
곡식 이삭도 죽정이나 덜 익은 것은 고개를 빳빳이 쳐들고 익은 것일수록 고개를 숙이듯이, 훌륭한 사람일수록 교만하지 않고 겸손하다는 뜻.

곤 달걀 꼬끼오 울거든
다 썩어서 곯은 달걀이 병아리로 부화되어 자라나서 꼬끼오 하고 울며 홰를 친다는 말로, 도저히 이룰 가망이 없는 일에 비유하는 말.

곤 달걀 지고 성(城) 밑으로 못 가겠다
이미 다 썩어서 곯은 달걀을 지고 가면서도 성벽이 무너져 달걀이 깨질까 두려워 성 밑을 지나가지 못한다는 말로, 무슨 일에 지나치게 두려워하며 걱정하는 사람을 두고 하는 말.

곤장을 메고 매 맞으러 간다
가만히 있으면 아무 일 없을 것을 공연히 스스로 화를 자초한다는 뜻.

곧은 나무는 가운데 선다
여러 그루의 나무 속에서 자란 나무가 곧듯이 사람도 여럿 가운데서 부대낀 이가 잘된다는 말.

곧은 나무 쉬 꺾인다
쓰기에 알맞은 곧은 나무가 쓸데없는 휘어진 나무보다 쉬 꺾이게 된다는 말로, 사람도 쓸 만하고 잘난 사람이 일찍 죽게 되거나 사회에서 매장되거나 한다는 뜻.

골나면 보리방아 더 잘 찧는다
사람이 골이 나면 기운풀이를 하게 되고 더 기가 올라 힘이 세어진다는 뜻.
* 골나다 : 노여움이 생기다. 성나다.

곯아도 젓국이 좋고, 늙어도 영감이 좋다
싱싱하지 못하고 다 삭은 젓국이 맛있는 것과 같이 사람은 아무리 늙어도 자기 배우자가 가장 좋다는 뜻.

곰 창날 받듯
사람됨이 둔하고 미련하여 제가 저를 해치는 짓을 한다는 말.

[참고] 곰을 잡기 위해 곰의 앞가슴에 창을 대어 놓고 지긋이 밀면 곰은 그것을 밀어내지 않고 도리어 자기 가슴 쪽으로 잡아 당긴다고 한다. 그때 사람이 슬며시 창을 잡아당기면 곰은 그것을 뺏기지 않으려고 제 가슴 쪽으로 더욱 세게 당겨 죽게 된다는 데서 나온 말.

곱슬머리·옥니박이하고는 말도 말랬다
곱실머리인 사람과 옥니박이인 사람은 흔히 매우 인색하고 각박하다 하여 이르는 말.

공것 바라면 이마가 벗어진다
① 이마 벗어진 사람을 보고 하는 말.
② 공것 바라지 말라는 뜻.

공것은 써도 달다
공것이라면 아무리 맛이 쓴 것이라도 달게 느껴진다는 말로, 역시 공것은 좋다는 뜻.

공것이라면 양잿물도 들고 마신다
돈 안 주고 공으로 생기는 것이면 무엇이나 즐겨 먹는다는 말.
= 공짜라면 당나귀도 잡아먹는다.

공궐(空闕) 지킨 내관의 상(相)
내관이 텅 빈 궁궐을 지킨다는 것은 총애 받던 그 세도가 없어져 버렸다는 말과 같으므로 그 낯빛이 처량하고 불쌍해 보일 것은 당연지사. 근심이 가득하여 슬픔이 깃들인 표정을 짓고 있는 사람을 두고 이르는 말.

공 든 탑이 무너지랴
힘을 다하고 정성을 다하여 한 일은 헛되지 않아 반드시 좋은 결과를 얻을 수 있으리라는 뜻.

공술에 술 배운다
술이라는 것은 처음에는 반드시 남의 권(勸)에 못 이겨 공짜로 마시다가 배우게 된다는 말.

공술 한 잔 보고 십리 간다
제 돈 안 들이고 거저 생기는 것이라면 무엇이나 좋아한다는 뜻.

공(公)에도 사(私)가 있다
공적인 일에도 개인의 사정을 보아 주는 수가 있는데 어찌 사사로운 일에서 남의 사정을 조금도 보아 주지 않느냐고 할 때 이르는 말.

공연한 제사 지내고 어물 값에 졸린다
지내지 않아도 될 제사를 지내고 나서 그 제사에 썼던 생선 값을 갚으라고 졸린다는 말로, 하지 않아도 좋을 일을 하고서 쓸데없이 그 후환을 입게 될 때 쓰는 말.

공을 원수로 갚는다
입은 은혜를 선행으로 갚기보다는 도리어 악행으로 갚으려 할 때 쓰는 말.

공중을 쏘아도 알관만 맞춘다
별로 애쓰지 않고 무턱대고 한 일이 능히 잘 이루어지게 됨을 이름.
* 알관 : '알과녁'의 준말로, 화살이나 총알의 목표로 만들어 세운 물건의 한복판이라는 뜻.

곶감 꼬치에서 곶감 빼 먹듯
애써 모아 둔 것을 힘들이지 않고 하나하나 갖다 먹어 없앤다는 뜻.

곶감죽을 먹고 엿 목판에 엎드러졌다
① 먹을 복이 연달아 터졌다는 말.
② 연달아 좋은 수가 생겼다는 말.

과거를 아니 볼 바에야 시관이 개떡 같다
자기와 아무 관계없는 일이라면 조금도 두려워할 것이 없다는 말.

* 시관(試官) : 조선 때, 과거 시험에 관계되는 모든 관원의 총칭.

과물전 망신은 모과가 시킨다
못난 것은 그가 속해 있는 단체의 여러 사람을 망신시키는 일만 저지른다는 뜻. = 실과(實果) 망신은 모과가 시킨다.

* 과물전(果物廛) : 과일을 파는 가게.

과부가 찬밥에 곯는다
남편이 없다는 이유로 먹는 것에 소홀한 나머지 몸이 약해진 과부가 많은 데서 온 말.

과부는 은이 서 말, 홀아비는 이가 서 말
과부는 알뜰하여 살림을 넉넉하게 해 나갈 수가 있지만 홀아비는 헤퍼서 살아 나갈 수 없다는 말로, 여자는 혼자 살아 나갈 수가 있어도 남자는 혼자 살기 어렵다는 뜻. = 홀아비는 이가 서 말, 과부는 은이 서 말.

과부 사정은 과부가 안다
남의 사정은 같은 처지에 있는 사람이라야 알 수 있다는 말.

과부 은(銀) 팔아먹기
과부는 돈을 벌 수 없으니 모아 둔 것을 소비만 한다는 뜻으로, 새로 벌지는 못하고 전에 벌어 두었던 것을 가지고 먹고 산다는 뜻.

과붓집에 가서 바깥양반 찾기
과붓집에 남편이 있을 리 없건만 그곳에 가서 바깥양반을 찾는다는 것은, 당치도 않은 데 가서 그곳에 없는 것을 찾는다는 뜻.

곽란에 약 지으러 보내면 좋겠다
급히 서둘러야 할 경우에 미련하여 행동이 민첩하지 못한 사람을 일컫는 말.
* 곽란 : 갑자기 고통이 심하게 일어나는 위장병.

관가 돼지 배 앓기
관가의 돼지가 배를 앓거나 말거나 자기와는 아무 관계가 없다는 말로, 어떤 일이 자신과는 아무런 상관이 없는 일이라는 뜻.

관 속에 들어가도 막말은 말라
어떠한 경우에라도 말이라는 것은 절대로 함부로 해서는 안 된다는 말.

관(棺) 옆에서 싸움질한다
예의를 지켜야 할 곳에서 예의도 모르고 함부로 무엄한 짓을 한다는 뜻.

광대 끈 떨어졌다
연극할 때 얼굴에 쓰는 탈의 끈이 떨어졌다 함은,
① 의지할 데가 없어 꼼짝을 못한다는 뜻.
② 제구실을 못하고 아무 데도 소용이 없음을 이름.

광에서 인심 난다
① 곳간에 쌓인 것이 많고 쌀독에 쌀이 많아야 남도 주게 된다는 말. ② 여유가 있어야 비로소 남을 돕고 생각할 수 있게 된다는 말.
= 쌀광에서 인심난다. 쌀독에서 인심 난다.

광주(廣州) 생원(生員)의 첫 서울이라
광주 사람이 처음으로 서울에 와서 보니 모든 게 신기하고 놀라워 어릿어릿했다는 데서 나온 말로, 사람이 어리둥절하여 정신을 못 차리고 있음을 이름.

괴(고양이) 밥 먹듯 한다
음식을 맛없이 지저분하게 헤쳐 놓기만 하고 야금야금 조금씩 먹음을 두고 하는 말.

괴 죽 쑤어 줄 것 없고 생쥐 볼가심할 것 없다
죽을 쑤어도 고양이 줄 것이 없고 생쥐가 뭐 하나 갉아 먹을 것도 없다는 말로, 몹시 가난하다는 뜻.
* 볼가심 : 아주 적은 음식으로 시장기를 면하는 일.

구관이 명관이다
① 현재 다스리고 있는 이보다 전직에 있던 이가 더 잘 다스렸다는 말로, 사람은 언제나 지나간 것을 더 좋게 알고 잃은 것을 아까워한다는 뜻. ② 그 일에 익숙한 이가 잘하는 법이라는 말.

구년지수(九年之水) 해 돋는다
'구 년 동안 홍수가 지다가 해가 돋는다'는 말로, 오랜 세월을 두고 간절히 바라던 일이 이루어진다는 뜻.

구더기 날까 봐 장 못 담글까
① 다소 방해되는 것이 있다 하더라도 마땅히 할 일은 하여야 한다는 말. ② 큰일을 경영하려면 사소한 비방 같은 것은 두려워하지 말아야 한다는 말.

구럭의 게도 놓아 주겠다
① 놓치지 않을 데 넣은 것도 놓쳐 버릴 만큼 똑똑하지 못함을 이름. ② 잃지 말고 고스란히 담아 먹으라고 주는 것도 제 몫으로 못 찾아먹음을 이름.

구렁이 담 넘어가듯 한다
구렁이는 움직임도 느리지만 소리도 내지 않고 다니므로, 일을 함에 있어 우물쭈물하는 듯하면서 어느 틈에 이루어 놓음을 이름.

구렁이 제 몸 추듯
제가 저를 자랑하는 것을 이름.

구르는 돌에는 이끼가 안 낀다
돌도 한 자리에 가만히 있으면 이끼가 끼듯이 사람 또한 활동하지 않으면 폐인이 된다는 말.

구름장에 치부했다
흘러가는 구름장에다 치부(置簿)했다는 말은, 곧 없어질 데다 기록해 두었다든가 곧 잊어버림을 이르는 말.

구만리장천(九萬里長天)이 지척
높고 먼 저세상이 곧 지척간에 있다는 말로, 사람은 지금 이 세상에 살아 있으나 언제 죽을지 모르는 일이라는 뜻.

구멍 보아 가며 쐐기 깎는다
박을 구멍을 보아 가면서 그에 맞추어 쐐기를 깎는다 함은, 무슨 일에나 세심한 주의와 계획을 가지고 행해야만 실패하지 않는다는 뜻. = 구멍을 보아 말뚝 깎는다.

구멍에 든 뱀 길이를 모른다
남의 숨은 재주나 가지고 있는 보물은 얼마나 되는지 아무도 모른다는 말. = 구멍에 든 뱀이 몇 자인 줄 아나.

구멍은 깎을수록 커진다
잘못된 일을 수습하려고 하면 할수록 더욱 크게 잘못되어 가는 경우를 이름.

구멍을 파는 데는 칼이 끌만 못하고, 쥐 잡는 데는 천리마가 고양이만 못하다
① 무엇이나 제가 맡은 바 구실이 따로 있고, 쓰이는 데가 각각 다른 것이라 하는 말. ② 크고 값진 것만이 언제나 좋은 것은 아니라는 말.

구복(口腹)이 원수라
입으로 먹고 배를 채우는 일이 원수 같다는 말로, 먹고 살기 위해 온갖 괴로움과 아니꼬움을 당한다는 뜻.

구슬이 서 말이라도 꿰어야 보배라
아무리 좋은 것이라도 좋은 솜씨로 정성을 기울여 쓸모 있는 것으로 만들어 놓아야만 가치가 있다는 말. = 가마 속의 콩도 삶아야 먹는다. 솥 속의 콩도 쪄야 먹지.

구시월 세단풍(細丹楓)
구시월의 고운 단풍이라는 뜻으로, 당장 보기는 좋아도 얼마 가지 않아 다 떨어져서 흉하게 되어 버릴 것을 뜻함.

구운 게도 다리를 떼고 먹는다
구워서 물릴 염려는 없지만 그래도 안전하게 다리를 떼고 먹는다 함은, 무슨 일이나 틀림없을 듯하더라도 잘 알아보고 조심해야 한다는 말. = 구운 게 발도 떼야 먹는다. 구운 게도 매어 먹어라.

국사(國事)에도 사정이 있다
나라의 일에도 사정이 생기면 그것을 봐 주는 경우가 있는데, 어째서 조금도 남의 사정을 좀 봐 주지 않느냐고 반문하는 말.

국수당에 가서 말하듯
국수당, 즉 서낭당에 가서 무엇을 기원하며 중얼거린다는 말로, 옆에서 알아듣지도 못할 소리로 중얼중얼 혼잣말할 때 이르는 말.

국수 잘하는 솜씨가 수제비 못하랴
한 가지 일을 능히 잘하는 사람이 그와 비슷한 다른 일을 못할 리가 없다는 뜻. = 수제비 잘하는 사람이 국수도 잘한다.

국에 덴 사람은 냉수도 불고 먹는다
한번 국에 덴 경험이 있는 사람은 찬물을 마실 때도 식히느라고 불어 마신다는 말로, 어떤 일에 한번 놀라서 겁을 먹게 되면 그와 비슷한 것만 보아도 조심한다는 말. = 국에 덴 놈 찬물 보고도 분다.

군밤에서 싹 나거든
아무리 오랜 세월이 지나도 군밤에서 싹이 날 리 만무하듯이, 무슨 일이 이뤄지기를 아무리 바라도 소용없는 일이라는 뜻.

군자(君子) 말년에 배추씨장사
평생을 두고 남을 위하여 어질게 살아 온 사람이 말년에 가서는 매우 곤란하게 살 때 쓰는 말.

굳은 땅에 물이 고인다
쓰지 않고 아끼는 사람이 재산을 모은다는 말.

굴뚝에 바람 들었나
굴뚝에 바람이 들면 연기가 아궁이 쪽, 즉 불 때는 사람의 눈을 자극하여 눈물을 흘리게 되므로, 상대방이 자꾸만 울 때 '왜 자꾸 우느냐'는 뜻으로 하는 말.

굴러 온 돌이 박힌 돌 뺀다
다른 곳으로부터 새로 들어온 사람이 본래부터 있던 사람을 내쫓는다는 말.

굴러 온 돌이 박힌 돌을 성낸다
다른 데서 새로 들어온 사람이 본래부터 있던 사람에게 큰소리를 치거나 못되게 행실한다는 뜻.

굴우물에 말똥 쓸어 넣듯 한다
굴우물, 즉 한없이 깊은 우물에 말똥을 쓸어 넣듯 한다 함은, 음식을 되는 대로 마구 쓸어 넣듯 많이 먹는다는 말.

굴원(屈原)이 제 몸 추듯
지나치게 제 자랑을 하는 사람을 보고 이르는 말.
* 굴원 : 중국 초나라의 시인. 그의 글에 자화자찬이 많음.

굵은 베가 옷 없는 것보다 낫다
① 가난하여 입을 것이 없을 때는 좋고 나쁘고 맞고 맞지 않음을 가리지 아니한다는 말. ② 아무리 하찮은 물건이라 할지라도 없는 것보다는 낫다는 말.

굶어 보아야 세상을 안다
정말 먹을 것이 없어 굶주려 보지 못한 사람은 세상을 참으로 알았다고 할 수가 없다는 말.

굶어 죽기는 정승하기보다 어렵다
아무리 가난하고 먹을 것이 없더라도 여간해서 굶어 죽지는 않는다는 말.

굼벵이가 지붕에서 떨어질 때는 생각이 있어 떨어진다
미련하고 둔해 보이는 굼벵이가 지붕에서 떨어지는 것을 보면 남들은 웃겠지만 거기에는 다 그럴 만한 이유가 있어서 떨어진다는 말로, 남 보기에 못나고 어리석은 행동 같지만 거기에는 다 자기만의 요긴한 뜻이 담겨 있는 것이라는 말.

굼벵이도 구부리는 재주가 있다
움직이는 것조차 힘들어 보이는 굼벵이도 때로는 구부리는 재주가 있다 함은 아무리 미련하고 못난 사람이라 할지라도 무엇인가 한 가지는 재주를 갖고 있다는 말. = 굼벵이도 떨어지는 재주는 있다.

굼벵이도 제 일 하는 날은 열 번 재주를 넘는다
미련한 사람도 자기 일이 급하게 되면 무슨 수를 내어서든지 해내게 되어 있다는 말.

굼벵이·무숙이·바구미·땅정이·거저리·오사리 다 모였다
자질구레하고 쓸데없는 것들이 되는 대로 다 모였다는 말로, 오합지졸(烏合之卒)이라는 뜻.

* 바구미 : 오래 묵은 쌀에서 생기는 작은 벌레. * 땅정이 : 딱정 벌레. * 거저리 : 고목이나 돌 밑에 사는데 먼지벌레 비슷하며, 유충은 원통형으로 곡물을 해침. * 오사리 : 이른 철의 사리 때 잡힌 새우.

굼벵이 천장하듯
굼뜬 자가 우물쭈물 날만 보내고 좀처럼 일을 이루지 못함을 비유한 말.

* 천장(遷葬) : 이장. 무덤을 옮김.

굽은 나무가 선산(先山)을 지킨다
곧은 나무는 사람이 쓰려고 쳐 가기도 하고, 자손이 가난해지면 산소의 나무를 팔기도 하지만, 굽어서 쓸데없는 나무는 오래도록 그곳에 남아 있게 된다는 말로, 못난 듯이 보이는 것이 도리어 나중까지 제 구실을 함을 이른 말.

굽은 나무는 길마 가지가 된다
아무데도 쓸모없어 보이는 굽은 나무도 길마 가지가 된다는 말은, 세상의 모든 것은 다 쓸 데가 있고 버릴 것은 없다는 뜻.

* 길마 : 짐을 싣기 위해 소의 등에 얹는 안장.

굿 구경을 하려면 계면떡이 나올 때까지
굿을 마친 다음에 무당이 구경하던 사람에게 던져 주는 계면떡이 나오도록 끝까지 있으라는 말로, 무슨 일이거나 하려면 끝까지 참을성 있게 해야 이익도 생긴다는 말.

* 계면(契面)떡 : 무당이 굿을 끝내고 구경꾼에게 돌라주는 떡.

굿 뒤에 날장구 친다
굿이 끝난 다음에 장구를 침은 소용없는 것이므로, 일이 다 지나간 다음에 쓸데없는 것을 가지고 떠들고 나섬을 비유한 말. = 굿 뒤에 쌍장구 친다. 굿 마친 뒷장구.

굿에 간 어미 기다리듯 한다
굿에 간 어미는 돌아올 때 떡을 가지고 올 것이므로, 이것을 기다리는 아이의 모양 같다 함은 몹시 초조하게 기다린다는 뜻.

굿이나 보고 떡이나 먹지
주는 것이 있으면 그것이나 받아 가질 차비나 하지, 남의 일에 쓸데없는 간섭은 하지 말라는 뜻.

굿 하고 싶어도 맏며느리 춤추는 꼴 보기 싫다
막상 무슨 일을 하려고 해도 자기 마음에 들지 않는 미운 사람이 기뻐하는 게 꼴 보기 싫어 꺼려진다는 말.

굿 한다고 마음 놓으랴
① 굿 하여 귀신을 쫓고 일이 잘되도록 고사를 지냈다고 하여 모든 일이 다 잘될 수가 없으니 마음 놓을 수 없다는 말. ② 무슨 일의 성공을 위하여 정성을 들였다고 해서 그 결과를 걱정하지 않고 안심할 수는 없다는 말.

궁(宮) 도련님
왕실 자손의 도련님이라는 말로, 부유한 집에 태어나 세상의 고생을 모르고 물정도 모르는 사람을 비유한 말.

궁서가 고양이를 문다
고양이 앞에서 죽게 된 쥐가 이왕 죽을 바에는 고양이나 물고 죽겠다고 덤빈다는 말로, 처지가 궁박해진 사람에게는 조심하여 그 이상 괴롭히지 말라는 말.
* 궁서(窮鼠) : 쫓겨서 궁지에 몰린 쥐.

궁하면 통한다
매우 궁박한 처지에 놓이게 되면 그것을 헤쳐 나갈 방도가 생기게 되어 있다는 뜻.

권에 못 이겨 방립(方笠) 쓴다
자신은 싫으면서도 남의 권에 못 이겨 어쩔 수 없이 따라 하게 되었을 때 쓰는 말.
* 방립(方笠) : 예전에, 상제(喪制)가 밖에 나갈 때 쓰던 갓. 방갓.

귀가 보배라
배운 것은 없으나 귀로 들어 알고 있으니 귀야 말로 보배롭다는 말.
= 귀가 산호 가지라.

귀 막고 방울 도둑질한다
방울을 훔치는데 방울 소리가 들리지 않게 하려고 제 귀만을 막고 한다는 말로, 얕은 수를 써서 남을 속이려 하나 거기에 속아 넘어가는 사람은 없다는 뜻.

귀머거리 귀 있으나 마나
무엇이 있으나 마나, 또는 하나 마나 마찬가지라는 뜻. 무엇을 말해도 알아듣지 못하는 사람에게 하는 말. = 귀머거리 들으나 마나.

귀머거리 삼 년이요, 벙어리 삼 년이라
① 여자가 출가한 후 시집에서 가져야 하는 태도를 말한 것으로, 남들로부터 아무리 듣기 싫은 말을 들었다 해도 귀머거리처럼 못 들은 체하고 말대꾸하지 말고 조용히 지내라는 뜻. ② 여자가 처음 출가해서 시집살이하기가 매우 어렵다는 말.

귀 먹은 중 마 캐듯
남이 무슨 말을 하거나 말거나 알아듣지 못한 척하며 저 하던 일만 묵묵히 해 나감을 이름.

귀 소문 말고 눈 소문 하라
직접 눈으로 보지 않고 귀로 들은 것만 가지고 함부로 소문내지 말라는 말로, 실지로 보고 확인한 것이 아니면 말하지 말라는 뜻.
= 귀 장사 하지 말고 눈 장사 하라.

귀신도 경문(經文)에 매여 산다
무엇이나 자기 뜻대로 하는 귀신도 사람이 외우는 경문에 부림을 당하는 것과 같이, ① 아무리 권세가 등등한 사람도 기를 펴지 못하는 데가 있다는 말. ② 가장 자유스러운 듯이 보이는 사람도 반드시 구속을 받는 경우가 있다는 말.

귀신도 모른다
일이 하도 철두철미하게 비밀에 부쳐져, 제아무리 귀신같이 눈치 빠른 자도 그 비밀을 알 수 없다는 뜻.

귀신도 빌면 듣는다
귀신도 빌면 듣는데, 하물며 사람으로서 자기에게 비는 자를 용서 못 하겠느냐는 말. 관용을 가지라는 뜻.

귀신 듣는 데서 떡 소리 한다
떡을 매우 좋아하는 귀신 앞에서 떡 소리를 하면 아주 기뻐하며 어떻게 해서든지 꼭 먹고야 만다는 말로, 사람 앞에서 그가 평상시에 좋아하는 것을 이야기하면 그는 그것을 꼭 손에 가지고 싶어 한다는 말.

귀신보다 사람이 더 무섭다
마음만 먹으면 언제든지 사람의 목숨을 빼앗아 갈 수 있는 귀신보

다도 사람이 더 무섭다 함은, 사람의 내면에 있는 증오와 음모와 살벌함이 세상 무엇보다도 무섭다는 뜻.

귀신 씻나락 까먹는 소리
보이지 않는 곳에서 무어라고 알 수 없게 소곤거리는 소리를 빈정대는 말.

귀신에 복숭아나무 방망이
귀신이 복숭아나무 방망이를 무서워하듯이, 무엇이든 그것만 보면 벌벌 떨며 꼼짝 못하는 경우를 이름.

귀신은 경문(經文)에 막히고, 사람은 인정(人情)에 막힌다
마음만 먹으면 무슨 일이든지 다할 수 있는 귀신도 사람이 외는 경문에는 어쩔 수 없이 부림을 당하는 것처럼, 사람에게는 인정이란 것이 있어서 사정하는 사람에게는 우기고 심하게 대하지 못한다는 뜻.

귀신을 피하려다 호랑이를 만나
한 가지 재화를 피하려다 도리어 더 큰 액을 당하였다는 말.

귀에 걸면 귀걸이, 코에 걸면 코걸이
① 한 가지 사물이 이런 것도 같고 저런 것도 같아 어느 한쪽으로 치우쳐 결정하기 어려움을 이름.
② 자기의 일정한 생각이 없이 이랬다저랬다 하는 사람을 이름.

귀에 당나귀 × 박았느냐
여러 번 말해도 잘 알아듣지 못하고 자꾸 되묻는 사람을 두고 욕하

는 말.

귀천궁달이 수레바퀴다
사람의 운수는 수레바퀴처럼 돌고 돌아 늘 변한다는 뜻.
* 귀천궁달(貴賤窮達) : 귀함과 천함, 곤궁함과 영달함을 아울러 이르는 말.

귀한 그릇 쉬 깨진다
① 흔히 물건이 좋고 값진 것일수록 쉬 부서진다는 뜻.
② 귀하게 태어난 사람이나 재주가 비상한 사람이 일찍 죽게 됨을 이르는 말.

귀한 자식 매 한 대 더 때리고, 미운 자식 떡 한 개 더 준다
아이들 버릇을 잘 가르치기 위해서는 아이에게 그 당장 좋게만 대해 주는 것은 오히려 해롭다는 뜻.

귓구멍이 나팔통 같다
귓구멍이 나팔통처럼 크다는 말은, 남의 말을 그만큼 잘 듣는 사람을 두고 하는 말. = 귓문이 넓다.

그릇도 차면 넘친다
① 세상 모든 것은 한번 성하고 차면 반드시 다시 쇠하고 줄어든다는 말. ② 행운과 순경도 길이 계속되는 것이 아니라 언젠가는 반드시 불행해진다는 말.
* 순경(順境) : 모든 일이 순조로운 환경.

그림의 떡
보기는 하여도 먹을 수 없고 가질 수 없으니 실속이 없고, 오히려 보지 않느니만 못하다는 뜻.

그물을 벗어난 새
매우 위급한 때를 당하여 다 죽게 되었다가 그 궁지를 빠져 나와 다시 살아난 경우를 말함.

그물이 삼천 코라도 벼리가 으뜸
아무리 여럿이 있다 하더라도 그것을 주장하는 것이 없으면 아무런 소용이 없다는 말. = 그물이 열 자라도 벼리가 으뜸이라.
* 벼리 : 그물의 위쪽 코를 꿰어서 올렸다 폈다 할 수 있게 된 줄.

그물코가 삼천이면 걸릴 날이 있다
삼천 코나 되는 그물을 물속에 던져 놓으면 언젠가는 물고기가 걸리게 되어 있다는 말로, 무슨 일이나 준비를 든든히 하며 할일을 다 해 놓고 기다리면 반드시 이루어질 날이 있다는 말.

그믐밤에 홍두깨 내밀기
캄캄한 그믐밤에 갑자기 홍두깨를 내민다 함은, 까맣게 모르고 생각지도 않던 일을 갑자기 당하게 되었다는 말. = 어둔 밤중에 홍두깨 내밀 듯. 아닌 밤중에 홍두깨 내밀기.

그슬린 돼지가 달아맨 돼지 타령한다
이미 불속에 들어 검게 되어 버린 돼지가 아직 그 지경이 안 된 달아맨 돼지를 비웃는다는 말로, 제 흉은 모르고 남의 흉만 탈잡고 나무란다는 뜻.

그 장단에 춤추기 어렵다
① 명령이 분명치 않고 자주 변하여 어떻게 해야 좋을지 모르겠다는 말. ② 한 일에 간섭하는 사람이 많고 말이 많아서 어찌할 바를 모르겠다는 뜻.

극락 길을 버리고 지옥 길로 간다
① 착한 데라고는 조금도 없고 악행만을 일삼는다는 말.
② 하기 편하고 이득이 많은 일은 하지 않고, 생기는 것도 없는데 험하고 고달픈 일을 한다는 뜻.

극성(極盛)이면 필패(必敗)
무슨 일이나 극도로 성하게 되면 반드시 그 끝은 좋지 않게 된다 하여 이르는 말.

근원 벨 칼이 없고, 근심 없앨 약이 없다
부부간의 금실은 세상의 그 무엇으로도 끊을 수 없으며, 인간 생활에서 근심은 항상 있게 마련이라는 말.

글 못 한 놈 붓 고른다
자기의 기술이나 학식이 부족한 사람일수록 공연히 딴 것을 탓한다는 말.

글 속에 글 있고, 말 속에 말 있다
① 말과 글이 가지고 있는 뜻은 무궁무진하다는 뜻. ② 글이 많으나 그 중에는 못쓸 것도 있고 좋은 글도 있으며, 말 수는 많으나 그 중에도 쓸 것 못쓸 것이 따로 있다는 말.

글에 미친 송생원(宋生員)
① 다른 일은 도무지 돌보지 않고 오직 글만 읽는 사람을 두고 이르는 말. ② 어떤 한 가지 일에만 힘을 기울이는 사람을 이름. ③ 무언지 항시 중얼거리고만 있는 사람을 두고 이르는 말.

글 잘 쓰는 사람은 필묵 탓 안 한다
능숙한 사람은 도구가 좋지 않더라도 잘한다는 말로, 미숙한 사람이 도구를 탓할 때 이르는 말.
* 필묵(筆墨) : 붓과 먹.

긁어 부스럼
긁지 않았더라면 부스럼이 나지 않았을 것을 긁은 탓으로 탈이 났다는 말로, 필요없는 짓을 하여 자기가 스스로 저에게 재화(災禍)를 끌어들인다는 말.

금강산 그늘이 관동 팔십 리(關東八十里)
금강산의 아름다운 그늘이 관동 지방 일대까지 드리워 아름다운 풍경을 이룬다는 말로, 덕망 있고 훌륭한 사람 밑에서 지내면 그의 덕이 미치고 도움을 받게 된다는 뜻. = 수양산 그늘이 강동(江東) 팔십 리를 간다. 인왕산 그늘이 강동 팔십 리 간다.

금강산도 식후경
아무리 좋은 일이나 재미나는 일도 먹어서 배부른 다음에라야 좋은 줄 알지 그렇지 않고서는 좋은 걸 느낄 수 없다는 말.

금관자 서슬에 큰기침한다
나쁜 짓을 하고도 벼슬 높고 돈이 있는 유세로 도리어 큰소리를 치고 남을 야단친다는 뜻.

* 금관자(金貫子) : 정2품, 종2품의 벼슬아치가 붙이는 금으로 된 관자.
* 관자(貫子) : 망건에 달아 망건당줄을 꿰는 작은 고리.
* 망건당줄(網巾—) : 망건에 달린 줄. 망건당에 꿰는 아랫당줄과 상투에 동여매는 윗당줄이 있음.

금년 새 다리가 명년 쇠다리보다 낫다
어떻게 될지 모르는 장래의 큰일을 기대하느니보다 비록 그만은 못하더라도 당장 눈앞에서 얻을 수 있는 작은 것이 더 이롭다는 말.

금도 모르고 싸다 한다
① 내용도 잘 모르면서 경솔하게 평가함을 비웃는 말.
② 견식이 좁은 자를 이름.

금두(金頭) 물고기가 용(龍)에게 덤벼든다
어항 속의 금붕어가 용에게 덤벼든다 함은, 제 힘에 겨운 것도 모르

고 함부로 강자에게 덤벼든다는 뜻.

금방 먹을 떡에도 소를 박는다
① 아무리 급하더라도 순서는 다 밟아야 한다는 말. ② 잠시 후면 쓸데없게 되더라도 일을 하는 당장에는 정성껏 한다는 뜻.

금승 말갈기 외로 질지 바로 질지 모른다
아직 어린 말의 갈기가 장차 어느 쪽으로 넘어질지 모른다 함은, 일이 앞으로 어떻게 될지 처음에는 알 수 없다는 말.
* 금승말 : 금생마(今生馬), 즉 이제 갓 태어난 말.

금이야 옥이야
무엇을 다루는 데 있어 매우 애지중지한다는 뜻.

금일 충청도, 명일 경상도
오늘은 충청도로 가고 내일은 경상도로 간다 함은, 일정한 주소도 없이 이곳저곳 방랑하고 다닌다는 뜻.

금정 놓아두니 여우가 지나간다
일이 낭패가 되었다는 말.
* 금정(金井) : 무덤을 팔 때 구덩이의 길이와 넓이를 정하는 데 쓰는 정자(井字) 모양의 나무틀. 금정틀.

금주(禁酒)에 누룩 흥정
술을 먹지 않겠다는 사람에게 누룩을 팔려고 흥정한다는 말로, 필요없는 수고를 한다는 뜻.

급하기는 우물에 가 숭늉 달라겠다
① 몹시 성급한 사람에게 농으로 하는 말. ② 일의 순서도 모르고 성급히 덤빈다는 뜻. = 우물에 가 숭늉을 찾는다.

급하다고 갓 쓰고 똥싸랴
① 아무리 급하더라도 일의 순서를 따라 해야 한다는 뜻.
② 아무리 급한 경우에라도 무례한 짓은 못 한다는 말.

급하면 관세음보살을 외운다
급한 일을 당하고 나서야 관세음보살을 외운다 함은, 평소에 힘쓰고 닦아서 급한 일을 당하더라도 당황하지 않게 하라는 말.

급하면 밑 씻고 똥 눈다
아무리 급하더라도 사리에 따라서 일을 순서대로 처리하지 않으면 낭패를 본다는 뜻.

급하면 바늘허리에 실 매어 쓸까
무슨 일에나 일정한 절차와 순서가 있는 것이므로 아무리 급하더라도 침착하게 그 순서에 따라 하지 않을 수 없다는 뜻.

급하면 부처 다리를 안는다
일이 없을 때에는 소향(燒香 : 분향)을 게을리 하다가 졸지에 급한 일을 당하게 되면 어쩔 줄 몰라 부처님 다리를 끌어안는다는 말로, 평소에 힘쓰고 닦아서 무슨 일이 생기더라도 당황해 함이 없이 잘 처리하도록 하라는 말.

급하면 콩마당에서 간수 치랴
아무리 급하다 해도 콩을 널어놓은 콩마당에 간수를 쳐 본들 곧 두부가 될 수 없다는 말로, 일에는 무엇이나 일정한 순서가 있고 때가 있는 것이므로 급하다고 억지로 할 수 없다는 말.

급한 덴 콩마당에 서슬 치겠다
이제 겨우 깍지를 떼어 널어놓은 콩마당에 가서 두부가 되도록 서슬을 친다 함은, ① 몹시 성미가 급하다는 뜻. ② 사물(事物)의 순서도 모르고 날뛴다는 말.
* 서슬 치다 : 간수를 친다는 말.

급히 더운 방이 쉬 식는다
급히 덥혀 놓은 방이 쉽게 식는다는 말은, ① 달기 쉬운 것이 식기도 빠르다는 뜻. ② 일이 너무 속히 잘되면 오래 가기가 어렵다는 뜻. = 속히 더운 방이 쉬 식는다.

기갈 든 놈은 돌담장조차도 부순다
① 사람이 몹시 굶주리면 도저히 상식적으로는 생각할 수 없는 일까지도 저지르게 된다는 뜻. ② 무슨 일에 매우 열중하여 애타게 그것을 가지고 싶어할 때면 별의별 짓을 다 한다는 뜻.
* 기갈(이) 들다 : 몹시 굶주려 허기지다.

기는 놈 위에 나는 놈이 있다
아무리 재주가 있다 하여도 그보다 더 나은 자가 있다는 말로, 자기 위에는 더 높은 이가 있는 것이니 너무 자랑 말라는 뜻.

기둥보다 서까래가 더 굵다
집을 받치고 있는 가장 중요한 기둥보다 서까래가 더 굵다 함은, 주(主)되는 것과 그에 따른 것이 뒤바뀌어 사리에 어긋난다는 말.

기둥을 치면 대들보가 울린다
가에 있는 기둥을 치면 대들보가 울린다 함이니, 직접 탓하지 않고 간접적으로 말해도 능히 영향을 미칠 수 있다는 뜻. = 기둥을 치면 봇장이 울린다.

기(旗) 들고 북 쳤다
기를 들고 북을 쳤다는 말은 항복(降服)했다는 말로, 실패하여 도저히 다시 일어날 가망이 없음을 말함.

기름 먹인 가죽이 부드럽다
무슨 일을 할 때 뇌물을 써서 통해 놓으면 일이 순조롭게 진행된다는 뜻.

기름 버리고 깨를 줍는다
많은 원료와 비용, 그리고 수많은 인력을 들여서 얻은 것을 허비해 버리고 다시 원료를 모은다는 말로, 큰 이익은 버리고 보잘것없는 적은 이득을 구한다는 뜻. = 기름 엎지르고 깨를 줍는다.

기린은 잠자고 시라소니가 춤춘다
성인(聖人)은 깊숙이 들어앉아 활동을 아니 하고, 간악하고 무능한 사람이 날뛰고 움직인다는 뜻.

* 기린 : 성인이 세상에 나면 나타난다는 상상의 짐승.
* 시라소니 : 고양잇과에 딸린 짐승으로 표범보다 작고 개만 하며, 성질이 앙

칼스럽고 가축을 많이 해침.

기린이 늙으면 노마만 못하다
탁월한 사람도 늙어지면 기력이 쇠진한다는 뜻.

기생 죽은 넋
① 다 낡아 못쓰게 되었지만 아직도 볼품은 있다는 뜻.
② 일에는 게으르고 모양만 내려는 사람을 놀리는 말.

기암절벽 천층석(千層石)이 눈비 맞아 썩어지거든
아무리 많은 시간이 지나도 도무지 실현될 가능성이 없는 일을 일컫는 말.

기와집에 옻칠하고 사나
기와집에다 옻칠까지 하고 살 셈으로 그렇게까지 하느냐는 뜻으로, 매우 인색하게 살면서 재산을 모으는 사람을 두고 하는 말.

기와집이면 다 사창인가
사창(社倉)은 각 고을에 있어, 백성에게 꿔 줄 쌀을 보관하던 창고로, 겉모습이 훌륭하다고 하여 그 내용까지도 모두 훌륭한 것은 아니라는 말.

기와 한 장 아끼다가 대들보 썩힌다
장차 크게 손해 볼 것은 모르고, 당장 돈이 좀 든다고 사소한 것을 아끼는 어리석은 행동을 이름. = 대들보 썩는 줄 모르고 기왓장 아끼는 격.

기운이 세다고 소가 왕 노릇 할까

소가 아무리 크고 힘이 세다 할지라도 왕 노릇은 못 한다는 말로, 지략이 없는 완력만으로는 지도적 위치에 설 수 없다는 뜻. = 기운이 세면 장수 노릇 하나. 소가 크면 왕 노릇 하나.

기지도 못하는 주제에 뛰려고 한다

순서를 밟지 않고 제 실력 이상의 행동을 하려는 자를 비웃는 말. = 기지도 못하는 게 날려 한다. 기지도 못하면서 뛰려고 한다.

기침에 재채기

① 일이 공교롭게 되었음을 이름.
② 일마다 공교롭게도 방해가 끼어들어 낭패 봄을 이름.

긴 병에 효자 없다

부모가 병을 앓으면 온 정성을 다해 간병하지만, 그 시일이 오래되다 보면 그 정성이 예전만 못하게 된다는 말로, 무슨 일이거나 너무 오래 걸리게 되면 그 일에 대한 성의가 덜하게 된다는 말. = 삼 년 구병(救病)에 불효 난다.

길고 짧은 것은 대어 보아야 안다
① 누가 잘하느냐는 겨뤄 봐야 안다는 뜻.
② 무슨 일이나 잘 알려면 실지로 겪어 보아야 한다는 뜻.

길 닦아 놓으니까 미친년이 먼저 지나간다
애써 한 일을 당치 않은 자가 그르쳐 보람 없이 되었다는 말. = 신작로 닦아 놓으니까 문둥이 먼저 지나간다.

길마 무거워 소 드러누울까
① 일을 당하여 힘이 부족할까 두려워 말라는 말. ② 힘들어 보이기는 하지만 제가 능히 할 수 있다고 장담할 때 이르는 말.
* 길마 : 짐을 실으려고 소의 등에 얹는 안장.

길 아니거든 가지 말고 말 아니거든 듣지 마라
① 몸가짐과 움직임에 늘 신중히 하고 함부로 덤벼 날뛰지 말라는 말. ② 옳은 일이 아니거든 구태여 옳으니 그르니 할 것조차 없다는 뜻. = 길이 아니면 가지 말고 말이 아니면 탓하지 마라.

길 아래 돌부처도 돌아앉는다
① 남편이 첩을 보면 아무리 착한 아내라도 노한다는 말.
② 부처님같이 성질이 고운 사람도 못마땅하면 노한다는 뜻.

길을 두고 메로 갈까
편한 길을 두고 고생스럽게 메(산)로 갈까 함은, ① 쉽게 할 수 있는 것을 구태여 어렵게 할 리 없다는 말. ② 집을 떠나 딴 고장에 가서 친척과 지기(知己)의 집이 있음에도 불구하고 남의 집에서 묵으려 할 때 씀.

길을 무서워하면 범을 만난다
항상 겁이 많고 무서움을 잘 타는 사람은 그만큼 또 무서운 일을 당하게 된다는 말.

길이 없으니 한 길을 걷고, 물이 없으니 한 물을 먹는다
달리 어찌할 도리가 없으므로 본의 아니게 할 수 없이 일을 같이 하게 된다는 뜻.

김 안 나는 숭늉이 더 뜨겁다
물이 한참 끓고 있을 때면 김은 나지 않지만 가장 뜨거운 것과 마찬가지로, 사람도 가만히 있는 사람이 더 무섭지, 늘 떠벌려 대는 사람은 두려워할 상대가 못된다는 말.

김칫국부터 마신다
상대편의 속도 모르고 자기 짐작으로 지레 그렇게 될 것으로 믿고 그에 맞춰 행동함을 이름.

깊고 얕은 물은 건너 보아야 안다
물이 깊은가 얕은가는 건너 보아야 안다는 말로, 무엇이나 직접 겪어 보아야만 그것을 알 수 있으며, 사람도 잘 알려면 실제로 사귀어 보아야만 한다는 말.

깊던 물이라도 얕아지면 오던 고기도 아니 온다
① 사람이 늙어지면 따르던 사람도 멀어지고 찾아오지 않는다는 말. ② 세도가 좋던 때에는 찾아다니던 사람도 막상 상대가 보잘것없게 되면 들여다보지도 않는다는 뜻.

까기 전에 병아리 세지 마라
세상일이란 어떻게 되어 갈지 모르는 일이므로, 무슨 일이든지 이루어지기도 전에 그 이득을 셈한다든가, 그것으로 다른 일의 예산을 세우거나 하지 말라는 뜻.

까마귀가 검기로 마음도 검겠나
① 겉모양이 허술하고 누추하여도 마음까지 더럽고 악할 리는 없다는 말. ② 사람을 평할 때 겉모양만 보고 판단할 것이 아니라는 말. = 까마귀가 검어도 살은 아니 검다.

까마귀가 메밀을 마다한다
늘 특별히 즐기던 음식을 어쩌다 거절할 때 이르는 말. = 까마귀가 보리를 마다한다. 까마귀가 오디를 마다한다. 까마귀 고욤을 마다한다.

까마귀가 알 물어다 감추듯 한다
까마귀가 알을 물어다 감추되 나중에는 자기가 어디에다 두었는지 모른다는 말로, 잘 잊어버리는 사람을 조롱하는 말. = 까마귀 떡 감추듯. 까마귀 고기를 먹었나.

까마귀 날자 배 떨어진다
아무런 관계없이 한 일이 공교롭게도 다른 어떤 일과 때를 같이 하여 둘 사이에 무슨 관계라도 있는 듯한 혐의를 받는 것을 말함.

까마귀 대가리 희거든
도무지 될 가망이 없음을 이름. = 병풍에 그린 닭이 홰를 치거든. 곤달걀 꼬끼오 울거든. 군밤에 싹 나거든. 배꼽에 노송나무 나거든. 충암상에 묵은 팥 심어 싹 나거든. 용마 갈기 사이에 뿔이 나거든.

까마귀도 내 땅 까마귀라면 반갑다
무엇이나 자신이 태어나고 자란 고향의 것이라면 다 좋고, 객지에서 고향 사람을 만나는 것은 더욱 반갑다는 말.

까마귀 똥도 약이라니까 물에 깔긴다
흔하여 대단치 않던 것도 막상 요긴하게 쓰려고 보면 쉽게 얻어지지 않는다는 뜻.

까마귀 똥도 열닷냥 하면 물에 깔긴다
아무짝에도 쓸데없는 까마귀 똥도 값이 나간다고 하면 물에 깔겨서 못쓰게 한다는 말로, 흔해 빠진 것도 정작 소용되어 구하려 하면 얻기 힘들게 된다는 말.

까마귀밥이 된다
주인 없이 아무렇게나 버려진 시체가 되어 버린다는 뜻.

까마귀 아래턱 떨어질 소리
상대방으로부터 천부당만부당한 말을 들었을 때, '어처구니없이 그런 소리 말라'는 뜻으로 하는 말.

까마귀 짖어 범 죽으랴
까마귀가 울면 사람이 죽는다는 말이 있지만, 설마 그까짓 일로 동물의 왕인 범까지 죽기야 하겠느냐는 말로, 사소한 일로 인해 큰일에는 아무런 영향이 없다는 말.

까마귀 학이 되랴
아무리 변하려고 애를 쓴다 해서 본시 타고난 대로밖에 되지 않는다는 뜻.

깨어진 그릇 맞추기
이미 한번 잘못된 일을 원상태로 되돌리려고 아무리 애써도 그것은 불가능한 것이라는 뜻.

껍질 상치 않게 호랑이를 잡을까
호랑이 가죽을 상하게 하지 않고서는 호랑이를 잡을 수 없다는 말로, 힘들여 애쓴 다음에야 그 일을 이룰 수가 있다는 뜻.

꼬기는 칠팔월 수숫잎 꼬이듯
① 심술이 사납고 마음이 토라진 사람을 이름. ② 솔직하게 의사 표시를 하지 않고 우물쭈물함을 가리키는 말.

꼬리가 길면 밟힌다
나쁜 일을 오래도록 하면 끝내는 들키고야 만다는 말.

꼬부랑자지 제 발등에 오줌 눈다
① 어리석은 사람은 자기에게 해로운 일만 한다는 뜻.
② 제가 받는 벌이나 재화는 결국 제게 원인이 있다는 뜻.

꼬챙이는 타고 고기는 설었다
고기를 꼬챙이에 꿰어 굽는데 구워져야 할 고기는 설고 익을 필요가 없는 꼬챙이만 탔다 함이니, 꼭 되어야 할 것은 안 되고, 반대로 그렇게 되면 안 될 것만 되었을 때 쓰는 말.

꼴 같지 않은 말(馬)은 이도 들쳐 보지 않는다
겉모습이 못나 보이는 말(馬)은 아예 사고 싶은 생각이 없으니 나이를 세려고 이를 들쳐 보지도 않는다는 말로, 그 행동이 못되고 생긴 모양도 변변치 못한 자는 더 자세히 알아볼 필요도 없다는 뜻.

꼴에 수캐라고 다리 들고 오줌 눈다
되지 못한 자가 나서서 젠체하고 수작함을 이름.

꼿꼿하기는 개구리 삼킨 뱀
마치 뱀이 개구리를 삼킬 때 목을 꼿꼿이 쳐들고 삼키듯이, 고개에 힘을 잔뜩 주고 젠체하며 거드름을 피우거나 고집이 센 사람을 이르는 말.

꼿꼿하기는 서서 똥 누겠다
마음씨가 바르고 굳어서 굽히기를 싫어하여 똥 누는 것까지도 서서 하겠다는 말로, 너무 고집이 세어 굽힐 줄 모르는 사람이나 자기만 옳다고 남을 받아들이지 않는 사람을 이름.

꽃밭에 불지른다
① 도무지 풍류를 모르는 짓을 한다는 말. ② 인정사정없는 처사를 이름. ③ 한창 행복할 때 재액(災厄)이 일어난다는 말.

꽃 본 나비 담 넘어가랴
그리운 사람을 본 이가 그대로 지나쳐서 다른 데로 가 버릴 리 없다는 말.

꽃 본 나비, 물 본 기러기
나비는 꽃이 좋아서 그냥 지나치지 못하고 기러기는 물이 좋아 노닐고야 만다 함이니, 흔히 남녀 간에 정이 깊어 떨어지지 못하는 즐거움을 두고 하는 말.

꽃 본 나비 불을 헤아리랴
꽃 본 나비가 불에 타 죽을지언정 꽃에 날아들어 노닐지 않을 수 없다는 말로, 남녀 간의 정이 깊어 비록 죽을지도 모를 위험이 따른다 하더라도 같이 즐김을 이르는 말.

꽃은 목화(木花)가 제일이다
아무리 외모는 보잘것없다 하더라도 실제로 이익만 있으면 그것이 제일 좋다는 말.

꽃이라도 십일홍 되면 오던 봉접도 아니 온다
꽃이 한창일 때는 찾아들던 벌 나비도 꽃이 시들어 빛이 낡아지면 오지 않는다는 말로, ① 사람이 나이 많아지면 전에 따르던 사람도 찾아오지 않는다는 뜻. ② 세도가 좋을 때에는 늘 찾아오던 사람이 이 편의 처지가 보잘것없게 되면 들여다보지도 않는다는 뜻.

* 봉접(蜂蝶) : 벌과 나비.

꽃이 좋아야 나비가 모인다
① 가지고 있는 상품(商品)이 좋아야 손님이 많다는 뜻. ② 결혼 상대자를 구할 때 자기 쪽이 좋아야 좋은 사람을 구할 수 있다는 말.

꿔다 놓은 보릿자루
여럿이 모여 웃고 이야기하는 가운데 혼자서만 가만히 앉아 서로 어울리지 못하는 사람을 이르는 말. = 빌려 온 고양이같이.

꿔 온 조상은 자기네 자손부터 돕는다
훌륭한 조상을 둔 것처럼 남에게 보이기 위해 아무리 훌륭한 남의 조상 이름을 갖다가 자기네 조상처럼 꾸며도 그것은 무용지물이라는 뜻.

꿀도 약이라면 쓰다
자기에게 이로우라고 타이르는 말을 싫어한다는 뜻.

꿀 먹은 개 욱대기듯
꿀 먹은 개가 말은 하지 못하고 몹시 우락부락한다는 말로, 속에 있는 말을 시원스럽게 하지 못하고 우락부락하며 딱딱거림을 이름.
* 욱대기다 : ① 난폭하게 위협하다. ② 우락부락하게 우겨대다. ③ 억지를 부려 마음대로 해내다.

꿀 먹은 벙어리
벙어리는 맛을 알면서도 어떻다고 말은 못하므로, 어떤 일에 대하여 아무 말이 없는 사람을 두고 하는 말.

꿀보다 약과가 달다
약과는 여러 가지 재료들과 꿀을 섞어 넣고 반죽하여 만드는 것, 따라서 약과가 꿀보다 더 달 리 없으므로, 주객이 전도되어 사리에 어긋남을 이르는 말.

꿀은 적어도 약과만 달면 쓴다
① 비록 자본은 적더라도 이익만 얻을 수 있으면 된다는 뜻.
② 수단은 다르더라도 목적만 이루면 된다는 말.

꿈도 꾸기 전에 꿈 해몽
어떻게 될지도 모르는 일을 가지고 미리부터 제멋대로 상상하고 기대한다는 뜻.

꿈보다 해몽이 좋다
① 좋고 나쁨은 풀이하기에 달렸다는 말. ② 기본이 되는 재료는 좋지 않아도 그것을 만지고 다루는 솜씨에 따라 얼마든지 좋아질 수 있다는 말.

꿈에 떡 맛 보듯
① 도무지 제 마음에 흡족하지 않다는 뜻.
② 분명하지 못한 것을 가리키는 말.

꿈에 서방 맞은 격
① 무엇이 다 제 욕심에 차지 아니함을 이름.
② 분명하지 못한 존재를 뜻함.

꿈에 현몽(現夢)한 돈도 찾아 먹는다
매우 깐깐하고 경제관념이 강하여 제가 얻을 수 있는 돈은 어떻게 해서든지 찾아 가고야 마는 사람을 두고 이르는 말.

꿩 구워 먹은 소식
① 어떤 일을 하고도 아무 흔적이 남지 않을 때 쓰는 말.
② 소식이 아주 없다는 말.

꿩 대신 닭
쓰려는 것이 없으면 그보다는 좀 못하지만, 그와 비슷한 다른 것으로 대신 쓸 수도 있다는 말.

꿩 먹고 알 먹는다
꿩을 잡고 보니 뱃속에 알까지 들어 있어서 꿩과 알을 한꺼번에 먹을 수 있다는 말로, 한꺼번에 송두리째 모든 이익을 봄을 이름.
= 굿 보고 떡 먹기. 꿩 먹고 알 먹고 둥지 털어 불 땐다. 알로 먹고 꿩으로 먹는다.

꿩 잡는 것이 매다
꿩을 잡지 않으면 매라고 할 수가 없으므로, 실지로 제 구실을 해야 명실상부하다는 말.

꿩 잡아먹는 쑥구렁이 같다
큰일을 저지르고도 느긋한 표정을 하고 있다는 뜻으로 빗대는 말.

끈 떨어진 뒤웅박
홀로 나가 떨어져 아무데도 붙지 못하고 굴러다닌다는 뜻으로, 조금도 의지할 데가 없어진 처지를 이름.

끓는 물에 냉수 부은 것 같다
끓는 물에 냉수를 부으면 갑자기 끓는 소리가 없어지고 조용해짐에 비유하여, 여러 사람이 북적거리다가 갑자기 조용해지는 것을 이름.

끓는 죽에 국자 누르기
국이 끓을 때 국자를 누르면 국이 더욱 끓게 된다는 말로, 남이 한창 화가 났을 때 더 노할 짓을 한다는 뜻.

끝 부러진 송곳
가장 중요한 부분이 손상되어 아무데도 쓸모가 없어진 존재를 이르는 말.

나가는 년이 세간 사랴
이미 일이 다 틀어져서 나가는 판에 뒷일을 생각하고 다시 돌아다볼 리 만무하다는 뜻.

나간 놈의 몫은 있어도 자는 놈의 몫은 없다
나간 사람은 일하러 나갔으니 남겨 주어도, 자고 있는 사람은 일을 하지 않으므로 남겨 주지 않는다는 말로, 게으른 사람에게는 혜택이 돌아가지 않는다는 뜻.

나간 놈의 집구석이라
살다 그대로 두고 나간 집 같다는 말로, 집 안이 어수선하고 질서가 없음을 이르는 말.

나간 머슴이 일은 잘했다
사람은 무엇이나 잃은 것을 애석하게 여기고, 현재 가지고 있는 것보다 이전 것이 더 낫다고 생각한다는 뜻.

나갔던 상주(喪主) 제청(祭廳)에 달려들 듯
제사를 지내야 하는 상주가 나갔다가 돌아와 허둥지둥 제청으로 들어가는 것과 똑같다 함은, 하는 짓이 매우 황급하고 허둥지둥한 모양을 이름.

나귀를 구하매 샌님이 없고, 샌님을 구하매 나귀가 없다
① 무엇이나 완전히 구비하기는 힘들다는 말.
② 무슨 일의 준비가 뜻대로 되지 않고 빗나가기만 할 때 쓰는 말.

나귀에 짐을 지고 타나 싣고 타나 매한가지
나귀를 타면서 제가 직접 짐을 지고 타나 나귀 등에 직접 짐을 올려놓고 타나 나귀의 입장에서 볼 땐 매한가지라는 말로, 이러나저러나 결과에 있어서는 똑같다는 뜻.

나그네 귀는 간짓대 귀
나그네는 얻어 듣는 것이 많다 하여 이르는 말.
* 간짓대 : 긴 대로 만든 장대.

나그네 먹던 김칫국도 내가 먹자니 더럽고 남 주자니 아깝다
저는 그다지 갖고 싶지 않은 물건이지만, 그렇다고 또 남 주기는 싫다는 뜻.

나 낳은 후에야 에미 ×이 바르거나 기울거나
자신이 무슨 일을 하는 데 있어 절대 필요했거나 도움이 되었던 것도, 일단 자기 일만 좋게 끝나 버렸다면, 그것이 어떻게 되든지 간에 돌보지 않는 것이 인심이라는 말.

나는 놈 위에 타는 놈 있다
아무리 재주가 있다고 해도 그보다 더 나은 사람이 있으며 위에는 위가 있는 것이니 너무 자랑 말라는 뜻.

나는 바담 풍 해도 너는 바람 풍 해라
① 남의 잘못을 바로 해 주려고 할 때 먼저 자기 잘못이 드러나 그것을 숨기려 하나 가려지지 않는다는 뜻. ② 자기는 잘못하면서도 남만 잘하라고 요구하는 사람을 풍자하는 말.

나는 새도 깃을 쳐야 날아간다
새도 날갯짓을 해야만 날 수 있듯이, 아무리 급한 일이라도 얼마간의 준비가 없이는 안 된다는 뜻.

나는 새에게 여기 앉아라 저기 앉아라 할 수 없다
제 뜻대로 날아다니는 새를 이편의 생각대로 움직이게 할 수 없듯이, 저마다 의지가 있는 사람의 자유를 구속할 수는 없다는 말.

나도 덩더꿍 너도 덩더꿍
덩더꿍은 북을 두들기는 소리로, 상대하고 있는 자들이 저마다 젠체하여 조금도 타협하지 않고 버티고만 있음을 이르는 말.

나라님이 약 없어 죽나
① 제아무리 좋은 약을 쓰고 극진한 간호를 하여도 죽을 사람은 죽고, 약도 안 쓰고 내버려두어도 살 사람은 나아서 일어난다는 말. ② 죽은 사람에 대하여 약도 변변히 못 썼다고 서러워할 때 위로하는 말.

나 먹자니 싫고 개 주자니 아깝다.
① 자기는 싫지만 남 주기도 아까우니 난처하다는 말.
② 저 싫다고 남도 안 주는 비뚤어진 마음씨를 이름.
= 저 먹자니 싫고 남 주자니 아깝다. 쉰밥 고양이 주기 아깝다.

나무 뚝배기 쇠양푼 될까
본질이 나쁜 자가 훌륭하게 변할 수는 없다는 말. = 나무 접시 놋접시 될까.

나무에 오르라 해놓고 흔드는 격
나무에 올라가라고 권해 놓고서 떨어지라고 흔드는 식이라는 말로, 처음에는 좋은 낯으로 사람을 꾀어 불행한 처지에 몰아넣고 만다는 뜻.

나무에 잘 오르는 놈이 떨어지고, 헤엄 잘 치는 놈이 물에 빠져 죽는다
① 사람은 흔히 그가 가지고 있는 재간 때문에 실수하게 된다는 말.
② 잘한다고 날뛰느니보다 좀 어리석은 듯 미련한 듯한 사람이 더 믿음직스럽다는 뜻. = 헤엄 잘 치는 놈 물에 빠져 죽고, 나무에 잘 오르는 놈 나무에서 떨어져 죽는다.

나무칼로 귀를 베어도 모르겠다
좀처럼 베어질 리 없는 나무칼로 귀를 베려면 너무도 아파서 한바탕 소동을 겪어야 할 것인데 그것을 모르겠다 함은, 한 가지 일에 몹시 골똘한 나머지 정신이 한 군데로만 집중되었음을 이름. 대개 맛있는 음식을 먹거나 애정에 푹 빠져 있을 때 하는 말.

나 부를 노래를 사돈집에서 부른다
① 자기가 하려고 하는 말을 상대편이 먼저 할 때 쓰는 말. ② 자기가 남을 탓하여 나무랐더니 오히려 그쪽에서 먼저 자기를 허물한다는 뜻. = 시어미 부를 노래 며느리 먼저 부른다.

나중에 꿀 한 식기 먹으려고 당장에 엿 한 가락 안 먹을까
훗날에 있을 일만 믿고 지금 당장의 일은 무시하겠느냐고 반문하는 말로, 확실하지도 않은 앞일을 기대하며 믿는 것보다 비록 적기는 하지만 당장 눈앞에 보이는 것이 우선이라는 뜻.

나중 보자는 양반 무섭지 않다
① 그 자리에서 당장 화풀이를 하지 못하고 나중에 두고 보자 하며 협박하는 사람은 무섭지가 않다는 말. ② 훗날을 기약하는 사람을 믿고 기대할 것이 못된다는 말. = 후에 보자는 사람 무섭지 않다.

나중에야 삼수갑산을 갈지라도
최악의 경우를 각오하고 자기 하고 싶은 대로 어떤 일을 단행할 때 쓰는 말.

* 삼수갑산(三水甲山) : 한경남도의 삼수와 갑산은 교통이 불편한 오지(奧地)라는 뜻으로, '몹시 어려운 지경'을 이르는 말. 옛날에 죄인을 귀양 보내던 곳.

낙락장송도 근본은 종자(種子)
① 훌륭한 인물도 근본을 캐어 보면 범인(凡人)이나 다름이 없으나 노력과 재질의 발휘로 그렇게 되었다는 뜻. ② 대단한 일도 그 처음 시작은 아주 보잘것없었음을 이름.

낚시 미늘에 걸린 생선
낚시 미늘에 물고기가 걸리면 이미 그 물고기의 생명이 끝난 것이나 다름없는 것, 따라서 죽을 수를 당하여 어쩔 수 없이 된 경우를 이름.

낙양의 지가를 높인다
책이 많이 읽혀지고 그 부수가 많이 나갈 때 이르는 말.

[참고] 옛날 중국의 진나라 좌사(左思)가 「제도부(齊都賦)」와 「삼도부(三到賦)」를 지었을 때, 진나라의 서울인 낙양(落陽) 사람들이 앞다투어 그 글을 옮겨 적기 위해 낙양의 종이를 많이 사갔는데, 이로 인해 낙양의 종이 값이 비싸졌다는 옛 일화가 있다.
* 지가(紙價) : 종이 값.

난리가 나도 얻어먹고 살겠다
매우 총민하여 어떤 경우에 처해서라도 살아갈 수 있는 사람을 보고 하는 말.

난리 나는 해에 과거급제했다
① 오래 바라고 애써 성취한 일에 공교롭게도 방해가 끼어들어 아무 소용이 없게 됨을 이름. ② 자신이 성취한 일을 가지고 자랑 삼아 이야기하지만 그것은 아무 데도 흔적이 없으니 말할 거리도 못 된다고 핀잔하는 말.

난쟁이 교자꾼 참여하듯
키 작은 난쟁이가 키 큰 사람들끼리만 모인 교자꾼들과 어울리려 한다는 말로, 자기 처지나 힘은 생각지도 않고 턱없는 일에 참여할 때 하는 말.

* 교자꾼(轎子-) : 종일품 이상 및 기로소 당상관이 타던 가마.
* 기로소(耆老所) : 조선 때, 일흔 살이 넘은 문관 정이품 이상의 노인을 예우하기 위해 세운 기구.

난쟁이 허리춤 추키듯
키 작은 난쟁이가 흔히 옷을 크게 입는다는 데서 나온 말로, 난쟁이가 늘 바지 허리춤을 추켜올려 입듯 매사에 남을 자꾸 추어올려 줌을 뜻함.

난초 불붙으니 혜초(蕙草) 탄식한다
동류(同類)가 괴로움과 슬픔을 당하게 되면 함께 괴로워하고 슬퍼한다는 말.

날개 부러진 매
매의 날개가 부러졌다 함은 매가 매로서의 역할을 할 수 없게 되었다는 말로, 힘없고 세력 없는 신세가 되었다는 말.

날고기 보고 침 안 뱉는 이 없고, 익은 고기 보고 침 안 삼키는 이 없다
날고기는 무엇이나 보기에 비위가 거슬리고, 고기란 익혀서 먹어야만 제맛이라는 말.

날 궂은 날 개 사귄 이 같다
① 귀찮은 일을 당함을 이름.
② 달갑지 않은 사람이 귀찮게 따라다님을 이름.

날 때 궂은 아이가 죽을 때도 궂게 죽는다
흔히 날 때 힘들게 낳은 아이는 죽을 때도 어렵게 죽는다 하여 이르는 말.

날랜 장수 목 베는 칼은 있어도 윤기 베는 칼은 없다
사람의 인륜 관계는 무슨 일이 있더라도 끊을래야 끊을 수 없는 것이라는 뜻.
* 윤기(倫紀) : 윤리와 기강.

날면 기는 것이 능치 못하다
사람이 한 가지 재주가 신통하면 다른 것은 잘하지 못한다는 말. 즉 모든 일에 능하기는 어렵다는 뜻.

날 샌 은혜 없다
남에게 신세를 지거나 은혜를 입고서도 시일이 지나게 되면 차츰 잊혀져 가고, 그러다가 결국엔 그런 일이 아예 없었던 것같이 생각된다는 뜻.

날아다니는 까막까치도 제 밥은 있다
날아다니는 까마귀와 까치까지도 먹을 것이 있는데, 하물며 사람 먹을 것이 없어서야 되겠느냐는 말.

* 까막까치 : 까마귀와 까치.

날은 좋아 잘 웃는다마는 동남풍에 잇속이 그슬린다
별로 우스운 일도 없는데 잘 웃는 사람은 너무 웃어서 잇속이 바람에 그슬리겠다는 말로, 실실 웃기나 하고 아무 일도 못하는 못난이를 보고 하는 말.

'날 잡아 잡수' 한다
어떻게든지 당신 하고 싶은 대로 하려면 해보라고 상대방에게 제 몸을 맡겨 놓는다는 뜻.

날 잡은 놈이 자루 잡은 놈을 당하랴
칼날을 잡고 있는 사람과 칼자루를 잡고 있는 사람이 서로 칼을 뺏으려고 다툰다면 칼자루 잡은 사람이 유리한 것은 당연지사, 따라서 월등하게 유리한 조건에 있는 자를 이겨내기는 어렵다는 말.

남대문입납(入納)
① 주소를 알 수 없는 편지 또는 주소나 이름을 모르고 집을 찾는 일을 비유적으로 이르는 말. ② 줄거리나 골자를 알 수 없는 말을 비유적으로 이르는 말.

남산골 딸깍발이
옛날 서울 남산 밑에는 가난한 선비들이 많이 살고 있었는데, 그들은 맑은 날에도 항상 딸깍딸깍하는 나막신을 신고 다녔다 해서 나온 말로, 가난한 선비를 농으로 이르는 말.

남산골 샌님은 뒤지하고 담뱃대만 들면 나막신을 신고도 동대문까지 간다
옛날에 남산골에 사는 가난한 선비들은 집에서 입고 있던 의관 그대로 진 날 갠 날 없이 나막신만 신고 다녔다 해서 나온 말로, 의관을 제대로 갖추지 않고 평상복 차림인 채로 외출할 때 이르는 말.

남산골 생원이 망하여도 걸음 걷는 보수는 남는다
남산골 샌님이 망하여 아무 것도 없으나 그 특이한 걸음걸이만은 남는다는 말로, 사람의 습관이란 없어지지 않는다는 말.

남산 소나무를 다 주어도 서캐조롱 장사 하겠다
남산의 그 많은 소나무를 다 주어도 고작해야 서캐조롱 장사 밖에는 못할 만큼 소견이 옹졸하고 좁다는 말.
* 서캐조롱 : 계집아이들이 액막이로 차고 다니는 조롱의 일종. 조롱은 어린아이들이 액막이로 주머니 끈이나 옷 끈에 차던 물건으로, 호리병처럼 나무로 밤톨만하게 만듦.

남생이 등 맞추듯
남생이 등은 둥글게 되어 있으므로, 어떤 것 둘을 갖다 맞추어서 딱 들어맞지 않을 때 하는 말.

남생이 등에 풀쐐기 쐼 같다
남생이 등은 단단하여 풀쐐기가 쏘아도 아무렇지 않다는 말로, 작은 것이 큰 것을 건드리나 아무런 해도 끼치지 못함을 이름.

남을 물에 넣으려면 제가 먼저 물에 들어가야 한다
남을 해치려고 모함하면 제가 먼저 그와 같은 어려움을 당하게 된다는 말.

남의 눈에 눈물 내면 제 눈에는 피눈물이 난다
남에게 모질고 악한 짓을 하면 반드시 저는 그보다 더한 죄벌을 받게 된다는 말. = 남의 눈에서 피 내리면 내 눈에서는 고름이 난다.

남의 다리 긁는다
① 자기를 위하여 한 일이 결국에는 남의 이익만 도모했다는 말.
② 남의 일을 제 일로 잘못 알고 수고한다는 말.

남의 다리에 행전 친다
제 일을 한다고 한 일이 남의 이익을 위하는 결과가 되었을 때 이르는 말.

남의 돈 천 냥이 내 돈 한 푼만 못하다
아무리 적고 보잘것없는 것이라 할지라도 남의 것보다는 내 것이 더 낫다는 말.

남의 떡에 설 쇤다
자기는 떡도 못 할 정도로 가난하여 설을 못 셀 것 같다가 결국 남의 떡을 얻어 그것으로 설을 쇠게 된다는 말로, 남의 힘을 빌려 일을 이루게 될 때 쓰는 말.

남의 떡 함지에 넘어진다
남의 떡을 먹고 싶으나 차마 달라는 말은 못 하고 그 떡 함지에 일부러 넘어져서 그것을 집어 먹는다는 말로, 비윗장이 좋은 사람을 두고 하는 말.

남의 말 다 들으면 목에 칼 벗을 날 없다
남의 말을 너무 잘 곧이듣고, 또 남의 말에 순종만 하면 낭패 보는 일이 많다는 말로, 말은 꼭 자기가 들어야 할 것만 들으라는 말.

남의 말도 석 달
아무리 크고 나쁘게 퍼진 소문이라 할지라도 시일이 좀 지나다 보면 흐지부지 없어지게 된다는 뜻.

남의 말에 안장 지인다
제 일을 한다고 한 노릇이 남의 이익을 위한 일이 되고 말았을 때를 이름.

남의 말이라면 쌍지팡이 짚고 나선다
남의 말 하기를 좋아하고, 남에게 사사건건 시비를 잘 걸고 나서는 사람을 이름.

남의 바지 입고 새 벤다
제가 쓸 새를 베는데 남의 바지를 입고 한다는 말은, 남의 것을 소비하여서 제 일을 이룬다는 말.

* 새 : 띠나 억새 따위의 총칭.

남의 발에 버선 신긴다
제 일을 하느라고 한 것이 뜻밖에도 남을 위하여 일한 결과가 되었다는 뜻.

남의 밥 보고 시래깃국 끓인다
① 제게는 아무 상관도 없는 남의 일을 가지고 공연히 미리부터 서둘고 좋아한다는 뜻. ② 남의 것을 턱없이 바란다는 뜻. = 남의 밥 보고 장 떠먹는다.

남의 밥에 든 콩이 굵어 보인다
① 제가 가진 것보다 남이 가진 것이 더 좋아 보인다는 말. ② 사람은 욕심이 많아 남이 가진 것이면 다 좋아 보여서 가지고 싶어한다는 말.

남의 불에 게 잡는다
남이 게를 잡기 위하여 밤에 막을 치고 불을 켜 놓으면 자기는 불을 켜지 않고 게만 잡아서 가진다는 말로, 제 일을 하는데 남의 물건만 소비하고 이익은 제가 갖는다는 말.

남의 사돈이야 가거나 말거나
자기네 사돈이라도 가거나 말거나 관계할 바가 아니어든 하물며 남의 사돈의 일에 무엇이라 간섭하겠느냐는 말로, 자기에게 조금도 이해관계가 없다는 뜻으로 하는 말.

남의 사위가 나갔다 들어갔다
제 사위가 들어갔다 나왔다 하면 반가이 맞기도 하고 대접도 할 것이겠지만 남의 사위가 오든 말든 자기와는 아무 관계도 없다는 말로, 남이 무슨 일을 하든지 자기와는 아무 상관도 없다는 뜻.

남의 사정 봐주다가 갈보 난다
남의 사정을 봐주고 동정하여 주다가 제 몸을 망친다는 말로, 너무 남의 사정만 보아 주다 보면 자신에게 해가 돌아온다는 말.

남의 소 들고 뛰는 건 구경거리
고삐가 풀려 날뛰는 자기 소를 보는 것은 정말 신경질 나는 일이지만, 자기와 아무런 이해관계가 없는 경우에는 그것이 불행한 일이라도 재미있게 구경한다는 말.

남의 속에 있는 글도 배운다
남의 속에 있는, 즉 눈으로 볼 수 없는 글도 배우거든 하물며 직접 하는 것을 보고 못 할 리가 있겠느냐는 말로, 무엇이나 남의 하는 것을 보면 그대로 따라 할 수 있다는 말.

남의 속은 동네 존위(尊位)도 모른다
절대적인 지위에 있는 동네의 어른도 남의 속은 모른다는 말로, 사람은 아무리 하여도 남의 속을 다 알 수는 없다는 말.

* 존위(尊位) : 면 또는 이(里)의 어른.

남의 술에 삼십 리 간다
자기는 가고 싶은 생각이 없으나 술을 받아먹자고 권하는 데 못 이겨 삼십 리를 간다는 말로, 무릇 저 하기 싫은 일을 남의 권유로 하게 되었을 때 쓰는 말.

남의 싸움에 칼 빼기
자기와는 아무런 관계가 없는 일에 공연히 뛰어들어 참여한다는 뜻.

남의 아이 한 번 때리나 열 번 때리나 때렸단 소리 듣기는 마찬가지다
① 남의 귀한 자식을 한번 때리나 열 번 때리나 때렸다고 나무람 듣기는 일반이니, 이왕이면 실컷 때려나 보고 그런 말을 듣자 하는 뜻. ② 무슨 좋지 못한 일을 조금 하나 많이 하나 꾸중 듣기는 마찬가지니 아예 하지 않는 것만이 상책이란 말.

남의 염병이 내 고뿔만 못하다
① 남의 큰 병이 내 작은 감기몸살만 못하다 함은, 남의 큰 걱정이나 위험보다 제 작은 근심거리가 더 절박하게 느껴진다는 말. ② 남의 처지를 이해하지 못하고 자기 본위로만 행동할 때 이르는 말.

남의 옷 얻어 입으면 걸레감만 남고, 남의 서방 얻어 가면 송장치레만 한다
남의 입던 옷을 얻어 입으면 얼마 가지 않아 곧 해어져서 못 입게 되며, 나이 많은 남자에게 개가하여 사노라면 얼마 가지 않아 사별하게 된다는 말로, 남의 옷 얻어 입는 것과 남의 서방 얻어 살기란 할 짓이 아니라 하여 이르는 말.

남의 일은 오뉴월에도 손이 시리다
남의 일을 하기가 싫음을 말함.

남의 자식 흉보지 말고 내 자식 잘 가르쳐라
무엇이든지 남을 흉보고 탓하기 전에 그것을 거울삼아 제 편의 잘못을 뉘우치고 고치라는 말.

남의 잔치에 감 놓아라 배 놓아라 한다
자기와는 아무런 상관도 없는 일에 공연히 간섭하고 참견하지 말라는 뜻. = 남의 제사에 감 놓아라 배 놓아라 한다.

남의 짐이 가벼워 보인다
같은 짐이라도 제 짐보다는 남의 짐이 더 가벼워 보인다는 말로, 남의 고통이 비록 더 크다 하더라도 제가 직접 당하고 있는 괴로움이 제게는 더 크고 심하게 느껴진다는 뜻.

남의 집 금송아지가 우리 집 송아지만 못하다
남의 것이 아무리 좋더라도 자기한테는 소용없고, 나쁜 것이더라도 제 것이라야 실속이 있다는 말.

남의 집 머슴과 관장살이는 끓던 밥도 두고 간다
항상 하라는 대로 해야 하기 때문에 머슴과 관리는 곧 익는 밥도 그대로 두고 떠나야 될 경우가 있다는 말.

* 관장(官長) : 시골 백성이 고을 원을 높여 부르던 말.

남의 집 불구경 않는 군자(君子) 없다
아무리 착하고 어진 사람도 남의 불행을 도리어 즐긴다는 말로, 인간의 행동이란 도덕적인 관점보다도 흥미적인 관점에 더 많이 지배당하는 것이라는 말.

남의 장단에 궁둥춤 춘다
자기는 춤출 생각이 없었으나 남이 장단을 치니 궁둥춤을 추었다는 말로, ① 제게 주견(主見)이 없어 남 하는 대로 따라 한다는 말. ② 자기와는 관계없는 남의 일에 잘난 체하고 참견함을 이름.

남의 팔매에 밤 줍는다
밤을 떨어뜨려 주우려고 팔매질한 사람은 따로 있는데 밤은 자기가 줍는다는 말로, 남의 수고로움을 이용하여 자기의 이익으로 삼는다는 뜻.

남의 후리매에 밤 주워 담는다
노력한 결과가 남 좋은 일만 시켰다는 말.
* 후리매 : 두루마기의 사투리.

남의 흉이 한 가지면 제 흉이 열 가지
사람은 흔히 제 잘못과 흉은 몰라도 남의 흉허물은 잘 알아 내어 흉을 보기가 쉽지만, 사실 제 흉이 더 많은 줄 알고 남을 흉보지 말라는 뜻.

남이 놓은 것은 소도 못 찾는다
다른 사람이 어떤 장소에 놓아 둔 물건은 소처럼 큰 물건일지라도 찾기가 힘들다는 말.

남이야 내 상전을 두려워할까
내가 두려워한다고 해서 남도 내가 모시고 있는 윗사람을 두려워할 까닭이 없다는 말.

남이야 뒷간에서 낚시질을 하건 말건
남이야 무슨 짓을 하든 간에 상관할 바 없다는 말. = 남이야 전봇대로 이를 쑤시건 말건. 남이야 지게 지고 제사를 지내건 말건.

남이 은장도를 차니 나는 식칼을 낀다
남이 노리개로 잘 꾸민 은장도 차는 것을 보고 자기도 식칼을 끼고 나선다 함은, 일의 경위와 시비곡절도 모르고 남이 하는 대로 그저 따라만 한다는 뜻. = 남이 장 간다고 하니 거름 지고 나선다. 남이 장에 간다 하니 무릎에 망건 씐다.

남편은 두레박, 아내는 항아리
두레박이 물을 길어다 항아리에다 채우듯이 남편은 밖에서 돈을 벌어 집에 가져오면 아내는 그것을 잘 모으고 간직한다는 말.

나무도 고목되면 오던 새도 아니 온다
① 사람이 늙어지면 예전에 따라다니던 이도 찾아오지 않는다는 말. ② 권세가 좋을 때는 늘 찾아오던 이도 이편의 처지가 보잘것없게 되면 한 번 들여다보지도 않는다는 뜻.

낫 놓고 기역자도 모른다
낫을 눈앞에 놓고 낫 모양으로 생긴 기역자도 모른다는 말로, 아주 무식하다는 뜻.

낫으로 눈을 가린다
좁다란 낫으로 눈을 가리고 제 몸이 다 숨은 줄 안다는 말로, ① 섣부른 술수를 부려서 숨기려 하되 숨기지 못한다는 뜻. ② 미련하여 경우에 맞는 처신을 못한다는 말.

낮말은 새가 듣고 밤말은 쥐가 듣는다
① 아무도 안 듣는 데에서라도 항상 말조심을 해야 한다는 뜻. ② 아무리 비밀스럽게 한 말도 반드시 남의 귀에 들어가게 된다는 뜻.

낮에 난 도깨비
도깨비는 어둠침침한 밤에나 나와서 활동하는 것인데도 불구하고 대낮에 나왔다는 말은, 하는 짓이 해괴망측한 자를 이름.

낮에 난 도둑
도둑질할 놈이 밤에 다니지 않고 밝은 대낮에 도둑질한다 함이니, 염치불구하고 남의 것을 탐내어 가지고자 하는 자를 두고 이르는 말.

낯가죽이 두껍다
무슨 일에나 염치없고 뻔뻔스러우며 부끄러운 줄 모르는 사람을 일컬음. = 뱃가죽이 땅 두께 같다. 쇠가죽 무릅쓴다.

내가 중이 되니 고기가 천하다
중이 되어서 고기를 먹지 않게 되니 이젠 고기가 필요없게 되었다는 뜻으로, 무엇이든 자기가 필요해서 구할 때는 귀하게 여겨지지만, 제게 필요하지 않으면 흔하고 천하게 여겨진다는 말.

내 것 잃고 죄 짓는다
제 물건을 잃어버리면 으레 애매한 사람까지 의심하게 된다는 뜻.

내관(內官)의 새끼냐, 꼬집기도 잘한다
내시들은 흔히 성격이 여자를 닮아 꼬집기를 잘한다는 데서 나온 말로, 남의 편성을 비웃는 말.
* 편성(偏性) : 한쪽으로 치우친 성질. 편벽된 성질.

내 님 보고 남의 님 보면 심화 난다
자기 님이 더 훌륭할 것을 바라는 뜻에서 잘난 남의 님을 보면 마음이 편치 않다는 뜻.

내닫기는 주막집 강아지라
사람이 찾아오거나 무슨 일이 생기면 곧바로 뛰어나와 참견하는 사람을 두고 하는 말.

내 돈 서 푼은 알고 남의 돈 칠 푼은 모른다
제 돈 서 푼은 소중히 알고 더 많은 남의 돈 칠 푼은 하찮게 여긴다는 말로, 무엇이나 자기 것만 소중히 여기고 남의 것은 대수롭지 않게 여기는 행동을 이름. = 제 돈 칠 푼만 알고 남의 돈 열네 닢은 모른다.

내 돈 서 푼이 남의 돈 사백 냥보다 낫다
남의 것이 아무리 좋고 많더라도 그것이 제게는 아무 소용이 없고, 적고 그보다 좀 못한 것이라도 제 것이라야 실속이 있는 것이라는 말.

내 딸이 고와야 사위를 고른다
자기 딸의 배우자감을 정하는 데 있어 이쪽에 부족함이 없어야만 훌륭한 상대를 고른다는 말로, 자기 쪽에는 부족한 점이 많으면서 완전하고 좋은 것만 골라 가지려는 것을 비웃는 말.

내 땅 까마귀 검어도 귀엽다
① 제 자식은 아무리 못나도 귀엽다는 뜻. ② 제 집 제 고향의 것, 즉 제가 오래 정들인 것은 무엇이나 다 좋다는 뜻.

내리 사랑은 있어도 치사랑은 없다
① 윗사람이 아랫사람의 작은 허물을 잘 보아 주어야 한다는 말.
② 윗사람이 아랫사람을 사랑하는 수는 있어도 아랫사람이 윗사람을 사랑하기란 어렵다는 뜻.

내 말은 남이 하고, 남 말은 내가 한다
① 누구나 사람은 제 일을 제쳐놓고 남의 말 하기를 좋아한다는 뜻.
② 남이 네 허물을 들어 이야기할 것이니 너 또한 남의 허물을 탓잡아 말하지 말라는 뜻.

내 말이 좋으니 네 말이 좋으니 하여도 달려 보아야 안다
자기가 가지고 있는 말[馬]이 좋다고 서로 말로만 우기는 것보다 실제로 말을 달려 보아야 알 수 있다는 말로, 실제로 해보지 않고 탁상공론만 하는 것은 어리석다는 뜻.

내 몸이 높아지면 아래를 살펴야 한다
남의 윗자리에 있는 사람은 언제나 아랫사람들을 보살피고 몸가짐을 조심해야 한다는 말.

내 몸이 중이면 중의 행세를 하라고
사람은 누구나 자신의 신분에 어울리는 행동을 해야 하며, 분에 어긋나는 짓을 해서는 안 된다는 뜻.

내 물건이 좋아야 값을 받는다
제 것이 좋아야 그 대가로서 좋은 것을 기대할 수 있다는 말.

내 밑 들어 남 보이기
자기 스스로 자신의 부주의한 말이나 행동을 남에게 보임으로써 자기의 부족함을 드러낸다는 말.

내 발등의 불을 꺼야 아들 발등의 불을 끈다
사람이 급한 경우를 당하게 되면 아무리 자식이 귀하나 제 일부터 먼저 처리하게 되어 있다는 말. = 내 발등의 불을 꺼야 아비 발등의 불을 끈다.

내 밥 먹은 개가 발뒤축을 문다
자기로부터 혜택을 입은 자가 도리어 자기를 상해하고 손해를 끼친다는 말.

내 배 부르니 평안감사가 조카 같다
배불러 먹기만 하면 아무리 좋은 벼슬자리도 부럽지 않다는 말로, 먹는 것이 걱정 없으면 세상에 부러울 것이 없다는 말. = 제 배가 부르니 평양감사가 조카같이 보인다.

내 배 부르면 종의 밥 짓지 말라 한다
제가 배부르게 먹었다고 해서 아직 먹지 못하고 있는 종의 밥까지도 못 짓게 한다 함은, ① 모든 일이 자기 본위여서 조금도 남을 동정할 줄 모르는 사람을 두고 이름. ② 복락을 누리는 사람은 남의 불행과 근심 등은 알지 못한다는 뜻. = 제 배가 부르면 종의 밥 짓지 말란다.

내 속 짚어 남의 말 한다
제가 그러니 남도 그러려니 여기고 남의 말을 한다는 뜻.

내 손 끝에 뜸을 떠라
① 자기의 말을 믿지 않는 상대방의 의견에 대하여 절대로 그렇지 않다고 강경히 부정하는 말. ② 되지도 않을 일을 가지고 장담하는 사람에 대하여 절대로 불가능하다고 단정하는 말.

내 손톱에 장을 지져라
손톱에 장을 지진다 함은 불로 손톱을 태우라는 뜻으로, 상대방의 의견에 대하여 무엇으로 증명할 수는 없으나 절대로 그렇지 않다고 강경히 부정하는 말.

내 × 주고 매 맞는다
자기의 소중한 것을 내어 주고도 도리어 좋지 않은 응보를 당했을 때 쓰는 말.

내 앞도 못 닦는 것이 남의 걱정한다
제 일도 제대로 다 처리하지 못하면서 남의 일에 끼어들어 아는 체 하며 간섭할 때 쓰는 말.

내 얼굴에 침 뱉기
자기가 한 짓이 저를 모욕하는 결과가 된다는 뜻.

내외간 싸움은 칼로 물 베기
부부간의 싸움은 칼로 물을 벤 것처럼 아무런 흔적도 남지 않고 곧바로 화합하게 된다는 뜻.

내일은 삼수갑산을 가더라도
최악의 경우가 생기더라도 당장 이것만은 꼭 단행해야겠다는 뜻으로 하는 말.

내일의 천자(天子)보다 오늘의 재상(宰相)
어떻게 될지 모르는 장래의 막연한 일보다 당장 실제로 가질 수 있는 자리가 비록 변변치 않더라도 더 낫다는 말.

내 절 부처는 내가 위하여야 한다
① 자기 것은 자기가 소중히 할 것이지 남에게 맡길 것은 아니라는 뜻. ② 내 절의 부처를 내가 먼저 위해야만 다른 사람들도 그 부처를 위해 주듯이, 자기가 모시는 주인은 자기가 잘 섬겨야 남도 그를

알아보고 존경한다는 뜻. = 제 절 부처는 제가 위하랬다고.

내 코가 석 자
내 사정이 급해서 남을 돌봐 줄 여유가 없다는 말.

내 할 말을 사돈이 한다
① 제가 하려고 하던 말을 오히려 남이 먼저 한다는 뜻. ② 자기가 남을 탓하려고 하니 그쪽에서 도리어 자기를 나무란다는 말.

냇가 돌 닳듯
냇가의 돌이 물에 씻기어 갈리고 작아지듯 하다 함은, 사람이 세파에 시달려 약아지고 성미가 모질어짐을 뜻함.

냉수도 불어 먹겠다
뜨거울 리 없는 냉수도 불어서 마시겠다 함은, 지나치게 조심성스럽고 세심한 사람을 두고 이르는 말.

냉수 먹고 이 쑤시기
냉수를 먹고도 퍽이나 잘 먹은 것처럼 이를 쑤신다 함은, ① 아무런 실속도 없으면서 겉으로는 대단한 체함을 이르는 말. ② 쓸데없는 짓을 한다는 뜻.

너구리굴 보고 피물(皮物) 돈 내어 쓴다
너구리를 잡기도 전에 그 굴만 보고 가죽 팔아 쓸 돈을 미리 빚낸다 함이니, ① 될지 안 될지도 모르는 불투명한 일에 기대를 걸고 미리 당겨쓸 때 농으로 하는 말. ② 일을 너무 급히 서둘러 한다는 뜻.

너구리도 들 구멍 날 구멍을 판다
무슨 일을 하나 나중 일을 생각하고 해야 한다는 말.
= 쥐도 들 구멍 날 구멍 있다.

너무 고르다가 눈 먼 사위 얻는다
무엇을 이것저것 너무 고르다 보면 눈이 혼란스러워져서 오히려 나쁜 것을 가지게 된다는 뜻.

너울 쓴 거지
배가 매우 고파 체면을 차릴 수 없게 된 처지를 이름.
* 너울 : 얇은 검정 비단으로 자루 비슷하게 만들어 여자가 나들이할 때 쓰던 것.

너의 집도 굴뚝으로 불을 때겠다
불은 아궁이에서 때고 굴뚝으로는 연기가 나가야 정상이련만 그것을 거꾸로 한다 함은, 집안이 안 되어 무슨 일이나 거꾸로 되어 간다는 뜻.

너하고 말하느니 개하고 말하겠다
사람하고 말하느니보다 개에게 말을 하면 더 잘 통하겠다는 말로, 어리석고 둔하여 남의 말을 알아듣지도 못하고 사리를 깨쳐 알지도 못한다는 뜻.

넉 달 가뭄에도 하루만 더 개었으면 한다
① 오래 가물어서 아무리 기다리던 비일지라도 무슨 일을 치르려고 할 때는 비 오는 것을 싫어한다는 말. ② 사람은 일기(日氣)에 대하여 어느 때나 자기 본위라는 뜻.

넉 동 다 갔다
윷놀이할 때 넉 동이 나가면 이기게 되고 끝나게 되는 것이니, ① 무슨 일이든지 다 끝나게 되었다는 뜻. ② 사람의 신세가 쇠잔하였다는 말.

넉살 좋은 강화 년이라
흔히 강화 여자가 부끄러운 줄 모르고 검질기다 하여 이르는 말로, 염치없는 짓을 잘하는 여자를 두고 하는 말.

널도깨비가 복은 못 줘도 화(禍)는 준다
사람 못된 것은 어디를 가나 해만 끼치고 다닐 뿐 절대로 이롭게 하는 일은 없다는 말.

*널 도깨비 : 평안도 방언으로, 도깨비 중에서도 가장 나쁜 도깨비.

넙치 눈은 작아도 먹을 것은 잘 본다
① 눈 작은 사람이 잘 찾아 먹을 때 놀리는 말. ② 생긴 모양은 우습고 못났더라도 제 구실만 똑똑히 하면 더 바랄 것이 없다는 말.

네 다리 빼라, 내 다리 박자
어떤 곳에 사람들의 출입이 잦아서 한 사람이 왔다 나가면 또 곧 다른 사람이 들어온다는 뜻으로, 흔히 필요도 없는 사람이 많이 출입하여 끊이지 않을 경우에 이르는 말.

네 병이야 낫든 안 낫든 내 약 값이나 내라
남을 위해 한 일이 잘되었는지 안 되었는지는 생각하지 않고 무조건 그 일에 대한 보수만을 요구할 때 쓰는 말.

네 콩이 크니 내 콩이 크니 한다
① 얼른 보아 똑같아 보이는 것을 가지고 이러니저러니 여러 말을 하며 서로 우긴다는 뜻. ② 별로 구별할 수도 없을 만큼 비슷한 것을 가지고도 남의 것이 자기 것보다 큼을 시기하여 제 것이 크다고 우긴다는 말.

노는 입에 염불하기
입도 가만히만 있기보다는 염불이라도 외우는 것이 좋다는 뜻으로, 하는 일 없이 그저 노는 것보다는 무엇이나 하는 것이 낫다는 말.

노래기 족통도 없다
노래기 발은 아주 작아서 잘 보이지도 않는데 그렇게 작은 것조차도 없다 함은 집안 형편이 매우 어렵고 가난하다는 뜻.
* 노래기 : 고약한 노린내가 나며, 축축한 땅에 사는 절족동물의 한 가지.

노래기 회도 먹겠다
노린내가 고약한 노래기로 회를 쳐서 먹겠다는 말은, 염치도 체면도 모르고 비윗장 사납게 사는 사람을 두고 하는 말.

노루꼬리가 길면 얼마나 길까
보잘것없는 재주를 자랑하거나 너무 믿는 사람을 핀잔하는 말.

노루 때리던 막대
어쩌다 한번 노루 때려잡은 막대를 가지고 다니면서 또다시 그런 요행을 바란다는 뜻이니, ① 일시의 우연한 요행을 가지고 매양 그런 요행이 있기를 바라는 어리석음을 이름. ② 지나간 날의 방법을 가지고 덮어 놓고 지금에도 적용하려는 어리석음을 이름.

노루 때리던 막대로 세 번이나 국 끓여 먹는다
노루를 때려잡은 막대에 노루고기 맛이 배어 있으리라 생각하고 그것을 세 번씩이나 끓여 먹는다 함은, ① 이미 시효가 끝났음에도 불구하고 다시 이용하려 할 때 쓰는 말. ② 무엇을 두고두고 우려 쓴다는 뜻. = 노루 친 몽둥이 삼 년 우린다.

노루를 피하니 범이 나온다
① 일이 점점 더 험하고 어려워짐을 이름. ② 작은 해를 피하려고 하다가 도리어 더 큰 무서운 일에 부닥칠 때 쓰는 말.

노루 본 놈이 그물 짊어진다
노루를 본 사람이라야 그것을 잡으려고 그물을 짊어진다는 말로, 무슨 일이나 직접 당한 사람이 맡아 한다는 뜻.

노루 잠자듯
① 깊이 잠들지 못하고 자다가 여러 번 깨어남을 이름.
② 조금밖에 못 잤다는 뜻.

노루 잡기 전에 골뭇감 마련한다
노루도 잡기 전에 노루 가죽으로 골무 만들 준비를 한다 함은, ① 일도 다 이루기 전에 공(功)을 논한다는 뜻. ② 일을 보고 너무 성급히 서둔다는 말. = 너구리 굴 보고 피물(皮物) 돈 내어 쓴다. 땅벌 집 보고 꿀 돈 내어 쓴다.

노루 제 방귀에 놀라듯
경솔하고 침착치 않은 자를 이름.

노장은 병담을 아니하고, 양고는 심장한다
노련한 장군은 함부로 병담을 아니하고 뛰어난 장사꾼은 물건을 깊이 감춘다는 말로, 진실로 훌륭한 사람은 그가 가진 지식이나 덕을 경솔하게 자랑하지 않는다는 뜻.
* 노장(老將) : 노련한 장군. * 병담(兵談) : 싸움에 대한 이야기. * 양고(良賈) : 뛰어난 장사꾼. * 심장(深藏) : 깊이 감춤.

노장(老將)이 무용(無用)
늙은 장수는 쓸모가 없다는 말로, 나이 많은 사람들이 스스로 자기 자신을 겸손하게 일컫는 말.

노적가리에 불지르고 싸라기 주워 먹는다
큰 것을 잃어버리고 작은 것을 아낄 때 쓰는 말. = 집 태우고 바늘 줍는다. 기름 쏟고 깨 줍는다. 집 태우고 못 줍기. 노적가리에 불붙이고 튀각 주워 먹는다.

노처녀가 시집을 가려니 등창이 난다
오랫동안 벼르고 벼르던 일을 하려 할 때 공교롭게도 마가 끼어 일을 망쳐 놓는다는 말. = 시집 갈 때 등창이 난다. 여든 살 난 큰아기가 시집 갈랬더니 차일(遮日)이 없다 한다.

녹수 갈 제 원앙 가듯
둘의 관계가 밀접하여 서로 떨어지지 않음을 비유적으로 이르는 말. = 원앙이 녹수(綠水) 만났다.

녹피(鹿皮)에 갈 왈(曰) 자라
사슴 가죽에 쓴 갈 왈(曰) 자는 당기는 대로 날 일(日) 자도 되고 갈 왈 자(曰)도 된다는 말로, 일정한 주견 없이 이랬다저랬다 할 때 쓰는 말.

논을 사려면 두렁을 보라
논을 사려면 그 논과 다른 논과의 사이에 있는 논두렁을 보고, 그것이 뚜렷한지 어떤지, 그리고 물길은 어떤지 등을 알아보고 사라는 말.

논 자취는 없어도 공부한 공은 남는다
놀지 않고 힘써 공부하면 훗날 그 공적이 반드시 드러나는 것이니 아무쪼록 공부에 힘쓰라는 뜻.

논 팔아 굿하니 맏며느리 춤추더라
당면하고 있는 딱하고 답답한 사정을 누구보다도 가장 뼈아프게 알아야 할 사람이 도리어 반대 방향으로 나감을 미워하여 이르는 말.
= 빚 얻어 굿하니 맏며느리 춤춘다.

놀던 계집이 결단이 나도 엉덩이짓은 남는다
① 무엇이나 오랜 습관이 된 것은 좀처럼 떨쳐 버릴 수 없다는 뜻.
② 어떤 것이 망해 버리더라도 깡그리 죄다 없어지는 법은 없고 무언가 남는 것이 있다는 말.

농사꾼이 죽어도 종자는 베고 죽는다
제 몸이 죽어 버리고 나면 종자(씨앗)고 농사고 모두 소용없는 줄 모르고, 굶어 죽으면서도 종자는 먹지 않고 남겼다는 뜻으로, ① 농사꾼은 그만큼 종자를 중히 여겼다는 말. ② 어리석고 답답하게 인색하기만 한 사람을 이름.

농사 물정 안다니까 피는 나락 회애기 뺀다
잘 알지도 못하는 사람에게 농사일을 잘 안다고 추워 주니까 지금 막 피어나는 벼이삭을 빼 버리더라는 말로, 남의 아첨하는 말을 바로 깨닫지 못하고 잘난 체하며 사리에 어긋난 일을 한다는 뜻.

농 속에 갇혔던 새
새장 속에 갇혔던 새는 한번 놓아주면 무한히 날아가니, 새로 자유롭게 된 사람을 이름.

높은 가지가 부러지기 쉽다
나무도 높이 매달려 있는 가지가 부러지기 쉽듯이, 사람 또한 높은 지위에 있을수록 그 자리를 보전하기가 어렵다는 뜻.

놓아먹인 말
들에 풀어 놓고 기른 말이란 뜻으로, ① 교육을 받지 못하고 예의범절을 모르는 사람을 일컬음. ② 남의 말이라고는 도무지 듣지 않는 사람을 이름. = 놓아먹인 소.

놓친 고기가 더 크다
사람은 흔히 잃어버린 것을 애석하게 여기고, 현재 가지고 있는 것보다 옛날 것이 더 좋았다고 생각한다는 뜻. = 놓친 고기가 더 커 보인다.

뇌성벽력은 귀머거리라도 듣는다
우레 소리와 벼락치는 소리는 귀머거리라도 들을 수 있다는 말로, 명백한 사실은 누구나 다 알 수 있다는 말.

누가 흥(興)이야 항(恒)이야 하랴
제가 힘써 잡은 권세를 남이 뭐라고 말할 필요는 없다는 뜻으로, 아무런 관련도 없는 남의 일에 이래라저래라 할 수 없다는 말.

누걸놈 방앗간 다투듯
누더기 걸친 거지가 방앗간에서 서로 자겠다고 다툰다는 말로, 자기가 누군가로부터 어떤 도움을 받으려고 하는데 또 다른 사람이 끼어드는 게 못마땅해 서로 다툼질할 때 쓰는 말.
* 누걸놈 : '누더기 걸친 놈'의 줄임말인 듯.

누더기 속에서 영웅 난다
누덕누덕 기운 옷을 입고 자라난 사람이 나중에 영웅이 된다는 말로, 가난하고 천한 집에서 훌륭한 인물이 나왔을 때 이르는 말.

누운 나무에 열매 안 연다
죽은 나무에 열매가 열 리 없는 것과 같이, 사람도 죽은 듯이 가만히 있으면 아무것도 되는 일이 없으므로 열심히 움직이고 일해야 성공을 거둘 수 있다는 뜻.

누울 자리 봐 가며 발 뻗는다
다가올 결과를 생각해 가면서 모든 것을 미리 살피고 일을 시작하라는 교훈이 담긴 말. = 이불 깃 보아 가며 발 뻗는다. 뒹굴 자리 보고 씨름에 나간다. 이불 간 봐 가며 발 편다.

누워 떡 먹기
하기가 매우 쉽다는 뜻. = 누워 콩 주워 먹기.

누워서 떡을 먹으면 팥고물이 눈에 들어간다
제 몸 편할 도리만 차려서 일을 하면 도리어 제게 해로움이 생긴다는 말.

누워서 침 뱉기
누워서 침을 뱉으면 그것이 도로 제 낯에 와서 떨어진다는 말로, 남을 해치려다가 도리어 자기가 해를 입게 된다는 말.

누이네 집에 어석술 차고 간다
누이네 집에 가면 누이가 오라비를 생각하느라고 밥을 너무 많이 담아 주어서 어석숟갈로 조심스럽게 퍼먹는다는 뜻으로, 출가한 누이 집에 가면 그렇게 대접을 잘해 준다는 뜻.
* 어석술 : 평안도 방언으로, 한쪽이 닳아진 숟가락.

누이 좋고 매부 좋다
누이한테도 좋은 일이고 매부한테도 좋은 일이니, ① 양쪽이 서로 다 좋다는 말. ② 좋은데 한층 더 좋다는 말.

누지 못하는 똥을 억지로 누라 한다
되지도 않을 일을 가지고 억지로 조른다고 해서 그 일이 될 리 없다는 말.

눅은 데 패가(敗家)한다
값이 눅다고, 즉 값이 싸다는 이유로 많이 사들였다가 나중에 집안이 망한다는 말로, 값이 싸다고 요령 없이 자꾸 사들이면 결국 손해라는 뜻.

눈 가리고 아웅한다
고양이 흉내를 내는데 상대방도 고양이가 아니라고 빤히 알고 있을 정도로 표가 난다는 뜻으로, 얕은꾀로 남을 속이려는 어리석음을 비유적으로 이르는 말. = 입 가리고 고양이 흉내.

눈 감으면 코 베어 먹을 세상
세상인심이 너무 험하고 사나워 조금도 마음을 놓을 수 없다는 뜻. = 눈뜨고 남의 눈 빼 먹는 세상.

눈뜨고 도둑맞는다
번연히 알면서도 어이없게 손해를 본다는 말.

눈뜬장님
① 눈으로 보고도 깨닫지 못하는 사람을 이름.
② 글을 전혀 모르는 사람을 일컫는 말.

눈 먹던 토끼, 얼음 먹던 토끼가 다 각각
눈을 먹고 살던 토끼와 얼음 먹고 살던 토끼가 다 각각 다르다 함은, 사람은 자기가 겪어 온 환경에 따라서 그 능력이 다르고 생각이 다르다는 말.

눈먼 말 워낭 소리 따라간다
앞 못 보는 말이 앞에 가는 말의 워낭 소리를 듣고 따라간다는 말로, 무식한 사람이 남이 일러준 대로 무비판적으로 따라 한다는 뜻.
* 워낭 : 말이나 소의 귀 밑에서 턱 밑으로 늘어뜨린 방울.

눈먼 소경더러 눈멀었다 하면 성낸다
누구나 자기의 단점을 남이 말하면 싫어한다는 뜻. = 소경보고 눈멀었다 하면 노여워한다.

눈먼 자식이 효자 노릇 한다
눈이 멀었으니 무슨 효도를 할까보냐며 기대도 하지 않았던 자식이 오히려 효자 노릇을 한다는 말로, 도외시하고 바라지도 않던 사람으로부터 도움을 받게 되는 수가 많다는 뜻.

눈먼 중 갈밭에 든 것 같다
어디가 어디고 뭐가 뭔지도 모르며 갈팡질팡한다는 뜻.

눈먼 탓이나 하지, 개천 나무라서 무엇하나
눈으로 보지 못한 까닭으로 개천에 빠졌으니 눈먼 제 신세나 한탄할 일이라 함은, 자기의 부족은 생각하지 않고 남을 원망함을 보고 이르는 말.

눈 어둡다 하더니 다홍 고추만 잘 딴다
눈이 어둡다는 핑계로 남의 일을 도우려고도 안 하더니 고추를 따면서는 붉은 것만 잘도 골라 딴다 함이니, ① 속마음이 음흉한 사람을 두고 하는 말. ② 제 일만 알고 남의 일은 핑계만 대며 조금도 도와주지 않으려는 사람을 두고 하는 말.

눈에 약할래도 없다
눈에 약을 하려면 극히 조금만 써도 되는 것을 그마저도 없다 함은 조금도 없다는 말.

눈에 헛거미가 잡혔다
① 굶어서 기운이 없을 때에 눈이 아물거린다는 뜻.
② 욕심에 눈이 어두워 사물을 바로 보지 못한다는 뜻.

눈 온 뒷날은 거지가 빨래를 한다
눈 온 뒷날은 거지가 입고 있던 옷을 벗어 빨아 입을 만큼 따스하다는 말로, 눈이 개인 날에는 일기가 따뜻하다는 말.

눈은 있어도 망울이 없다
① 있기는 있어도 가장 중요한 것이 없기 때문에 있어도 없으나 마찬가지라는 뜻. ② 사물을 정확하게 분별하는 안목과 식견이 없음을 이름.

눈을 떠야 별을 보지
어떤 결과를 얻으려면 실제로 그에 상당한 일을 순서대로 해야 된다는 말.

눈이 아무리 밝아도 제 코는 안 보인다
사람은 제아무리 똑똑하더라도 저 자신을 잘 모른다는 뜻.

눈 익고 손 설다
① 눈에는 매우 익은 일인데도 실상 하려고 손을 대어 보면 제 마음대로 되지 않음을 이름. ② 무슨 일이나 눈으로 보기에는 쉬운 것 같으나 실제로 하기는 힘들다는 뜻.

눈치가 빠르면 절에 가도 젓갈(조개젓, 새우젓)을 얻어먹는다
① 눈치 빠른 사람은 어떠한 경우에라도 궁색한 일 없이 지낸다는

말. ② 눈치 빠른 사람은 공식상 안 되는 일이라도 능히 이면으로 들어가서라도 제 뜻을 이룬다는 말.

눈치 빠르기는 도갓집 강아지
사람들이 많이 드나드는 도갓집 강아지처럼 사람의 동정을 잘 살피며 눈치 빠르고 경우 밝은 사람을 지칭하는 말.

* 도갓집(都家-) : 세물전. 도매상집.

눈허리가 시어 못 보겠다
차마 볼 수 없을 만큼 하는 짓이 거만스럽고 데데하여 보기에 매우 아니꼽다는 뜻.

* 눈허리 : '코허리'의 잘못된 말로, 콧등의 잘록한 부분.

뉘 집에 죽이 끓는지 밥이 끓는지 어떻게 아나
① 세상 물정에 어둡다는 말.
② 여러 사람의 사정을 다 살펴 알기는 어렵다는 말.

느린 소도 성낼 적이 있다
성미가 느리고 무던해 보이는 사람도 성나면 무섭다는 뜻.

느릿느릿 걸어도 황소걸음
비록 느리기는 하더라도 실수 없이 일을 하면 결국 빨리 하는 결과가 된다는 말.

늙고 병든 몸은 눈먼 새도 안 앉는다
사람이 늙고 병들면 누구 한 사람 찾아 주지도 않고 좋아하는 사람도 없다는 말.

늙어도 소승, 젊어도 소승
중은 늙거나 젊거나 자기를 가리킬 때 소승(小僧)이라 한다 하여 이르는 말.

늙으면 아이 된다
늙으면 언행이 오히려 어린아이와 같이 된다는 말.

늙은 말 콩 마다하듯
늙은 말이 콩을 싫어할 까닭이 없는데도 콩을 싫다고 하듯 한다 함은, 오히려 더 많이 달라는 뜻이라는 말. 심히 갈망하는 태도를 이름.

늙은 소 콩밭으로 간다
소가 늙으면 집에서 주는 콩만으로는 부족하여 실컷 먹기 위해 아예 콩밭으로 간다는 말로, 사람도 늙으면 더 먹고 싶고 욕심이 는다는 말.

늙은 아이 어미, 석 자 가시 목구멍에 안 걸린다
늙도록 아이를 많이 낳은 어머니들은 길이가 석 자나 되는 가시를 먹어도 목에 안 걸리고 넘어갈 만큼 먹는 양이 커지고 속이 허하다 하여 이르는 말.

늙은 것 우세하며 사람 치고, 병(病) 우세하며 개 잡아먹는다
늙은 것을 빙자하여 사람을 함부로 치며 병든 것을 빙자하여 개 잡아 먹는다는 말로, ① 무슨 작은 것이라도 제게 유리한 핑계로 삼는다는 뜻. ② 늙은이나 병든 사람은 흔히 잘못하여도 용서를 받는 경우가 많다는 뜻.

늙은이 가죽 두껍다
① 늙은이가 여러 어려운 일들을 잘 치름을 보고 이르는 말.
② 늙은이는 염치없는 짓을 잘한다는 뜻.

늙은이 괄시는 해도 아이들 괄시는 안 한다
세상의 염량을 다 알고 있는 늙은이에게보다 세상을 모르고 아이들 대접하기는 더 어려우니 잘하여야 한다는 뜻.
* 염량(炎凉) : 선악과 시비를 분별하는 슬기.

늙은이도 세 살 먹은 아이 말을 귀담아 들어라
① 나이 어린 사람의 말에도 옳고 바른 것이 있으니, 그것을 듣지 않으려 함은 그르다는 말. ② 지혜와 식견은 반드시 나이에 따라 정해지는 것이 아니라는 말.

늙은이 잘못하면 노망으로 치고, 젊은이 잘못하면 철없다 한다
잘못의 원인을 개별적으로 구명(究明)하지 않고 일반화함을 이름.
* 구명(究明) : 깊이 연구하여 밝힘.

늙은이 호박나물에 용쓴다
늙은이가 부드럽기 그지없는 호박나물에 힘을 쓴다 함은, 기골이 약한 사람이 가벼운 것을 못 들고 애씀을 농으로 하는 말. = 늙은이 호박죽에 힘쓴다.

능참봉을 하니까 거동이 한 달에 스물아홉 번이라
직업 없이 지내다가 모처럼 능참봉이란 직업을 얻고 보니 임금의 행차가 한 달에 스물아홉 번이나 된다는 말로, ① 성가신 일만 잔뜩 생기고 그에 비해 먹을 것은 적다는 말. ② 일이 잘 안 되려면 아무리 해도 좋은 수는 아니 생긴다는 뜻. = 모처럼 능참봉을 하니까 한 달에 거동이 스물아홉 번이라.

* 능참봉(陵參奉) : 지난날, 능을 관리하던 종 9품의 벼슬.

늦게 배운 도둑이 날 새는 줄 모른다
나이 들어서 시작한 일에 몹시 골몰하는 사람을 두고 하는 말.

늦모내기에, 죽은 중도 꿈쩍거린다
모내기는 제때에 빨리 해치워야 하는데, 때를 놓쳐 늦모내기를 하려니 허둥지둥 바쁠 것은 당연지사, 따라서 그때는 죽은 중까지도 그 일을 도우려고 꿈틀꿈틀한다 함이니, ① 모낼 때의 심히 분주함을 이르는 말. ② 무슨 일이든 몹시 바쁠 때를 일컬음.

늦바람이 곱새를 벗긴다
늦게 불기 시작한 바람이 초가집 지붕마루에 얹은 용마름을 벗겨갈 만큼 세다는 뜻으로, 사람도 늙은 후에 한번 바람이 나기 시작하면 걷잡을 수 없다는 말. = 늦바람이 용마름 벗긴다.

* 곱새 : '용마름'의 북한 말.
* 용마름 : 초가의 용마루나 토담을 덮는, 짚으로 가운데가 등성이지게 길게 틀어 엮은 이엉.

늦은 밥 먹고 파장 간다
때를 놓치고 늦게야 행동을 시작한다는 말.

* 파장(罷場) : 시장 따위가 파함. 또는 그런 때.

다된 농사에 낫 들고 덤빈다
일이 다 끝난 뒤에 쓸데없이 나타나서 그 일에 참견하여 시비를 걸고 떠든다는 뜻.

다된 죽에 코 떨어뜨렸다
다 잘된 일을 그르쳐 놓았다는 뜻.

다된 죽에 코 풀기
① 제대로 잘되어 가는 일을 망쳐 버리는 졸렬한 행동을 이름.
② 잘되어 가는 남의 일을 악랄한 방법으로 망침을 이름.

다람쥐 쳇바퀴 돌 듯
① 뱅뱅 같은 장소를 맴돌기만 한다는 말.
② 노력을 하여도 진보·발전이 없음을 이름.

다리 밑의 까마귀가 한압씨 한압씨 하겠다
몸이 더러워 까맣게 되었으므로 까마귀가 제 할아비인 줄 알겠다는 뜻이니, 몸이 더러운 사람더러 농으로 하는 말.

다리 부러진 장수, 성(城) 안에서 호령한다
못난 사람이 집안에서만 큰소리 치고 호령하나 밖에 나가면 꼼짝도 못한다는 뜻.

다리뼈가 맏아들이라
다리로 걸어 다니면서 맛있는 것도 먹고 좋은 구경도 할 수 있으니, 걸어 다닐 수 있는 그 다리가 맏아들만큼이나 소중하고 믿음직스럽다는 말.

다리 아래에서 원을 꾸짖는다
맞대고는 아무 말 못 하고 잘 들리지 않는 곳에서나 남을 꾸짖어 욕설한다는 말.

다 먹은 죽에 코 빠졌다 한다
① 맛있게 다 먹고 난 후에 알고 본즉 불결하여 속이 꺼림칙하다는 말. ② 잘 먹고 나서 그 음식에 대하여 불평을 한다는 뜻.

다시 긷지 않는다고 이 우물에 똥을 눌까
① 누군가를 두 번 다시 안 볼 것처럼 여기고 함부로 굴면 머지않아 그 사람에게 청할 것이 생긴다는 말. ② 제가 높은 자리에 옮아갔다고 제 살던 곳, 제가 사귀던 사람을 잊어서는 안 된다는 말.
= 이 샘물 안 먹는다고 똥 누고 가더니 그 물이 맑기도 전에 다시 와서 먹는다. 이 우물에 똥을 누어도 다시 그 우물을 먹는다.

다식판에 박아내듯
다식판에 다식을 박아내듯 한다 함은, 무엇이 박아낸 것처럼 똑같은 모양으로 생겼다는 뜻.

다 퍼 먹은 김칫독에 빠진다

남들이 다 챙겨가고 난 뒤에 멋모르고 덤벼들었다가 크게 손해를 본다는 뜻.

단단하기만 하면 벽에 물이 고이나

벽이 아무리 단단하여도 그곳에서 물이 고일 수는 없다는 말로, ① 무슨 일이나 한 가지 조건만 갖추어졌다고 해서 되는 것이 아니라 모든 조건이 골고루 갖추어져야 이루어진다는 뜻. ② 너무 구두쇠같이 아끼고 돈을 모으려는 사람에게 하는 말.

단단한 땅에 물이 고인다

모래알처럼 푸석푸석한 땅엔 물이 고일 수 없고 오로지 단단한 땅에서만 물이 고일 수 있다는 말로, 아끼고 쓰지 않는 사람에게 재물이 모인다는 뜻.

단 맛 쓴 맛 다 보았다
세상의 즐거움과 괴로움을 다 겪었다는 말.

닫는 데 발 내민다
뛰어가는 사람 앞에 발을 내밀면 달려가는 사람이 그 발에 걸려 넘어지게 된다는 말로, 남이 어떤 일에 열중하고 있는데 중간에서 그것을 방해한다는 뜻.
* 닫다 : 빨리 가다. 달리다

닫는 말도 채를 치랬다
달리는 말에도 채찍을 치라는 말은, ① 일에 힘쓰는 사람도 더 잘하도록 편달함을 이름. ② 형편이 좋으면 좋을수록 더 잘되게 노력한다는 뜻.

닫는 말에 채질한다고 경상도까지 하루에 갈 것인가
한참 달리는 말에 채찍질을 해대며 빨리 가기를 재촉하여도 하루만에 서울서 경상도 땅까지 갈 수 없다는 말로, 힘껏 부지런히 일하고 있는 사람한테 더 잘하고 빨리 하라며 무리하게 재촉한들 될 리 없다는 말.

달걀도 굴러가다 서는 모가 있다
① 언제 끝날지 모르게 질질 끌던 일도 언젠가는 끝장을 보게 되어 있다는 뜻. ② 누구에게나 항상 좋게만 대하던 사람도 때로는 성날 때가 있다는 말.

달걀로 바위 치기
굳고 단단한 것에 매우 약한 것이 대항한다는 뜻으로, 그렇게 하면 결국 자기만 파멸하게 되어 있다는 뜻.

달걀로 치면 노른자다
달걀 중에서 제일 중요한 데는 노른자. 따라서 달걀의 노른자라 함은, 어떤 것 가운데서 가장 중요한 부분을 말함.

달걀 섬 다루듯 한다
깨어지기 쉬운 달걀을 많이 담은 섬 다루기는 여간 조심스러운 것이 아니므로, 무엇이나 매우 조심하여 다룸을 이름.

달걀 지고 성(城) 밑으로 못 가겠다
달걀 지고 성 밑으로 가다가 그 성이 무너져 달걀이 깨질까 두려워서 못 가겠다 함이니, 무엇에나 너무 의심이 많고 필요 이상의 걱정을 잘하는 사람을 두고 하는 말.

달고 치는데 아니 맞는 장수가 있나
여럿이 합세하여 달고 치는데 어찌 장수인들 당해낼 도리가 있겠느냐는 뜻으로, 아무리 강한 자라도 다수의 합력(合力) 앞에서는 무력하다는 말.

달기는 엿집 할미 손가락이다
엿 맛이 아무리 달다고 해서 달리 없는 엿집 할머니의 손가락까지도 단 것으로 안다 함은, ① 무슨 일에 너무 정신이 혹하여 좋아하게 되면 나쁜 것은 안 보이고 좋은 것만 보이게 된다는 뜻. ② 무슨 음식을 좋아하면 그 비슷한, 먹지 못할 것까지 먹을 것으로 잘못 안다는 뜻.

달도 차면 기운다
① 온갖 것이 한번 성하고 차면 다시 줄어든다는 뜻.
② 행운과 순경(順境)도 언제까지나 계속되는 게 아니라는 뜻.

달리다 딸기 따먹듯
뛰어가다가 딸기 따먹듯 한다 함은, 음식이 양에 차지 않는 경우를 말함.

달면 삼키고 쓰면 뱉는다
신의나 지조를 돌보지 않고 자기에게 이로우면 잘 사귀어 쓰나 필요하지 않게 되면 배척한다는 뜻.

달 밝은 밤이 흐린 낮만 못하다
달이 아무리 밝더라도 흐린 낮만 못하듯이 자식이 아무리 효도를 한다 하더라도 좋지 못한 남편이 더 낫다는 말.

달 보고 짖는 개
① 달의 정취를 모르고 짖는다 함이니 풍치가 없다는 말.
② 어리석은 자가 남의 잘난 언행을 의심해서 떠든다는 뜻.

닭고집
고집이 센 사람을 조롱하는 말.

닭볏이 될지언정 쇠꼬리는 되지 마라
크고 훌륭한 이의 뒤를 쫓아다니는 것보다는 차라리 작고 보잘것없으나 그곳에서 우두머리가 되는 편이 좋다는 뜻. = 닭볏이 될지언정 쇠꼬리는 되지 마라. 쇠꼬리보다 닭대가리가 낫다. 용의 꼬리보다 닭의 머리가 낫다.

닭 소 보듯, 소 닭 보듯
소의 여물통에서 닭이 무엇을 주워 먹으면 소는 말은 못 하고 노려보기나 하듯이, ① 서로 마주보고도 모르는 척한다는 말. ② 속으로는 마땅치 않으나 말은 못 하고 노려보기만 한다는 뜻. = 소 닭 보듯, 닭 소 보듯.

닭 손님으로는 아니 간다
한 닭장에 여러 마리의 닭이 있고 그곳에 새로이 낯선 닭이 들어오면 본래 있던 모든 닭이 달려들어 못살게 하므로 이르는 말.

닭쌈하듯
별로 크게 으르지도 못하고 하나가 치면 또 다른 하나가 치고 서로 엇바꿔서 상대방을 치고 싸움을 이름.

닭의 새끼가 발을 벗으니 오뉴월로만 여긴다
닭이 아무 것도 신지 않고 맨발로 다니는 것을 보고 '오뉴월 더운 때인 줄 아느냐' 하는 말로, 추운 날씨에 더 따뜻하게 하지는 못할망정 도리어 더 차게만 하는 것을 보고 이름.

닭의 새끼가 봉이 되랴
아무리 하여도 본디 타고난 성품은 어떻게 고칠 수 없다는 뜻.

닭이 천이면 봉이 한 마리 있다
닭이 천 마리나 있으면 그 가운데는 봉도 한 마리쯤 있다는 말로, 여럿이 모이면 그 가운데는 뛰어난 인물도 한 명쯤 있다는 뜻.

닭 잡아 겪을 나그네 소 잡아 겪는다
작은 닭 한 마리를 잡아서 대접했으면 족할 것을 오래 지난 탓으로 큰 소를 잡아서 대접하게 된다는 말로, 무엇이나 처음에 손을 써서 처리했더라면 좋았을 것을 오래 두고 있다가 탈이 점점 커져 나중에는 큰 손해를 보게 될 때 쓰는 말.

닭 잡아먹고 오리발 내민다
제가 저지른 나쁜 일이 드러나게 되니 어떤 수단을 써서 남을 속이려 한다는 말.

닭 쫓던 개 지붕만 쳐다본다
한참 하려고 애쓰던 일이 실패로 돌아가거나, 같이 애쓰다가 남에게 뒤떨어져 어찌할 도리가 없어 민망하게 됨을 이름.

담뱃불로 언 쥐를 쬐어 가며 껍질 벗길 놈
언 쥐를 담뱃불에 녹여서 껍질을 벗기겠다고 할 만큼 답답하고 어리석은 자를 이름.

담벼락하고 말하는 셈이다
아무리 말하여도 알아듣지 못하는 사람과 함께 이야기함이 소용없음을 비유한 말.

담을 쌓고 벽을 친다
좋게 사귀던 사이를 끊고 서로 적대시하며 상대하지 않겠다는 뜻.

답답한 송사다
답답하기가 곧 해결되지 않는 송사(訟事)와 같다 함이니, 무슨 일이 몹시 답답하다는 뜻.

닷곱장님이라
닷곱은 다섯 홉 즉 한 되 반이란 말로, 반(反)장님 즉 시력이 약한 사람을 말함.

닷 돈 추렴에 두 돈 오 푼을 내었나
닷 돈씩 내어 돈을 걷을 때 두 돈 오 푼밖에 내지 않으면 제대로 대접을 받지 못하는 것이니, 여러 사람이 모인 가운데서 유달리 좋지 못한 대접을 받거나, 말문을 빼앗길 때 자기도 그 자리에 참가할 자격이 있다는 뜻으로 하는 말. = 대 돈 추렴에 돈 반 냈나.

닷새를 굶어도 풍잠 멋으로 굶는다
체면 때문에 곤란을 무릅쓴다는 뜻.

* 풍잠(風簪) : 망건의 앞이마에 반달 모양으로 된 장식품.

당기는 불에 검불 집어넣는다
한창 잘 타는 불 속에 마른 검불을 집어넣으면 곧 불붙어 없어지는 것이므로, 무엇을 더하자마자 곧 소비되어 없어져 버리는 것을 말함.

당나귀 새낀가 보다, 술 때 아는 걸 보니
술 잘 마시는 사람이 술 마실 때를 용케 알고 찾아올 때 놀리며 하는 말.
[참고] 당나귀는 닭보다 때를 더 잘 알고 또 술을 잘 먹어서 한번 술을 주면 그때만 되면 언제나 술을 달라고 소리지르고 밟고 차고 한다 함.

당나귀 찬물 건너가듯
당나귀가 찬물을 건너가려면 졸졸 잘도 건너간다는 데서 나온 말로, 거침없이 줄줄 글을 읽는다는 뜻.

당나귀 하품한다
당나귀가 울 때 그 입 벌린 모습만 보고 하품한다 함이니, 귀머거리를 조롱하는 말.

당장 먹기엔 곶감이 달다
당장 먹기 좋고 하기 좋은 것은 그때뿐이지 참으로 좋고 이로운 것은 못된다는 뜻.

대가리를 삶으면 귀까지 익는다
무엇이나 가장 중요한 부분만 처리하면 남은 것은 그에 따라서 저절로 해결된다는 말. = 머리를 삶으면 귀까지 익는다.

대가리에 쉬슨 놈
머리에 쉬가 슬어서 제대로 머리를 쓰지 못한다는 말로, 어리석고 미련한 자를 욕하는 말.

대가리의 물도 안 말랐다
태어난 지 얼마 되지 않아 아직 머리도 안 말랐다는 말로, 아직 나이 어리고 철들지 못했다는 뜻.

대감 죽은 데는 안 가도 대감 말 죽은 데는 간다
대감이 죽고 나면 더 이상 그에게 잘 보일 필요가 없으나 그의 말이 죽으면 대감의 환심을 사기 위하여 조문을 간다는 말로, 세상인심이 잇속에 밝아 체면과 이익을 저울질하여 이익이 더 무거운 쪽으로 움직이게 됨을 이름. = 좌수상사(座首喪事)라.

대국(大國) 고추는 작아도 맵다
① 작다고 업신여기지 말라는 뜻.
② 키 작은 사람이 더 똘똘하고 빈틈없다는 뜻.

대궐 역사(役事)는 한이 없다
대궐 짓는 일, 즉 나라의 일은 끝이 없어서 백성들에게 항상 고역이란 뜻.

대 끝에서도 삼 년이라
지금 곧 떨어질락말락 하는 대 끝에서도 삼 년을 견딘다는 말로, 어떠한 역경에 처해도 참고 견디라고 가르치는 말.

대낮에 도깨비에 홀렸나

도깨비는 밤에나 나타나므로 홀리려면 밤에나 홀릴 일인데 도깨비도 없는 벌건 대낮에 홀린다는 것은 있을 수 없는 일이니, 어떤 일이 '도무지 이해되지 않는 일' 이라는 뜻.

대돈변을 내서라도

무슨 변통을 하여서든지 그 일을 하고야 만다는 뜻으로 쓰임.

* 대돈변 : 돈 한 냥 빌리는 데 한 달에 한 돈씩 치는 비싼 이자.

대문이 가문

① 집이 가난하여 대문이 작으면 아무리 좋은 가문도 보잘것없이 보이고, 세도 없는 집에서도 대문이 크면 훌륭한 집안같이 보인다는 뜻. ② 겉보기가 훌륭하여야 남의 눈에 위압감을 준다는 말.

대문턱 높은 집에 정강이 높은 며느리 들어온다

대문턱이 높은데 다리가 짧으면 넘어 다니기 힘들 터인데 마침 새로 들어온 며느리도 그에 맞춰 정강이가 높다는 말로, ① 일이 우연히도 매우 잘되었다는 뜻. ② 둘이 잘 어울려 맞는다는 뜻.

대부동에 곁낫질이라

아주 큰 아름드리나무에 날을 빗겨 낫질을 한다 함이니, 세력이 큰 데 대하여 제 능력을 생각지 않고 부질없이 함부로 덤비는 것을 이르는 말.

* 대부동(大不動) : 아주 큰 아름드리나무의 재목이란 뜻.

대신댁(大臣宅) 송아지 백정 무서운 줄 모른다

제가 의지하는 주인의 세력을 믿고 안하무인격으로 거만한 행동을 하는 사람을 이름. = 대신댁 송아지 범 무서운 줄 모른다.

대장장이 집에 식칼이 논다
대장장이의 집에 식칼이 없다는 말로, 마땅히 있음직한 곳에 오히려 없는 경우가 많다는 말.
* 놀다 : 희귀하다.

대천(大川) 바다도 건너 봐야 안다
① 무엇이나 바로 알려면 실제로 겪어 보아야 한다는 뜻.
② 사람을 잘 알려면 실제로 사귀어 보아야 된다는 뜻.

대천 바다 육지되어 행인이 다니거든
도저히 이루어질 가망이 없는 일이어서 기약할 수 없음을 이름.

대추나무에 연 걸리듯
여러 곳에 빚을 많이 걸머졌음을 비유하는 말.

대통 맞은 병아리 같다
① 너무나 뜻밖의 화를 당하여서 정신이 아찔하다는 말.
② 정신이 나갈 정도로 얻어맞았다는 뜻.
* 대통 : 담뱃대의 담배를 담는 부분.

대학(大學)을 가르칠라
미련한 사람의 말 같지 않은 어리석은 말이라는 뜻.
[**참고**] 옛날에 한 농부가 공부하기를 원하여 촌 선생이 매우 기뻐하며 대학을 가르치는데, 여름날에 의관을 바로 하고 서안(書案)을 벌리고 한나절을 꿇어앉아 있다 보니 농부는 가슴이 답답하고 숨이 막힐 지경이었다. 그래서 공부를 포기하고 도로 돌아가 밭을 가는데, 소가 말을 잘 듣지 않자 그 소를 꾸짖으며 '대학을 가르칠라' 하였다 한다.

댑싸리 밑의 개 팔자
더운 여름날 우거진 댑싸리 밑에 누워 있는 개는 몸이 매우 편안하다는 말로, 미천한 자의 편한 팔자를 이름.

댓구멍으로 하늘을 본다
좁은 대나무의 구멍으로 하늘을 보고 그것이 전부인 줄 안다는 뜻으로, 소견이 좁아 사물의 전모를 정확히 보지 못함을 이름.

댓진 먹은 뱀
뱀이 담뱃대에 엉긴 진, 즉 니코틴을 먹으면 즉사하는 것이니, 이미 운명이 결정된 사람을 이름.

댓진 먹은 뱀의 대가리, 똥 찌른 막대 꼬챙이
댓진을 먹고 죽은 꼿꼿한 뱀의 대가리 모양으로, 또는 똥 찌른 막대 모양으로 쓸데없이 꼿꼿하다는 뜻으로, 성미가 마르고 꼬장꼬장하여 도무지 사귐성이 없고 쓸모없는 사람을 이름.

더도 말고 덜도 말고 늘 한가윗날만 같아라
한가윗날은 음력 팔월 십오일 즉 추석으로, 농촌에서는 일 년 가운데 가장 큰 명절이다. 이때는 백곡이 익는 계절인 만큼 모든 것이 풍성하고 또 즐거운 놀이로 밤낮을 지내므로, 이때처럼 잘 먹고 잘 입고 놀고만 살았으면 하는 것을 원하는 말.

더러운 처와 악한 첩이 빈 방보다 낫다
처가 아무리 더럽고 악하다 하더라도 밤에는 없느니보다 있음이 덜 쓸쓸하고 좋다는 뜻.

더부살이가 주인마누라 속곳 베 걱정한다
남의 집 더부살이를 사는 주제에 주인마누라의 속곳 만들 베를 걱정한다 함은, 주제넘게 남의 일을 걱정한다는 뜻.

더부살이, 환자 걱정
남의 집 더부살이를 하는 주제에 주인집 환자 걱정을 한다는 말로, 주제넘게 남의 일에 쓸데없는 걱정을 한다는 뜻.
* 환자(還子) : 환곡, 즉 봄에 나라에서 대여 받았다가 가을에 사창(社倉)에 도로 바치는 곡식.
* 사창(社倉) : 조선 때, 각 고을에 두어, 백성에게 봄에 꾸어 주고 가을에 받아들이는 곡식을 쌓아 두던 곳집.

더운죽에 파리 날아들 듯
영문도 모르고 덤벙거리다가 곤경에 빠지게 된 사람을 두고 하는 말.

더운죽에 혀 데기
대단치 않은 일에 낭패를 보아, 비록 짧은 동안이나마 어찌할 바를 모른다는 말.

더위 먹은 소, 달만 보아도 허덕인다
해가 뜨거워 더위 먹은 소가 달을 보고도 해인 줄 알고 헐떡인다는 말로, 한번 무엇으로 인해 크게 욕을 본 사람은 그와 비슷한 것만 보아도 항상 의심하며 두려워하게 된다는 말.

덕석이 멍석인 듯이
실물(實物) 아닌 것이 그와 비슷함을 빙자하여 그 실물인 양 행세한다는 말.
* 덕석 : 소의 등에 덮는 거적.
* 멍석 : 짚으로 만들어 곡식을 널어 말리는 큰 자리.

덜미에 사잣밥을 짊어졌다
뒷덜미에 사잣밥을 짊어졌다 함은 목숨을 내걸고 위험한 일을 한다는 뜻.
* 사잣밥(使者-) : 초상난 집에서 죽은 사람의 넋을 부를 때 염라부(閻羅府)의 사자에게 대접하는 밥.

덩덩 하니 굿만 여겨
덩덩 하는 소리만 듣고서 무슨 굿거리가 있는 줄 알고 떠든다는 말로, 무엇이 얼씬만 하면 어떤 좋은 수라도 생긴 것처럼 여겨서 떠들썩하게 수선거리며 공연히 좋아한다는 뜻.

덫에 치인 범이요, 그물에 걸린 고기
사람이 쳐 놓은 덫에 걸린 범과 그물에 걸린 고기가 어찌 산 목숨이라 할 수 있을까? 따라서, 곧 죽을 처지에 이르러 어쩔 수 없는 몸이 되었음을 이름.

덴 데 털 안 난다
한번 불에 덴 곳, 즉 화상을 입은 곳에는 털이 나지 않듯이, 한번 크게 낭패를 보면 다시 일어나기 힘들다는 말.

도가적간 지나간 듯하다
일한 것이 시원스럽고 훤칠함을 이르는 말.
* 도가적간(導駕摘奸) : 거동에 앞서 벼슬아치가 먼저 길에 나가 먼지를 쓸고 황토를 펴게 하여 무슨 나쁜 일이나 없을까 하고 조심하는 것.

도감포수의 오줌 짐작이라
도감포수가 매일 새벽 영내에 들어갈 때 그 시각을 오줌 누는 시간으로 추측한다는 말로, 저 혼자 지레짐작할 뿐 분명치 않음을 이름.
* 도감포수(都監砲手) : 옛날 훈련도감의 포수.

도깨비 기왓장 뒤지듯
① 남 보기에 쓸데없이 분주하기만 하고, 자기의 입장에서도 별 목적 없이 공연히 뒤지기만 함을 이름. ② 쓸데없고 오히려 해로운 일을 되풀이한다는 뜻.
[참고] 집안이 망하려면 도깨비가 기왓장을 온통 뒤져서 흐트려 놓는다는 전설이 있음.

도깨비는 방망이로 떼고, 귀신은 경으로 뗀다
귀찮은 존재를 떼어내는 데는 저마다 거기에 알맞은 특수한 방법이 있다는 말.

도깨비 대동강 건너듯
사건의 진행이 눈에 띄게 나타나지는 않지만 그 결과가 신속히 나타난다는 말.

도깨비에게 홀린 것 같다
일의 내막을 도무지 모르고, 또 어떤 영문인지 도무지 정신을 못 차릴 것 같다는 말.

도끼가 제 자루 못 찍는다
① 꼭 해야 할 일이라도 제 손으로는 못하고 남의 손을 빌려야만 비로소 하게 될 때 쓰는 말. ② 제 허물을 제가 알아차려서 고치지 못한다는 뜻.

도끼 가진 놈이 바늘 가진 놈을 못 당한다
바늘은 웬만큼 휘둘러대도 별로 상해하지 않으나 도끼는 한번 잘못 찍으면 능히 사람을 죽일 수도 있으므로 감히 함부로 휘두를 수 없는 법. 따라서 결국 바늘 가진 놈이 도끼 가진 놈을 이겨낸다는 말.

도끼는 무디면 갈기나 하지, 사람은 죽으면 그만이다
물건은 못쓰게 되면 다시 고쳐 쓸 수 있으나 사람은 한번 죽어 버리면 영영 돌아오지 못한다 하여 이르는 말.

도끼 등에 칼날을 붙인다
서로 어울리지도 맞지도 않는 것을 가져다 대고 붙이려 하나 그것은 안되는 법이라는 뜻.

도둑괭이더러 제물 지켜 달란다
믿을 수 없을 뿐만 아니라 도리어 해(害)될 사람에게 무엇을 지켜 달라고 부탁하면 다 잃게 되어 오히려 부탁하지 않음만 못하다는 뜻. = 고양이한테 생선 맡긴 것 같다. 호랑이더러 날고기 봐 달란다.

도둑놈 개 꾸짖듯
도둑이 남의 집에 도둑질하러 갔을 때 개가 짖으면 작은 소리로 속삭이듯이 꾸짖는다는 말로, 남에게 들리지 않게 입 속으로 중얼거림을 뜻함.

도둑놈 문 열어 준 셈
나쁜 사람에게 일부러 나쁜 일을 할 기회를 주어 해를 입게 되는 경우를 이름.

도둑놈 소 몰 듯한다
소를 훔쳐 가는 도둑놈이 소를 몰 듯한다 함은 무슨 일을 황급히 서두르는 모양을 이름.

도둑놈은 한 죄, 잃은 놈은 열 죄
도둑은 물건을 훔친 죄 하나밖에 없으나 잃은 사람은 간수를 잘못한 죄, 공연히 남을 의심하는 죄 등 여러 가지 죄를 짓게 됨을 이름.

도둑놈이 몽둥이 들고 길 위에 오른다
나쁜 짓을 하거나 잘못하여 마땅히 책망을 받아야 할 처지에 있는 자가 도리어 기승(氣勝)하여 남을 꾸짖고 큰소리친다는 뜻.

도둑놈이 제 발자국에 놀란다
나쁜 짓을 하면 양심의 가책을 느껴 저도 모르게 매사에 몸을 사리게 되는데, 그것이 도리어 제 죄를 폭로하는 결과가 된다는 말.

도둑놈 허접대듯
도둑놈이 발각되어 문초를 당할 때 앞뒤 말이 맞지 않게 쩔쩔맨다는 말로, 무슨 잘못을 저질러 놓고 그것을 감추려고 정신없이 애씀을 이름.

도둑맞고 사립문 고친다
① 일을 당하고 나서야 그에 대한 대비를 한다는 뜻으로, 그 대비가 너무 늦었다는 말. ② 이미 일을 그르친 뒤에는 뉘우쳐도 소용없다는 말.

도둑맞으면 어미 품도 들쳐 본다
물건을 잃게 되면 누구나 다 의심을 품게 되므로, 심지어는 가장 가까운 부모까지도 의심하게 된다는 말.

도둑을 뒤로 잡지 앞으로 잡나
도둑은 분명한 증거를 가지고 잡아야지 의심만으로 잡아서는 안 된다는 말.

도둑을 맞으려면 개도 안 짖는다
① 운수가 나빠 일이 잘 안 되려면 모든 것이 제대로 되지 않는다는 말. ② 뜻밖의 낭패를 볼 때나 맹랑한 잘못을 저지를 때는 제 정신도 흐릿해지고 남의 깨우침도 없다는 말.

도둑의 때는 벗어도 화냥의 때는 못 벗는다
도둑의 누명은 확실한 증거만 있으면 밝혀질 수 있으나 여자가 음분했다는 누명은 밝힐 도리가 없으므로 특히 품행을 삼가라는 말.
* 음분(淫奔) : 남녀가 음탕한 짓을 함. 또는 그 행동.

도둑의 묘에 술잔 부어 놓기
대접 받을 값어치가 없는 사람에게 과분한 대접을 함과 같이 일을 잘못 처리하였다는 뜻.

도둑이 '도둑이야' 한다
도둑질한 놈이 제가 안 한 체하느라고 오히려 도둑이 들었다고 떠드나 그로 말미암아 제 죄가 오히려 더 드러난다는 뜻.

도둑이 제 발 저리다
죄 지은 자가 그것이 폭로될까 두려운 나머지 자기도 모르게 그것을 나타내고야 만다는 뜻.

도둑질도 혼자 해 먹어라
무슨 일이나 여럿이 하면 말이 많아지고 손발도 맞지 않아 실수하기 쉬우며 일을 이루기 어려우니 혼자 하는 것이 가장 좋다는 뜻.

도둑질은 내가 하고, 오라는 네가 져라
① 나쁜 짓을 해서 이익은 제가 차지하고 그것에 대한 벌은 남보고 받으라고 한다는 뜻. ② 무슨 일을 한다 하더라도 그 좋지 않은 결과에 대하여는 다른 사람에게 책임을 지운다는 뜻.

* 오라 : 옛날에 죄인을 묶던 붉은 줄.

도둑질을 해도 손이 맞아야 한다
무슨 일이든지 뜻이 서로 척척 맞고 도와주는 사람이 있어야 그 일을 이룰 수 있다는 말.

도랑에 든 소
도랑 양편에 우거진 풀을 다 먹을 수 있는 소라 함이니,
① 먹을 복이 터진 처지에 있다는 뜻.
② 양쪽에서 이익을 본다는 말.

도련님 풍월에 염이 있으랴
어리고 서투른 자가 하는 일에 대해 너무 가혹한 평을 할 것은 아니라는 말.

* 풍월(風月) : 음풍농월(吟風弄月) 즉 한시(漢詩).

* 염(簾) : 한시를 지을 때에 글자 음(音)의 높낮이를 맞추는 방법.

도토리 키 재기
① 비슷비슷한 데서 굳이 잘잘못이나 크고 작음을 가리려 한다는 뜻. ② 조그만 것으로 시비를 건다는 말. = 참깨가 기니 짧으니 한다.

도포를 입고 논을 갈아도 제 멋이다
예복인 도포를 입고 논일을 한다는 것은 격에 맞지 않는 어색한 짓이지만, 그렇더라도 사람은 저마다 저 하고 싶은 대로 하는 것이라는 말. = 갓 쓰고 박치기해도 제 멋. 지게 지고 제사를 지내도 제 멋이다. 오이를 거꾸로 먹어도 제 멋.

도회지 소식을 들으려면 시골로 가라
제가 있는 곳이나 가까운 곳의 일에 대해서는 잘 모르지만, 먼 데서 일어난 일은 오히려 잘 알고 있다는 말. = 서울 소식은 시골 가서 들어라.

독수리는 파리를 못 잡는다
아무리 날짐승을 잘 잡는 독수리라 하더라도 작은 파리까지 잘 잡는 건 아니라는 뜻으로, 각자 능력에 맞는 일이 따로 있다는 말.

독 안에 든 쥐
아무리 애써도 벗어나지 못하고 꼼짝할 수 없는 처지에 놓여 있음을 말함.

독을 보아 쥐를 못 친다
독에 쥐가 들었으나 독이 다쳐 깨질까 봐 쥐를 못 친다는 말로, 무엇을 처리하여 없애 버리려고 해도 그로 인해 다른 일이 그릇될까 두려워 참는다는 말.

돈 떨어지자 입맛 난다
돈을 다 쓰고 나면 더욱 간절히 하고 싶다는 뜻.

돈만 있으면 개도 멍첨지라
천한 사람도 돈만 있으면 남들이 귀하게 대접해 줌을 이르는 말.
 * 멍첨지 : 개가 멍멍 짖으므로 멍가 성을 가진 첨지라고 함.

돈만 있으면 귀신도 부릴 수 있다
돈만 있으면 세상에 못할 일이 없다는 말. = 돈만 있으면 귀신도 사귄다. 돈만 있으면 처녀 불알도 산다.

돈에 침 뱉는 놈 없다
겉으로는 아무리 돈이 원수니 어쩌니 하더라도, 사람은 누구나 돈을 중히 여긴다는 말.

돈이 없으면 적막강산이요, 돈이 있으면 금수강산이라
경제적으로 넉넉해야 삶을 즐길 수 있다는 말.

돈이 장사라
돈의 힘은 장사(壯士)의 힘과 같이 커서, 세상일은 돈의 힘으로 어떻게든지 뜻대로 된다는 말.

돈이 제갈량
돈만 있으면 못난 사람도 제갈량같이 될 수 있다는 말로, 돈만 있으면 무엇이나 다 할 수 있다는 뜻.

돌다리도 두들겨 보고 건너라
비록 잘 알아서 틀림이 없는 일이라도 조심하라는 말. = 식은 죽도 불어 가며 먹어라.

돌로 치면 돌로 치고 떡으로 치면 떡으로 친다
원수는 원수로 갚고 은혜는 은혜로 갚게 되는 것이며, 남이 나를 대하는 것만큼 나도 남을 그만큼밖에는 대접하지 않는 태도를 이름.

돌을 차면 발부리만 아프다
① 화난다고 해서 아무 상관없는 이에게 분을 풀면 도리어 자기에게 손해가 온다는 말.
② 역경을 무릅쓰고 거슬리면 더 괴로움을 받는다는 말.

돌절구도 밑 빠질 날이 있다
① 아무리 튼튼한 것이라도 결단이 날 때가 있다는 말. 영구불변한 것은 없다는 뜻. ② 명문거족(名門巨族)이라고 해서 영원히 몰락하지 않는 법은 없다는 말.

돌 지고 방아 찧는다
디딜방아를 찧을 때는 돌을 지고 하는 것이 더 쉽다는 말로, 무슨 일이든지 힘을 들여야만 잘된다는 뜻.

돌쩌귀에 녹이 슬지 않는다
① 무슨 일이나 쉬지 않고 부지런히 하면 탈이 안 생긴다는 뜻.
② 항상 쓰이는 물건은 썩지 않는다는 말.

* 돌쩌귀 : 여닫는 문짝에 다는 쇠로 만든 물건.

돌쩌귀에 불이 난다
매우 자주 쉴 새 없이 문을 여닫는다는 뜻. 즉 사람이 많이 드나든 다는 말.

동냥도 아니 주고 자루 찢는다
구하는 것은 안 주고 도리어 방해만 놓는다는 뜻. = 동냥은 아니 주고 쪽박만 깬다.

동냥은 혼자 간다
남에게 무엇을 받으려 할 때에 여럿이 같이 가면 아무래도 제게 돌아오는 분량이 적어진다는 뜻.

동냥자루도 마주 벌려야 들어간다
아무리 보잘것없는 일이라 할지라도 서로 협조해야만 잘 이룰 수 있다는 말.

동냥자루도 제 맛에 찬다
① 모든 사람이 천시하는 동냥질도 제가 하고 싶어서 한다는 말.
② 세상 사람들이 다 좋다고 하는 일은 안 하고 나쁘다고 하는 일만 하는 사람을 보고 하는 말.

동냥치가 동냥치 꺼린다
한 동냥치가 구걸을 하고 있는데 또 다른 이가 와서 동냥하면 그를 꺼려하고 미워한다는 말로, 제가 무슨 일을 구하러 갔을 때 또 다른 이도 와서 구하면 혹 제 몫이 덜해질까 봐 방해자로 취급하고 미워한다는 말.

동네마다 후레아들 하나씩 있다.
① 사람이 모여 사는 곳에는 반드시 모두 좋은 사람만일 수는 없고 악한 사람도 섞였다는 말. ② 많은 것 가운데는 좋은 것도 있지만 나쁜 것도 많다는 뜻.

동네 색시 믿고 장가 못 든다
남은 생각지도 않는데 공연히 저 혼자 지레짐작으로 믿고만 있다가 낭패를 보게 됨을 이름. = 앞집 처녀 믿다가 장가 못 간다.

동네 송아지는 커도 송아지
동네 송아지는 늘 보는 것이기 때문에 다 커도 소라 아니 하고 송아지라고 한다 함이니, 늘 눈앞에 두고 보면 그 자라나고 커져서 변한 것을 알아내기 어렵다는 말.

동녘이 번하니까 다 내 세상인 줄 안다
세상물정을 모르고 엄벙덤벙하여, 어느 좋은 것 하나만 보고서 무슨 일이든지 다 좋게만 될 것으로 과대망상하고 있다는 뜻.

동무 사나워 뺨 맞는다
성미가 좋지 않거나 손버릇이 사나운 친구를 사귀어 같이 다니다가 그가 사나운 짓을 하여 남에게 추궁 받는 서슬에 옆에 있는 자기까지도 같이 욕을 당한다는 뜻.

동방삭이 밤 깎아 먹듯 한다
매우 오래 살았다는 동박삭이도 급하고 귀찮으면 밤을 반만 깎아 먹었다는 말에서 나온 말로, 조급하여 어떤 일을 반만 하다 마는 것을 보고 이르는 말.

* 동방삭 : 중국 한나라 때의 사람. 경구(警句)와 기지(機智)에 찬 글로 유명함. 우리나라에서는 '삼천갑자 동방삭'이라 하여 불로장생한 대표로 일컬음.

동방삭이 인절미 먹듯 한다
불로장생하였다고 전해지는 동방삭이가 인절미를 먹듯 한다 함은, 음식을 차근차근히 오래 씹어 먹음을 이름.

동상전에 들어갔나
먼저 말을 하여야 할 경우에 말없이 그저 웃기만 하는 것을 이름.

* 동상전(東床廛) : 옛날 서울 종로에 있던 잡화점. 내인(內人)이 뿔이나 가죽으로 만든 '갓좆'이란 장난감을 사러 들어갔다가 차마 말은 못 하고 그저 웃기만 하면 점원이 눈치 채고 내어주었다는 이야기가 있음.

동생 줄 것은 없어도 도둑 줄 것은 있다
① 가난하여 제 손으로 남에게 줄 것은 없어도 도둑이 가져갈 만한 것은 있다는 뜻. ② 인색하여 응당 돌보아야 할 근친자에까지도 동정하지 않는 사람도 도둑이 빼앗아 가는 것을 막을 수 없다는 말.

동서(東西) 사방에 걸렸어도 북은 북이다
치는 북은 그 음(音)대로만 하면 북(北)녘과 같으나 아무 데 있어도 북임에는 틀림없다는 말로, 하나의 어희(語戲)임.

동서 시집살이는 오뉴월에도 서릿발 친다
여자가 시집살이를 한다는 것은 어느 것이든 어려운 일이지만, 그 중에서도 동서 즉 남편 형제의 부인되는 사람 밑에 지내는 시집살이가 가장 어렵다는 말.

동서(同壻), 춤추게
자기가 나서서 하고 싶으나 먼저 나가서 하기 거북하므로 남부터 먼저 권한다는 말. = 제가 춤추고 싶어서 동서를 권한다.

동에 번쩍 서에 번쩍
성처가 없고 종적을 걷삽을 수 없을 만큼 왔다 갔다 함을 이르는 말.

동태나 북어나
명태를 얼린 것이 동태이고 말린 것이 북어이듯이, 이것이나 저것이나 매일반이라는 뜻.

동헌에서 원님 칭찬한다
① 칭찬하지 않아도 스스로 추켜진 자리에서 칭찬함을 이름.

② 아첨함을 이름.
* 동헌(東軒) : 원님이 일보던 청사.

돼지 값은 칠 푼이요, 나무 값은 서 돈이라
돼지 값보다 돼지를 잡는 데 쓰인 나무 값이 훨씬 많다는 뜻으로, 주(主)로 하는 일보다 그것을 하기 위한 부수적인 일에 더 비용이나 힘이 많이 들 때 이르는 말.

돼지 밥을 잇는 것이 네 옷을 대기보다 낫겠다
시도 때도 없이 주어야 하는 돼지 밥을 주는 것보다 더 자주 옷을 갈아 입혀야만 되겠다는 말이니, 한참 장난이 심한 사내아이 옷이 쉬 못 입게 됨을 이름.

되 글을 가지고 말 글로 써먹는다
글을 배운 것은 적으나 가장 효과적으로 써먹는다는 말.

되놈이 김풍헌(金風憲)을 안다더냐
지금의 면장과 비슷한 직책인 풍헌을 지내는 김풍헌이라면 자기 고을에서 모르는 사람 없이 다 알아주지만 되놈은 알 리 없다는 뜻으로, 지위 있는 사람이 자신을 몰라보고 실례한다든지 모욕한다든지 하는 사람을 탓하는 말.
* 되놈 : 중국인의 낮춤말.

되는 집에는 가지나무에 수박이 열린다
집안이 잘되어 가려면 가지나무에 가지보다 나은 수박이 열린다는 말로, 잘되려면 하는 일마다 뜻밖의 좋은 수가 생긴다는 말.

되로 주고 말로 받는다
조금 주고 그 대가로는 몇 갑절이나 더 받는다는 말.

되면 더 되고 싶다
① 되면 될수록 부족하게 여겨지고 더 잘되고 싶어지는 것이 사람의 마음이라는 뜻. ② 사람의 욕심은 한이 없다는 말.

된장에 풋고추 박히듯
어떤 한 곳에 가서 자리를 떠나지 아니하고 꼭 들어 박혀 있는 것을 이름.

된장이 아까워 못 잡아먹는다
① 잡아먹고 싶어도 된장이 아까워서 못 잡아먹겠다 함이니, 왜 그리도 못났느냐고 욕하는 말. ② 복날 개를 잡아먹고 싶어도 발라 먹을 된장이 아까워 개를 못 잡아먹듯이, 너무 인색하게만 굴면 결국에 가서는 손해본다는 뜻.

될성부른 나무는 떡잎부터 알아본다
① 자라서 크게 될 사람은 어릴 적부터 다르다는 말.
② 결과가 좋은 것은 시초부터 잘된다는 뜻.
= 열매 될 꽃은 첫 삼월부터 안다. 잘 자랄 나무는 떡잎부터 알아본다. 푸성귀는 떡잎부터 알고, 사람은 어렸을 때부터 안다.

두견이 목에 피 내어 먹듯
울고 나서 피를 토하는 두견새의 목에서 피를 내어 먹듯 한다 함은, 남에게 억울한 일이나 못할 짓을 하여 재물을 빼앗음을 이름.

두꺼비 파리 잡아먹듯
아무것이나 닥치는 대로 늘름늘름 받아먹음을 이르는 말.

두루 춘풍(春風)
모든 곳에 다 봄바람이 분다는 뜻으로, 언제 누구를 만나도 다 좋게 대해 주는 사람을 일컬음.

두부 먹다 이 빠진다
① 마음 놓는 데서 실수가 생기므로 항상 조심하라는 말.
② 틀림없는 데서 뜻밖의 실수를 하였다는 말.

두 소경 한 막대 짚고 걷는다
똑같이 어리석은 두 사람이 같은 잘못을 저지른 경우를 두고 이르는 말.

두 손뼉이 맞아야 소리가 난다
① 양편의 손이 서로 맞아야 일을 할 수 있다는 말.
② 서로 같아야 말다툼이나 싸움이 된다는 뜻.

둘러치나 메어치나 일반
① 어깨에 메고 가거나 등 뒤에 걸치고 가거나 같다는 말.
② 어떻게 하든지 간에 결국은 꼭 마찬가지라는 말.

둘이 먹다가 하나가 죽어도 모르겠다
둘이 먹다가 옆의 사람이 죽어도 모를 만큼 정신없이 먹는다 함이니, 음식이 매우 맛있다는 말.

둘째며느리 삼아 보아야 맏며느리 착한 줄 안다
① 뭐니 뭐니 해도 맏며느리만한 둘째며느리는 없다는 말.
② 비교할 것이 없으면 그 진가를 알기 어렵다는 말.

둠벙을 파야 개구리가 뛰어들지
개구리가 뛰어들기를 바라거든 먼저 물이 고이는 웅덩이를 파야 한다는 뜻으로, 무릇 자기가 원하는 것이 있거든 그에 대한 준비를 해야 한다는 말.

둥둥 하면 굿하는 줄로 여긴다
둥둥 북 울리는 소리만 나면 그것이 곧 굿하는 소리인 줄로 안다는 말로, ① 너무 속단하여 잘못 안다는 뜻. ② 걸핏하면 좋은 수가 생겼다고 날뛴다는 말.

둥우리의 찰밥도 쏟치겠다
쏟아지지 않을 데다 담아 주어도 엎지르겠다 함이니, 먹으라고 주는 것까지도 놓치고 못 먹는다는 뜻으로, ① 복 없는 사람은 좋은 수를 만나도 그것을 오래 보존하지 못한다는 뜻. ② 사람의 행동이 경솔하다는 말.

뒤로 오는 호랑이는 속여도 앞으로 오는 팔자는 못 속인다
앞으로 오는 호랑이는 물론 뒤로 오는 호랑이까지도 속여서 위험을 면하고 살아날 수 있으나 팔자 모면만은 그리 못한다는 말로, 사람은 운명에 따라서 사는 것이지 그것을 제 마음대로 어떻게 할 수 없다는 말.

뒤주 밑이 긁히면 밥맛이 더 난다
뒤주의 쌀이 없어져 밑바닥 것을 긁어먹게 되면 밥이 더 맛있어진다는 말로, 무엇이나 없어지는 것을 본 후면 더 애석하게 여겨지고 생각이 간절해진다는 뜻.

뒷간과 사돈집은 멀어야 한다
뒷간은 가까우면 냄새가 안 좋고 사돈집이 가까우면 말이 많으니 서로 멀리 떨어져 있는 것이 좋다는 말.

뒷간 기둥이 물방앗간 기둥을 더럽다 한다
① 저의 더러운 것은 모르고 남의 깨끗한 것을 도리어 더럽다고 함을 비웃는 말. ② 더 큰 흉을 가진 사람이 자기의 흉은 모르고 남의 작은 흉을 볼 때 비웃으며 하는 말.

뒷간에 갈 적 맘 다르고 올 적 맘 다르다
① 사람의 마음이 종잡을 수 없이 자주 변함을 이름. ② 제게 긴할 때는 다급하게 굴다가 저 할 일을 다 하면 마음이 변하여 쌀쌀하게 됨을 이르는 말.

뒷구멍으로 호박씨 깐다
겉으로는 어릿어릿 어리석은 체하면서도 속마음이 엉큼하여 딴 짓을 하는 사람을 이름.

드는 정은 몰라도 나는 정은 안다
어떤 사람에게 정이 들 때는 드는 줄 모르게 들어도, 정이 나서 싫어질 때는 차차 정이 떨어져 가는 것을 역력히 알 수 있는 것이라 하여 이르는 말.

드문드문 걸어도 황소걸음
① 나아가는 속도는 느리나 그것이 오히려 믿음직스럽다는 말.
② 큰 사람의 하는 일은 속도가 더디고 느려도 그것은 멀고 큰 것이며 속이 알찬 것이라는 뜻.

듣기 좋은 육자배기도 한두 번
아무리 좋은 일이라도 여러 번 되풀이하면 싫증이 난다는 말.
= 듣기 좋은 이야기도 늘 들으면 싫다.

들어서 죽 쑨 놈은 나가도 죽 쑨다
① 집에서 늘 일만 하던 사람은 집 밖에 나가 다른 곳에 가도 일만 하게 된다는 말. ② 집에서 하던 버릇은 집을 나서도 버리지 못한다는 뜻.

들어온 놈이 동네 팔아먹는다
본래부터 있던 사람이 아니라 도중에 끼어든 사람이 그 본래의 전체에 누를 끼친다는 말.

들으면 병이요, 안 들으면 약이다
들어서 근심될 일이라면 차라리 아니 듣는 것이 낫다는 말.

들은 말 들은 데 버리고, 본 말 본 데 버리라
남에게서 말을 들으면 그 자리에서 버리고, 무엇을 본 일이 있으면 본 그 자리에서 잊어버리라 함이니, 말을 옮기지 말라는 뜻.

등겨 먹던 개가 말경에는 쌀을 먹는다
나쁜 짓은 처음에 조금씩 시작하다가 차츰 재미를 붙여 더욱 크게 악화된다는 뜻.

등겨 먹던 개는 들키고 쌀 먹던 개는 안 들킨다
흔히 크게 나쁜 일을 한 자는 교묘히 빠져 나가서 무사하고, 그보다 덜한 죄를 지은 자가 들켜서 애매하게 남의 죄까지도 뒤집어쓰고 의심받게 됨을 이름.

등 따시면 배부르다
등이 따뜻하면 배까지 부르다 함은, ① 옷을 잘 입고 있는 사람이면 배도 부른 사람이라는 뜻. ② 추운 날 더운 데 누워 있으면 먹지 않아도 배고픈 줄 모른다는 뜻.

등 시린 절 받기 싫다
남에게서 절을 받을 때 뒷등에 소름이 끼치고 시려지는 사람, 즉 자기가 푸대접한 사람에게서 간곡한 대접을 받는 것은 그리 기분 좋은 일이 아니라는 말.

등에 풀 바른 것 같다
등에 풀을 발랐다 함은 등이 빳빳하다 함이니, 등을 잘 펴지도 못하고 구부리지도 못한다는 뜻.

등잔 뒤가 밝다
무슨 일이나 너무 가까이에서보다는 좀 떨어져서 보는 것이 더 잘 알 수 있다는 말.

등잔 밑이 어둡다
① 제게 너무 가까운 일은 먼 데 일보다 오히려 모른다는 뜻.
② 남의 일은 잘 알 수 있으나 제 일은 제가 잘 모른다는 말.

등잔불에 콩 볶아 먹을 놈
어리석고 옹졸하여, 하는 짓마다 보기에 답답한 일만 하는 자를 두고 이름.

딸 덕에 부원군
부원군은 왕후(王后)의 아버지로서 딸 덕에야 될 수 있는 것이므로, 다른 사람의 덕을 입어서 호강스러운 자리에 있게 될 때 쓰는 말. 특히 딸을 출가시킨 후 그의 도움으로 무슨 일을 하거나 잘 지내게 될 때 이름.

딸 삼형제 시집보내면 고무 도둑도 안 든다
딸을 시집보낼 때에는 많은 비용이 들어서 집안이 망할 지경에까지 이른다는 말. = 딸 셋을 여의면 기둥뿌리가 패인다.

딸 손자는 가을볕에 놀리고, 아들 손자는 봄볕에 놀린다
가을볕보다 봄볕에 더욱 살갗이 거칠어지고 잘 타므로, 딸 손자, 즉 외손자를 친손자보다 더욱 귀엽게 여긴다는 뜻.

딸 없는 사위
① 인연이 끊어져서 정이 멀어졌다는 말.
② 쓸데없이 된 물건을 이름.

딸은 두 번 서운하다
딸은 처음 날 때 서운하고, 그 다음에는 시집보낼 때 서운하다는 말.

딸은 산적도둑이라 하네
딸은 출가 후 친정집에 와서 이것저것 집어 가기 때문에 이르는 말.

* 산적(散炙) : 쇠고기 따위를 길쭉길쭉하게 썰어 양념을 하여 꼬챙이에 꿰어서 구운 적.

딸의 굿에 가도 전대(纏帶)가 셋
제 딸을 위하여 하는 굿에도 뭣을 담아 올 전대를 셋이나 가지고 가서 제 이익을 꾀한다는 말로, 아무리 남을 위하여 하는 일이라도 자기의 이익을 바라고 있다는 말. = 딸의 굿에를 가도 자루 아홉을 가지고 간다.

* 전대(纏帶) : 허리에 두르거나 어깨에 메게 된 자루.

딸의 시앗은 바늘방석에 앉히고 며느리 시앗은 꽃방석에 앉힌다
귀한 딸이 시앗 보는 것은 차마 그대로 두지 못하고 어떻게든지 시앗을 없애려 하나, 미운 며느리가 시앗을 보고 괴로워하는 것은 도리어 통쾌하게 여긴다 하여 이르는 말.
* 시앗 : 남편의 첩.

딸의 차반 재 넘어가고, 며느리 차반 장롱 위에 둔다
먹을 것이 있으면 딸은 그것을 챙겨 가지고 재를 넘어 제 집으로 가고, 며느리는 제 방 농 위에 얹어 둔다는 말이니, 딸이나 며느리나 모두, 부모보다는 제 남편을 더 생각하고 위한다는 뜻.
* 차반 : 맛있게 잘 차린 음식.

딸이 셋이면 문을 열어 놓고 잔다
딸을 많이 둔 사람이 그 혼인을 모두 치르고 나면 가산이 다 없어지고 몹시 가난하여진다는 말.

딸자식은 도둑년이다

딸은 길러 출가할 때도 많은 것을 해 가지고 가며, 출가한 후로도 친정에만 오면 무엇이나 다 가져가려고만 한다 하여 이르는 말.

딸자식 잘난 것은 갈보 가고, 논밭 잘난 것은 신작로 난다

불우한 사람은 좋은 것을 가졌더라도 그것을 끝까지 지니고 있을 수 없다는 뜻.

땅 넓은 줄은 모르고 하늘 높은 줄만 안다

키만 훌쭉하게 크고 마른 사람을 보고 하는 말.

땅벌 집 보고 꿀 돈 내어 쓴다

① 될지 안 될지도 모를 일을 가지고 미리 그 이익을 앞당겨 씀을 비웃는 말. ② 일을 매우 급히 서둔다는 뜻.

땅에서 솟았나, 하늘에서 떨어졌나

① 도무지 기대하지 않던 것이 갑자기 나타남을 이름. ② 자기가 생겨난 근본인 부모와 조상을 몰라보는 자를 깨우쳐 주는 말.

땅 짚고 헤엄치기

① 무슨 일이 매우 쉽다는 뜻.
② 무슨 일이 틀림이 없고 의심할 여지가 없다는 말.

때리는 시어미보다 말리는 시누이가 더 밉다

겉으로는 위해 주는 체하면서 속으로 해(害)하는 사람이 제일 밉다는 말.

때린 놈은 가로 가고 맞은 놈은 가운데로 간다
가해자는 뒷일이 걱정되어 마음이 불안하지만, 피해자는 마음이 평안하다는 뜻. = 때린 놈은 다릴 못 뻗고 자도 맞은 놈은 다릴 뻗고 잔다.

떠들기는 천안 삼거리라
천안 삼거리는 경기·충청·전라 삼도로 통하는 교차점. 따라서 술집이며 밥집 등이 즐비하여 매우 시끄러우므로 언제나 소란스럽기만 하다는 데서 온 말.

떡 다 건지는 며느리 없다
며느리는 시집에서 천대를 받고 끼니에 밥도 제대로 얻어먹지 못하였기 때문에 떡을 건질 때는 좀 남겨 두었다가 후에 남 몰래 건져 먹는다는 말로, 남의 눈을 속여 자기의 실속을 차리는 성향이 인간에게 있음을 지적한 말.

떡도 떡같이 못 해먹고 찹쌀 한 섬만 다 없어졌다
많은 비용을 들여 애써 한 일에 알맞은 효과나 이익을 못 보고 헛수고만 한 결과에 대해 이르는 말.

떡도 떡이려니와 합이 더 좋다
① 실질적 내용도 요긴하지만 거기에 딸린 형식도 요긴한 것인데, 그것이 갖추어졌음을 이름.
② 내용보다 형식이 더 좋을 때를 일컬음.
* 합(盒) : 음식을 담는 놋그릇의 하나.

떡 먹은 입 쓸어치듯 한다
무슨 일을 하여 놓고도 제가 하지 않은 체하며 모르는 척 시치미를 뗀다는 뜻.

떡방아 소리 듣고 김칫국 찾는다
떡가루 빻는 소리를 듣고는 떡 먹은 후에 마실 김칫국을 찾는다 함은, 상대편의 속도 모르고 제 짐작으로만 일을 서둘러 바란다는 뜻.

떡 본 김에 제사 지낸다
무슨 일을 하려고 생각하던 중 꼭 필요한 것을 마침 닥친 어떤 기회를 타서 그것을 치룬다는 뜻.

떡 삶은 물에 중의 데치기
① 한 가지 일을 하면서 또 다른 일을 같이 겸하여 해치운다는 말.
② 버리게 된 것을 훌륭하게 이용한다는 말. = 떡 삶은 물에 풀한다.
* 중의(中衣) : 남자가 입는 여름 한복 홑바지.

떡으로 치면 떡으로 치고, 돌로 치면 돌로 친다
제게 잘해 준 이에게는 저도 잘해 주고, 제게 해롭게 한 이는 자기도 해치는 태도를 이름.

떡 줄 놈은 생각도 않는데 김칫국부터 마신다
해 줄 사람은 생각지도 않는데 마치 일이 다된 것처럼 여기고 미리부터 기대한다는 뜻. = 떡 줄 사람에게는 묻지도 않고 김칫국부터 마신다.

떡 해먹을 집안
마음이 해어져서 화합하지 못하는 집안이라는 뜻. 즉 집안 귀신이 얼이 되어 집안이 불화하고 사나운 일만 생기므로 떡을 하여 고사를 지내야 한다는 뜻으로 이르는 말.

떨어진 주머니에 어패(御牌) 들었다
① 겉모양은 허술하고 보잘것없으나 실속은 뜻밖에도 훌륭하고 소중한 것이라 할 때 이름. ② 보기에는 시원치 않으나 뛰어난 재주와 훌륭한 행실을 지녔다는 뜻.

떫기로 고욤 하나 못 먹으랴
다소 힘들다고 해서 그 정도의 일쯤이야 못하겠느냐는 말.

떫은 배도 씹어 볼 만하다
무슨 일이나 처음에는 좋지 않더라도 차차 정을 붙이고 지내다 보면 재미를 느낄 수도 있다는 말.

떼 꿩에 매 놓기
꿩이 떼를 지어 모인 곳에 매를 풀어 놓으면 어느 꿩을 잡아야 할지 모르고 왔다 갔다 하다가 결국은 하나도 못 잡는다는 말로, 너무 한꺼번에 많은 이익을 바라다가는 오히려 소득이 없다는 뜻.

떼놓은 당상(堂上)
떼어놓은 당상이 변할 리도 없고 다른 데로 갈 리도 없다 함이니, 으레 될 것이니 조금도 염려 없다는 말.

똥구멍으로 호박씨 깐다
겉으로는 어리석어 보이나 속이 엉큼하고 의뭉스러워 우물쭈물하며 딴짓함을 이르는 말. = 똥구멍으로 수박씨 깐다.

똥구멍이 찢어지게 가난하다
가난하여 채식(菜食)만 하게 되면 똥덩이가 커지므로 이르는 말로, 매우 가난하다는 뜻.

똥누고 밑 아니 씻은 것 같다
무엇이나 완전히 끝맺지를 못하여 마음이 꺼림칙하다는 말.

똥누러 갈 적 마음 다르고 올 적 마음 다르다
① 사람의 마음이 자주 변함을 이름.
② 제가 급할 때는 애써 다니다가도 그 일이 다 마치면 모르는 체하고 지냄을 이름.

똥누면 분(紛) 칠하여 말려 두겠다
사람의 똥에 분을 칠하여 하얗게 말려 두었다가 흰 개의 흰 똥을 약으로 구하는 사람이 있으면 팔아먹겠다는 말로, 악독하게 인색한 사람을 이름.

똥마려워 하는 년 국거리 씻듯
똥마려워 급한 중에 국건더기를 씻을 때면 되는 대로 마구 씻어 버릴 것이니, 제 일이 급하면 다른 일은 대충대충 하여 넘긴다는 뜻.
= 똥마려운 계집 국거리 썰 듯.

똥 묻은 개가 겨 묻은 개 나무란다
자기는 더 큰 흉이 있으면서 도리어 남의 작은 흉을 본다는 뜻.

똥 묻은 개 쫓듯
똥 묻은 개가 들어오면 여기저기 똥이 떨어지고 묻을 것이 두려워

황급히 내쫓는다는 것이니, 잠시도 여유를 주지 않고 몰아 내침을 이름.

똥 묻은 속옷을 팔아서라도
꼭 해야 할 일을, 돈이 없으므로 다른 것은 물론 똥 묻은 속옷가지라도 팔아서 해야겠다는 말.

똥싼 놈은 달아나고 방귀 뀐 놈이 잡혔다
흔히 크게 나쁜 짓을 한 자는 잡히지 않고 그보다 덜한 자가 잡혀서 곤경 치르게 됨을 일컬음.

똥싼 주제에 매화타령 한다
잘못하고도 부끄러운 줄 모르고 비위 좋게 날뜀을 비웃는 말.

똥은 칠수록 튀어오른다
좋지 못한 일이나 사람을 탓하면 더욱 나쁜 경우를 당하게 된다는 말.

똥이 무서워 피하나, 더러워 피하지
악한 사람을 상대하지 않는 것은 그가 무서워서가 아니라 저마저 나빠질까 봐 피하는 것이라는 뜻.

뚝배기보다 장 맛
겉으로 보기에는 하잘것없으나 내용은 그에 비해 훌륭하다는 말.
= 장독보다 장맛이 좋다.

뛰는 놈 위에 나는 놈이 있다
잘난 사람이 있으면 그보다 더 잘난 사람이 또 있다는 말로, 자만에 빠지게 됨을 경계하는 말. = 치 위에 치가 있다.

뛰면 벼룩이요, 날면 파리
벼룩과 파리는 가장 귀찮고 미운 것이므로, 제 뜻에 맞지 않는 자는 무슨 짓을 하나 밉게만 보인다는 뜻으로 이르는 말.

뛰어야 벼룩
벼룩이 아무리 멀리 뛰어 봤자 주변을 벗어나지 못하듯이, 도망쳐 보았자 별 수 없다는 말.

뜨물 먹고 주정한다
① 술도 먹지 않고 공연히 취한 체를 하면서 주정한다는 말.
② 거짓말을 몹시 한다는 뜻.

뜬 소 울 넘는다더니
매우 동작이 느린 소가 울타리를 넘는다 함은, 평소에 소처럼 동작이 느린 사람이 뜻밖에 장한 일을 이루었을 때 이르는 말.

마당삼을 캐었다
삼을 캐려면 깊은 산중에 들어가 애써야 하나 마당에서 캐었다 함은, 힘들이지 않고 무슨 일을 쉽게 성공하였을 때 이름.

마당이 환하면 비가 오고, 계집 뒤가 반지르르 하면 애가 든다
아이 어머니의 쇠약했던 몸이 다시 회복되고 몸매가 반지르르하게 되면 또 아이를 가지게 된다는 말.

마당 터진 데 솔뿌리 걱정한다
갈라진 마당을 기우려고 솔뿌리 구할 걱정을 한다는 말로, 사건이 벌어졌을 때 당치않은 탁상공론으로 그 사건을 수습하려 할 때 쓰는 말.
[참고] 옛날에, 솔뿌리는 바가지 등의 그릇 터진 데를 깁는 데 사용했음.

마디에 옹이
나무 마디에 옹이까지 박혔다 함이니,
① 어려운 일이 겹쳤다는 말.
② 일이 공교롭게도 잘 안 된다는 뜻.

마루 아래 강아지가 웃을 노릇
일이 사리에 어긋나, 마루 아래에서 졸던 강아지까지도 웃을 노릇이라는 말로, 어떤 일이 매우 경우에 어긋남을 이름.

마른나무를 태우면 생나무도 탄다
마른나무를 태워서 열이 활짝 날 때 생나무를 넣으면 그 생나무까지도 타게 된다는 말로, 안 되는 일도 대세를 타면 될 수 있다는 말.

마른날에 벼락 맞는다
뜻하지 않은 큰 재앙을 당했다는 말.

마른나무에 물 날까
마른나무에는 물이 나지 않는다는 말로, 분명 없을 데 가서 내놓으라고 억지를 부린다는 말.

마른나무에 좀먹듯
① 시원스럽게 고칠 수 없는 병을 앓고 몸이 시들시들 쇠약해짐을 이름. ② 많은 재산이 푸실푸실 헤프게 없어져 간다는 뜻.

마른 말은 꼬리가 길다
같은 것이라도 마르고 여위면 더 길게 보인다는 뜻.

마소의 새끼는 시골로, 사람의 새끼는 서울로 보내라
사람은 도회지에서 자라고 배워야 견문도 더 넓어지고 잘될 수 있다는 말.

마음이 풀어지면 하는 일이 가볍다
마음에 맺혔던 근심 걱정이 없어지고 부화가 풀리면 하는 일도 힘들지 않고 쉽게 된다는 뜻.

마치가 가벼우면 못이 솟는다
윗사람이 엄격하지 않으면 아랫사람이 순종하지 않고 도리어 반항한다는 말.

마파람에 게 눈 감추듯
음식을 어느 결에 먹었는지 모를 만큼 빨리 먹어 버림을 이름.

마파람에 곡식이 혀를 빼물고 자란다
가을이 오려고 서풍이 불기 시작하면 모든 곡식들은 놀랄 만큼 빨리 자라서 익어 간다는 말.

막간 어미, 애 핑계
머슴살이 아낙네가 주인집 어른이 시키는 일에 아이를 핑계하고 말을 안 듣는다는 말로, 사람의 간청에 대단찮은 구실을 만들어서 그 청을 받아 주지 않는다는 뜻.

막걸리 거르려다 지게미도 못 건진다
큰 이익을 보려다가 도리어 손해만 본다는 말.

막내아들이 첫아들이다
① 많이 있는 가운데 제일 나중 것을 가장 중히 여긴다는 뜻.
② 무엇이 단 하나밖에 없다는 말.

만득이 북 짊어지듯
등에 짊어진 짐이 부피가 크고 둥글며, 보기에 매우 거북해 보이는 모양일 때 쓰는 말.

만만찮기는 사돈집 안방
가뜩이나 어려운 사돈집, 그것도 남자는 들어가지 못할 안방이라 함이니, 어렵고 거북하며 자유롭지 못한 것을 이름.

말 가는 데 소도 간다
말이 갈 수 있는 데라면 소 또한 갈 수 있다는 뜻으로, 남이 하는 일이라면 저도 노력만 하면 능히 할 수 있다는 말.

말 갈 데 소 간다
말이 가야 할 곳을 소가 간다는 말로, ① 가서는 안 될 곳을 간다는 말. ② 해서는 안 될 것을 한다는 말.

말에게 실었던 것을 벼룩 등에 실을까
말에게 실었던 무거운 것을 조그마한 벼룩의 등에는 실을 수 없다는 말로, 약한 자에게 너무나 무거운 짐이나 일을 맡길 수 없다는 뜻.

말 귀에 염불
말에게 염불을 외어 줌과 같다 함은, 아무리 말하여도 알아듣지 못한다는 뜻.

말 꼬리의 파리가 천 리 간다
남의 세력 밑에서 기운을 폄을 이르는 말.

말 단 집에 장이 곯는다
① 말로만 좋은 듯이 이야기하나 실속은 아주 나쁘다는 뜻.
② 말이 많고 시비를 가리기 좋아하는 집안은 불화하여 모든 일이 제대로 되지 않는다는 말.

말똥도 모르고 마의(馬醫) 노릇 한다
어떤 일에 대해 아무것도 모르면서 그 일을 당해 내려고 한다는 뜻.

말똥에 굴러도 이승이 좋다
아무리 고생스럽고 천하게 살더라도 죽는 것보다는 낫다는 뜻.

말만 잘하면 천 냥 빚도 갚는다
① 말의 잘잘못은 일상생활에 매우 커다란 영향을 끼치는 것이므로 말할 때는 애써 조심하라는 뜻. ② 말 잘하는 사람은 처세에 유리하다는 뜻. = 천 냥 빚도 말로 갚는다.

말 많은 것은 과붓집 종년
과붓집에서 심부름하는 계집종은 바깥소문을 들어서 집안에 들여오고 집안의 일은 밖에 나가 이야기하게 되므로 말이 많다 하여 이르는 말.

말 많은 집은 장맛도 쓰다
① 집안에 잔말이 많으면 살림이 잘 안 된다는 뜻. ② 입으로만 그럴 듯하게 말하고 실상은 좋지 못하다는 뜻으로 하는 말.

말은 보태고 떡은 뗀다
말은 전해 갈수록 점점 더 보태어지고, 떡은 돌아가는 동안에 없어지는 것이라는 말.

말을 이 죽이듯 한다
말을 할 때 세세한 것까지 모두 다 함을 이름. 의복의 이를 잡아 죽일 때는 한 마리도 남기지 않으려고 샅샅이 뒤지는 데서 나온 말.

말은 청산유수 같다
막힘없이 말을 잘하거나 그렇게 하는 말의 비유.

말은 할수록 늘고, 되질은 할수록 준다
같은 내용의 말이라도 사람들의 입을 통해 전해지면 질수록 파장되며, 물건은 옮겨 갈수록 줄어든다는 뜻.

말은 할 탓이라
말이란 같은 내용을 가지고 좋게 이야기할 수도 있고 나쁘게 이야기할 수도 있는 것이라 하여 이름.

말은 해야 맛이고, 고기는 씹어야 맛이다
① 말은 입 밖에 냄으로써 비로소 그 기능과 묘미를 나타낼 수 있고 고기는 씹지 않고는 그 맛을 모르는 것이므로, 무슨 일이든지 참맛은 실제로 해보는 데서 느낄 수 있다는 말. ② 할 말은 해야 한다는 뜻.

말이 고마우면 비지 사러 갔다가 두부 사 온다
말하는 상재방의 태도가 마음에 들고 뜻이 고마우면 제가 예정했던 것보다 훨씬 더 후히 대해 주게 된다는 뜻.

말이 많으면 실언이 많다
말을 많이 하게 되면 자연히 잘못 말하는 경우도 생길 것이므로 되도록이면 말 많이 하는 것을 삼가라는 뜻.

말이 많으면 쓸 말이 적다
① 말을 많이 하다 보면 자기도 모르는 사이에 거짓되고 미덥지 않은 말들이 많이 섞이게 된다는 뜻. ② 말이란 될수록 적게 하는 것이 좋다는 말.

말이 말을 만든다
말은 사람의 입을 옮겨 가는 동안에 그 내용이 과장되고 변하게 된다는 뜻.

말이 씨 된다
늘 말하던 것이 마침내는 어떤 사실을 가져오게 하는 결과가 되었을 때 이름.

말 잘하고 징역 가랴

말만 잘하면 징역 갈 것도 면할 수 있다는 뜻으로, 말 잘하는 것이 사회생활에 있어 매우 중요함을 지적한 말.

말 죽은 데 채 장수 모이듯

말이 죽으면 말총으로 채를 만들려고 채 장수가 많이 몰려든다는 뜻으로, 남의 사정은 아랑곳없이 제 욕심만 채우려고 많은 사람이 모이는 것을 두고 하는 말.

말 타면 종 두고 싶다

말 타기를 원하여 말을 얻게 되니 또 그것을 끌고 갈 종까지 두고 싶어진다는 말로, 사람의 욕심이란 한이 없다는 뜻.

말 한 마디에 천 냥 빚 갚는다

① 말의 잘잘못은 일상생활에 매우 커다란 영향을 끼치는 것이므로 말할 때는 애써 조심하라는 뜻. ② 말 잘하는 사람은 처세에 유리하다는 뜻. = 말만 잘하면 천 냥 빚도 갚는다. 천 냥 빚도 말로 갚는다.

말 한 마리 다 먹고 말고기 냄새 난다고 한다

① 우선 배가 고파 이것저것 안 가리고 배를 채운 뒤에 배부른 소리 함을 이름. ② 처음에는 아쉬워하다가 제 욕망을 채우고는 도리어 흉봄을 이름.

맑은 물에 고기 안 논다

물이 너무 맑으면 먹을 것이 없어 고기도 모이지 않는다는 뜻으로, ① 너무 청렴하면 뇌물이 없다는 말. ② 사람이 너무 깔끔하면 재물이 따르지 않는다는 뜻.

맛있는 음식도 늘 먹으면 싫다
아무리 좋은 일이라도 너무 자주 되풀이하면 싫증이 나게 마련이라는 뜻.

망건 쓰자 파장된다
장에 가려고 망건을 쓰다가 그만 파장(罷場)되고 말았다 함은, 하고자 하는 일이 있어 그 준비를 하다가 그만 때를 놓쳐 뜻을 이루지 못하게 됨을 이름.

망나니짓을 하여도 금관자(金貫子) 서슬에 큰기침 한다
나쁜 짓을 하고도 벼슬아치라는 배짱으로 도리어 남을 야단치고 뽐내어 횡포한 짓을 한다는 뜻.

망신살이 무지갯살 뻗치듯 한다
여지없이 큰 망신을 당하여 많은 사람들로부터 심한 욕을 먹는 경우에 이름.

망신하려면 아버지 이름자도 안 나온다
평소에 잘 알고도 남음이 있는 일까지 잊어버리고 생각이 나지 않아 실수를 하게 됨을 이름.

망치로 얻어맞은 놈 홍두깨로 친다
보복 행위란 언제나, 앞서 제가 받은 것보다 더 무섭게 하여 앙갚음 한다는 뜻.

망할 놈 나면 흥할 놈 난다
한 사람이 망하면 한 사람이 흥하고, 한 사람이 지면 한 사람이 이기는 것이 세상 이치라는 말.

맞기 싫은 매는 맞아도 먹기 싫은 음식은 못 먹는다
음식이란 제가 먹기 싫으면 아무리 하여도 먹을 수 없는 것이라 하여 이르는 말.

매 맞은 끝에 정든다
매를 맞든지 꾸지람을 듣든지 한 후에 도리어 정이 드는 수가 많다는 말.

매달린 개가 누워 있는 개를 웃는다
남보다 못한 주제에 자기보다 나은 사람을 보고 비웃는다는 뜻.

매도 먼저 맞는 놈이 낫다
이왕 겪어야 할 일이라면 아무리 어렵고 괴롭더라도 남보다 먼저 당하는 편이 낫다는 말.

매화도 한철, 국화도 한철
모든 것은 한창 때가 따로 있으나 반드시 쇠하고 마는 데는 다름이 없다는 뜻.

맹안(盲眼)의 단청(丹靑)
먼눈이 단청 구경을 함과 같다는 말로, 아무리 보아도 무엇인지 모를 것을 보고만 있으나 그것은 공연한 짓이라는 뜻.

머리 간 데 끝 간 데 없다
① 한이 없다는 뜻. ② 일의 갈피를 잡을 수 없을 만큼 어지럽다는 뜻.

머리 검은 짐승은 남의 공을 모른다
머리 검은 짐승, 곧 사람은 흔히 짐승보다도 더 남의 공을 모르고 지내는 수가 있다는 뜻.

머리 없는 놈 댕기 치레하듯
① 근본이 좋지 않은 데다가 유난스럽게 꾸미면 오히려 더 흉하다는 뜻. ② 속이 빈 사람일수록 그럴듯하게 겉치레만 한다는 뜻.

머슴보고 속곳 묻는다
① 자기에게나 요긴한 일을 아무 관계도 없는 사람에게 물어보지만 알 리가 없다는 뜻. ② 남부끄러운 줄도 모르고 생소한 사람에게 자기만의 일을 말한다는 뜻.

먹고 자는 식충이도 복을 타고났다
사람이 잘살고 못사는 것은 천명으로 타고난 것이기 때문에, 아무리 잘났어도 복 없는 사람은 복이 없어서 못살고, 천하의 바보라도 복 있는 사람은 복을 받아 잘산다는 말.

먹을 때는 개도 안 때린다
아무리 잘못하였더라도 음식 먹는 사람을 때리거나 꾸짖어서는 안 된다는 말.

먹는 데는 남이요, 궂은일엔 일가라
좋은 일이 있을 때에는 남처럼 모르는 척하다가, 궂은일이나 걱정거리가 있는 좋지 않은 일을 당하게 되면 남보다 낫다 하여 친척을 찾아다닌다는 말. = 좋은 일에는 남이요, 궂은일에는 일가라.

먹다가 보니 개떡수제비라
멋도 모르고 그저 좋아하다가 새삼스럽게 따져 보니 변변치 않은 것이라는 말.

먹은 죄는 없다
설령 남의 것을 갖다 먹었다 할지라도 그것을 죄 삼아서 벌을 주어서는 안 된다는 말.

먹을 가까이 하면 검어진다
좋지 못한 사람과 친하게 지내면서 같이 다니면 그와 마찬가지로 악에 물들게 된다는 뜻.

먹을 콩으로 알고 덤빈다
① 먹지도 못할 것을 먹겠다고 대든다는 말. ② 제가 이용할 수 있는 사람이라고 남에게 함부로 덤빈다는 뜻.

먼 데 단 냉이보다 가까운 데 쓴 냉이
맛있다고 말로만 들은 먼 데 있는 냉이보다 비록 맛은 덜하지만 평소에 잘 아는 가까운 데 있는 냉이가 더 낫다는 말로, 혼담 따위를 함에 있어 부자라고 소문난 먼 데 사람보다 가난하더라도 가까이에 살아서 잘 아는 사람이 더 낫다는 말.

먼 사촌보다 가까운 이웃이 낫다
아무리 가까운 일가라도 멀리 살면 위급한 때를 당하더라도 도와줄 수 없지만, 비록 남이지만 이웃에 살면 서로 도와줄 수 있으니 남이라도 가까이 사는 편이 더 친숙하다는 말.

멍군 장군
장기를 둘 때 쌍방이 서로 비등하여 승패가 없다는 말로, 두 사람이 대립하여 조금도 승패를 가리기 어려울 때 이름. = 장군 멍군.

메고 나면 상두꾼, 들고 나면 초롱군
① 제 몸이 이미 영락하였으니 어떤 일인들 못하겠느냐는 뜻으로 이르는 말. ② 사람은 어떠한 천한 일을 하여도 조금도 부끄러울 것이 아니며, 경우에 따라서는 무슨 일이라도 할 수 있다는 말.

* 상두꾼 : 상여를 메는 사람. 상여꾼.
* 초롱꾼 : 장가가는 행렬 앞에서 초롱을 들고 가는 사람.
* 영락(零落) : 세력이나 살림이 줄어서 아주 보잘것없이 됨.

메기 나래에 무슨 비늘이 있어?
메기는 생선이지만 몸에 비늘이 없다는 뜻으로, 본래 타고날 때부터 없던 것이 돌연히 생겨날 리는 없다는 말.

메뚜기도 유월이 한철이라
① 제 때를 만난 듯이 날뛰는 자를 풍자하는 말.
② 모든 것이 전성기는 매우 짧다는 말.

메밀도 굴러가다가 서는 모가 있다
① 언제 끝날지 모르게 질질 끄는 일에도 한때는 무슨 결정적인 시기가 있는 것이라 하는 말. ② 언제나 좋은 낯으로 누구에게나 부드럽게만 대하는 사람도 때로는 화를 내고 자기 고집을 부리는 수가 있다는 말.

메밀떡 굿에 쌍장구 치랴
좋지도 않은 메밀떡 따위를 가지고 굿을 하면서 요란스럽게 쌍장구까지 치겠느냐는 말로, ① 근본이 든든하지 못하고 제 힘에 당치도 않으면서 크게 일을 떠벌림이 부당하다는 뜻. 흔히, 없는 자가 처첩(妻妾)을 거느리고 삶을 이름. ② 어울리지 않는다는 뜻.

메밀이 있다면 뿌렸으면 좋겠다
악귀가 오지 못하게 하기 위해 집 앞에 메밀을 뿌리던 풍습에서 온 말로, 다시는 오지 않게 했으면 좋겠다는 말.

며느리 사랑은 시아버지, 사위 사랑은 장모
흔히 며느리는 시아버지에게 귀염을 받고 장모는 사위를 많이 아끼고 사랑하는 데서 온 말.

며느리 시앗은 열도 귀엽고 자기 시앗은 하나도 밉다
흔히 아들이 첩을 얻는 것은 좋아하면서도 자기 남편이 첩을 보게 되면 못 견뎌 한다는 말.
* 시앗 : 남편의 첩.

며느리 자라 시어미 되니 시어미 티 더 한다
① 시어머니에게 학대 받았던 며느리가 나중에 시어머니가 되면 자기 며느리에게 더 심하게 군다는 말. ② 남의 아래 있던 이가 좀 높은 지위에 오르게 되면 전날의 고생은 생각지 않고 아랫사람을 한층 더 못살게 군다는 말.

멸치 한 마리는 어쭙잖아도 개 버릇이 사납다
멸치 먹은 개를 나무라는 것은 멸치가 아까워서가 아니라 개 버릇을 고치기 위함이라는 말로, 무엇을 먹거나 가져간 사람을 꾸짖으면서, 그 음식이나 물건이 아까워서가 아니라 그의 버릇을 고쳐 주기 위함이라고 하는 말.

명주 자루에 개똥 들었다
① 겉보기에는 훌륭하나 속에 든 것은 형편없다는 말.
② 옷차림은 좋으나 못난이라는 뜻.
= 명주 전대에 개똥 들었다.

명찰에 절승이라
이름난 절에 뛰어난 경치까지 구비하고 있다는 말로, 좋은 것 두 가지를 겸했다는 뜻.
* 명찰(名刹) : 이름난 절. 유명한 사찰.
* 절승(絕勝) : 썩 뛰어나게 좋은 경치.

명태 한 마리 놓고 딴전 본다
명태를 파는 것이 목적이 아니라 딴 벌이를 한다는 말로, 실은 겉에 벌여 놓고 있는 일보다 더 중히 여기는 일이 따로 있다는 뜻.

모기 다리에서 피 뺀다
아무것도 없는 보잘것없는 데서 온갖 수단을 다 써서 가증하게 뺏어낸다는 말.

모기 대가리에 골을 내랴
모기의 머릿골(骨髓)을 낸다는 것은 전혀 불가능한 일로, 불가능한 일을 하려는 경우에 하는 말.

모기도 모이면 천둥소리 난다
매우 작고 약한 모기의 소리도 여럿이 모이면 천둥소리를 낸다 함은, 힘없고 미약한 것이라도 많이 모이면 큰 힘을 낼 수가 있다는 말.

모기 보고 환도 빼기
① 대단치 않은 일에 쓸데없이 크게 노하는 사람을 이름.
② 소견이 좁다는 뜻.
  * 환도(還刀) : 옛 군복에 갖추어 차던 칼. 군도(軍刀).

모난 돌이 정 맞는다
① 성질이 원만하지 못한 사람은 남에게 미움을 받는다는 말.
② 사람이 너무 뛰어나면 남에게 미움을 받는다는 말.

모래알에서 싹 난다

모래알이 씨가 되어 그것에서 싹이 나오지는 않는다는 말로, 절대로 있을 수 없는 일이라는 뜻.

모래로 방천(防川)한다

모래로 냇물을 막는다 함은, 아무리 애써도 방법이 틀렸기 때문에 보람 없고 헛수고만 한 결과가 될 일을 이름.

모로 가도 서울만 가면 된다

이쪽으로 가나 저쪽으로 가나 서울만 가면 된다는 말로, 무슨 방법으로라도 처음의 목적을 이루면 된다는 뜻.

모르면 약이요 아는 게 병이다

아무것도 아는 것이 없으면 도리어 마음이 편하여 좋으나, 무엇 좀 알고 있으면 걱정거리만 되어 해롭다는 말. = 모르는 것이 부처.

모시 고르다가 베 고른다
① 처음에 뜻하던 바와 전혀 다른 결과에 이르렀을 때 쓰는 말.
② 좋은 것을 골라 가지려고 애쓰다가 도리어 좋지 못한 것을 차지하게 되었다는 말.

모진 시어미, 밥내 맡고 들어온다
며느리에게 매우 심하게 구는 시어머니가 밥 때만 되면 어김없이 집으로 돌아온다는 말로, 미운 사람은 미운 짓만 한다는 말로 쓰임.

모처럼 태수가 되니 턱이 떨어진다
모처럼 태수가 되어 맛있는 음식을 실컷 먹으리라 생각했는데 턱이 떨어지는 바람에 못 먹게 되었다는 말로, 목적하고 있던 일이 오랜만에 이루어지는가 하였더니 복이 없어 마가 끼는 바람에 허사가 되고 말았다는 뜻.

목구멍에 거미줄 쓴다
살림이 구차해서 며칠씩 끼니를 때우지 못함을 이르는 말. = 입에 거미줄 친다.

목구멍이 포도청
굶주린 배를 채우기 위해서는 범죄도 불가피하다는 뜻.

목마른 놈이 우물 판다
제가 급하여야 서둘러서 일을 시작한다는 말.

목마른 사람에게 물소리만 듣고 갈을 추기라 한다
아무리 물 흐르는 소리를 듣는다 하더라도 그로써 조금도 목이 추겨질 리 없다는 말로, 보거나 듣기만 하되 아무 실속이 없다는 뜻.

목마른 송아지 우물 들여다보듯
목마른 송아지가 아무리 우물을 들여다본들 물을 떠 마실 수 없다는 말로, 무엇이나 애타게 가지고 싶은 것을 보고만 있으려니 안타깝기만 하다는 뜻으로 쓰임.

목수 많은 집이 기울어진다
목수가 많아서 저마다 의견을 내세우고 떠들어서 도무지 이루어지는 일이 없고 집이 기울어진다는 말로, 무슨 일에 참견하는 사람이 너무 많으면 일이 잘 안 된다는 뜻.

목 짧은 강아지 겻섬 넘어다보듯 한다
담장 같은 것에 앞이 가려 잘 안 보이는 것을 키 작은 사람이 보려고 발돋움하여 목을 길게 빼고 보는 양을 이름.

몹시 데면 회(膾)도 불어 먹는다
한번 크게 데어서 놀란 사람은 생선회를 먹을 때도 뜨거울까 봐 호호 불어서 먹는다는 말로, 한번 무슨 일에 놀란 사람은 그 비슷한 것만 보아도 미리 겁을 집어먹고 조심한다는 뜻.

못난 놈 잡아들이라면 없는 놈 잡아 간다
제아무리 잘났더라도 돈이 없고 궁하면 못난 놈 대접밖에 못 받고, 못난 놈도 돈만 있으면 잘난 놈 대접을 받게 된다는 말.

못된 송아지 엉덩이에 뿔 난다
① 되지 못한 사람이 건방지고 좋지 못한 짓을 한다는 뜻. ② 사람

됨이 변변치 못하면 말썽만 피우고 남의 말을 잘 듣지 않음을 이름.
= 송아지 못된 것은 엉덩이에 뿔 난다.

못 먹는 버섯은 삼월달부터 난다
먹지도 못할 것이 일찍부터 난다 함은, 불량한 것이 도리어 일찍부터 나댄다는 말.

못생긴 며느리 제삿날 병난다
① 미운 사람이 더 미운 짓만 한다는 뜻.
② 못난 사람도 좀 시켜 먹으려 하니 뜻대로 안 된다는 말.

못 입어 잘난 놈 없고, 잘 입어 못난 놈 없다
사람이 아무리 못났더라도 돈이 많아 잘 먹고 잘 차려 입으면 잘나 보여서 사람 대접을 받고, 제아무리 잘났더라도 가난하여 못 입고 못 먹으면 못나 보여서 사람들로부터 멸시와 천대를 받게 된다는 뜻.

못할 말 하면 제 자손에 앙얼 간다
도덕에 어긋나거나 해서는 안 될 말을 하면, 자기 자손 대에까지 신(神)의 벌을 받게 된다는 말.
* 앙얼 : 신불(神佛)의 벌.

몽글게 먹고 가늘게 싼다
크게 욕심을 부리지 않고 제 힘에 맞도록 분수를 지키는 것이 옳은 일이며 그것은 또한 편하기도 하다는 뜻.

몽치 깎자 도둑이 뛴다
도둑을 때려잡으려고 몽둥이를 다 깎아 놓고 보니 도둑이 달아났다는 말로, 무슨 일을 하려고 준비만 하다가 마침내는 이루지 못하였다는 뜻.

무당의 영신(靈神)인가
무당은 병들어 앓고 있다가도 굿거리만 생기면 곧 심신이 풀려 벌떡 일어난다는 말이 있듯이, 아무 일 없이 심심할 때 무슨 일을 맡기면 곧바로 자리를 박차고 일어서는 사람을 두고 하는 말.

무당이 제 굿 못하고 소경이 저 죽을 날 모른다
남의 굿만 해 주고 사는 무당이 저를 위해서는 굿을 못하고, 남의 점만 쳐 주고 사는 소경이 제 앞날을 점칠 줄 모른다는 말로, 사람은 흔히 자기 일을 자기가 잘 못한다는 뜻. = 중, 제 머리 못 깎는다.

무당질 삼 년에 목두기란 귀신 못 보았다
오랜 동안 여러 사람을 겪어 보고 별 일을 다 보았으나 그와 같이 몰상식한 사람은 처음 보았다는 말.
* 목두기 : 무엇인지 모르는 귀신.

무른 땅에 말뚝 박기
① 일이 매우 하기 쉽다는 말.
② 세도 있는 자가 힘없는 사람을 압제하는 경우를 이름.

무병(無病)이 장자(長者)
사람이 병을 앓게 되면 비용이 많이 들게 되므로, 아프지 않고 건강하게 사는 것이 곧 부자라는 뜻.

* 장자(長者) : 큰 부자를 점잖게 이르는 말.

무섭다니까 바스락거린다
무슨 소리가 나서 무서워하는 것을 보고는 더욱 바스락거린다 함은, 남의 약점을 알고 더욱 더 곤란하게 한다는 뜻.

무섭지는 않아도 똥쌌다는 격
분명히 나타난 결과와 사실에 대하여 구구하게 그렇지 않다고 변명을 한다는 뜻.

무쇠도 갈면 바늘 된다
굵고 단단한 무쇠 토막도 계속해서 갈면 가늘고 작은 바늘을 만들 수 있다는 말로, 꾸준히 노력하면 어떤 어려운 일이라도 이룰 수 있다는 뜻.

무식한 도깨비가 부적을 모른다
사람이 무식하여 자신에게 가장 중요한 것도 모르고, 그로 인해 크게 실수를 범하게 된다는 말.
* 부적(符籍) : 불교·도교에서 기도하는 데 쓰는 이상한 글자를 적은 종이. 귀신을 물리친다 함.

무자식이 상팔자
자식이 있으면 이런 저런 여러 가지 일로 신경이 많이 쓰이게 되므로, 자식이 없는 것이 도리어 걱정이 없다는 뜻.

무진년(戊辰年) 팥 방아 찧듯
무진년에 흉년이 들었는데 팥만은 잘되어 집집마다 팥만 찧어 먹었다는 일화에서 나온 말로, 매우 자주 분주스럽게 무엇을 찧는다는 뜻.

묵은 거지보다 햇거지가 더 어렵다
무슨 일이나 오래 두고 해 온 사람은 처음 시작한 사람보다는 더 참을성이 있고 마음이 굳다는 말.

묵은장 쓰듯
신통치 않아 못 쓸 것 같다가도 두고두고 요긴하게 쓰일 때 이르는 말.

문경이 충청도가 되었다 경상도가 되었다 한다
이랬다저랬다 말에 줏대가 없음을 이름.
* 문경(聞慶) : 경상북도에 속한 지명. 충청북도와의 접경에 있음.

문둥이 콧구멍에 박힌 마늘씨도 파먹겠다
욕심이 난다고 남의 것을 탐하여 다랍게 구는 사람을 욕하는 말.
* 다랍다 : 오관(五官)에 거슬릴 정도로 매우 더럽다. 몹시 인색하다.

문(門) 바른 집은 써도 입바른 집은 못쓴다
문짝이 똑바로 달린 집은 무방하나 입바른 말을 잘하는 집은 좋지 않다는 말로, 너무 시비를 가려서 까다롭게 따지는 사람은 남의 원망과 노여움을 사게 된다는 뜻.

문비 거꾸로 붙이고 환장이 나무란다
문비를 거꾸로 붙이고 그것을 그린 사람만 탓한다는 말로, 자기가 잘못해 놓고 남만 그르다고 탓한다는 말.
* 문비(門裨) : 악귀를 쫓는 뜻으로 궁문(宮門)·협문(夾門)·사가(私家)의 대문에 붙이는 신장(神將)의 화상.

문서 없는 종
옛날 종을 팔고 사는 데는 문서가 따라다녔는데, 며느리는 팔고 살 수 있는 종이 아니라도 종과 같은 천대에 종과 같은 고된 일을 한다 하여 나온 말.

문전 나그네 흔연대접
어떤 사람이라도 자기 집에 찾아온 손님이라면 잘 대접해야 한다는 말로, 흔히는 동냥 온 거지를 그저 보내지 말라는 뜻.

문틈에 손을 끼였다
문틈에 손이 끼면 그대로 둘 수도 없고 문을 열고 뺄 수도 없는 일이므로, 어찌해야 할지 매우 곤란하여 망설이게 된 처지를 이름.

문틈으로 보나 열고 보나 보기는 일반
남이 알게 하든지 모르게 숨어서 하든지 하기는 매일반이라는 말.

문풍지 떨어진 데는 풀비가 제격
문풍지가 떨어지면 풀비로 풀질을 해야 제대로 붙듯이, 무엇이든지 격에 맞아야 한다는 말.

묻은 불이 일어났다
재로 묻어 버려서 살아날 리 없는 불이 다시 일어났다 함은, 다시 생기지 못하게 막아 버린 일에 후환이 생겼다는 뜻.

물건을 모르거든 금 보고 사라
값은 물건에 따라 정해지는 것이므로 좋은 것을 사려거든 비싼 것으로 사면 된다는 뜻.

물과 불과 악처는 삼대 재액
아내를 잘못 만나는 것이 일생의 큰 불행이라는 말.

물 만 이밥이 목이 멘다
맛좋은 이밥을 물에 말았으니 잘 넘어가야 할 텐데 그것도 목이 메인다 함은, 매우 서러워서 먹는 것이 제대로 넘어가지 않는다는 뜻.

물 묻은 바가지에 깨 엉켜 붙듯하다
무엇이 다닥다닥 붙어서 떨어지지 않음을 이름.

물 본 기러기, 꽃 본 나비
기러기는 맑은 물을 즐기며 나비는 꽃을 반겼다는 말이므로, 무엇이나 자기가 가장 좋아하는 것, 특히 임을 만났다는 뜻.

물 본 기러기 어옹을 두려워할까
어부에게 잡힐 위험을 무릅쓰고라도 기러기는 물에 와 앉는다는 말로, 비록 어떠한 위험이 있다 하더라도 남녀가 정을 맺고 만나 서로 즐김을 이르는 말. = 물 본 기러기 산 넘어가랴.

* 어옹(漁翁) : 고기를 잡는 노인. 즉 어부.

물 쓰듯 한다
매우 흔하게 함부로 쓴다는 말.

물에 빠져도 주머니밖에 뜰 것이 없다
물에 빠지면 돈주머니가 가벼워 그것밖에 뜰 것이 없다는 말로, 그만큼 돈이 없다는 뜻.

물에 빠지더라도 정신을 잃지 마라
아무리 어려운 처지나 고생스러운 경우에라도 정신을 차리고 일을 수습하면 잘되게 마련이라는 뜻.

물에 빠지면 지푸라기라도 잡는다
사람이 위급한 때를 당하게 되면 무엇이나 닥치는 대로 붙잡고 늘어져 본다는 뜻.

물에 빠진 놈 건져 놓으니까 내 봇짐 내라 한다
남에게 은혜를 받고서도 그 공은 모르고 도리어 그 사람을 나무라고 원망할 때 쓰는 말. = 물에 빠진 놈 건져 내니까 망건 값 달라 한다.

물에 빠진 새앙쥐
① 사람 또는 물건이 비를 맞거나 물에 폭 빠져서 전부 젖어 있음을 비유하여 이르는 말. ② 사람이 불운하여 기운을 못 차리고 꿈쩍도 아니 함을 이름.

물에 죽을 신수면 접시 물에도 빠져 죽는다
사람이 죽으려면 대수롭지 않고 아무렇지 않은 일에도 죽는다는 말.

물엣 고기 값 매기기
아직 잡지도 않은 물속의 고기 값을 매긴다 함은, 될지 안 될지도 모르는 일을 가지고 공연히 기대하며 다된 것처럼 좋아할 때 쓰는 말.

물오른 송기 때 벗기듯
물오른 소나무의 속껍질을 벗기듯 한다 함은, 겉에 두르고 있는 것, 즉 의복이나 껍데기 따위를 말끔히 빼앗는다는 뜻.
* 송기(松肌) : 소나무의 속껍질.

물위에 기름
기름은 물위에 뜨기만 하고 서로 융합하지 않는 것이므로, ① 사람이 서로 가까이 있으면서도 결코 화합하지 않음을 이름. ② 무엇이나 서로 통하지 못하고 떨어져서 겉돌기만 함을 이름.

물은 건너 보아야 알고, 사람은 지내 보아야 안다
① 사람은 척 보아서는 모르고 함께 오래 지내면서 겪어 보아야만 올바로 알 수 있다는 말. ② 올바로 알려면 실제로 겪어 보아야 한다는 뜻.

물은 트는 대로 흐른다
물은 길을 트는 대로 따라 흐른다는 말로, ① 사람은 가르치는 대로 따라 된다는 말. ② 일은 사람이 주선하는 대로 된다는 뜻.

물이 깊어야 고기가 모인다
덕이 커야만 따르는 사람도 그만큼 많다는 뜻.

물이 깊을수록 소리가 없다
깊이 흐르는 물이 소리 없이 흐르는 것과 같이, 덕이 높고 생각이 깊은 이는 겉으로 떠벌이며 잘난 체하거나 뽐내거나 하지 않는다는 뜻.

물이 아니면 건너지 말고 인정(人情)이 아니면 사귀지 말라
사람을 사귐에 있어서는 인정으로 사귈 일이지 잇속이나 딴생각으로 가까이 해서는 안 된다는 말.

미꾸라짓국 먹고 용트림한다
하잘것없는 사람이 잘난 체하고 아니꼽게 군다는 말.

미꾸라지 속에도 부레풀은 있다
미꾸라지 속에도 부레풀, 즉 물고기 뱃속에 있는 공기 주머니가 있다 함은, 아무리 보잘것없고 가난한 사람이라도 속은 있고 오기도 있다는 말.

미꾸라지 용 됐다
변변치 못한 사람이 훌륭하게 됨을 이르는 말.

미꾸라지 천 년에 용 된다
무슨 일이나 오랜 시일을 두고 힘써 갈고 닦는다면 반드시 훌륭하게 될 수 있다는 말.

미꾸라지 한 마리가 온 웅덩이를 흐린다
못된 사람 하나가 온 집안 또는 온 사회를 망친다는 뜻.

미련한 놈 가슴에 고드름이 안 녹는다
둔하고 못난 사람이 한번 앙심을 먹으면 좀처럼 누그러지지 않고 언제까지나 두고두고 앙갚음을 한다는 말.

미운 놈 떡 하나 더 준다
① 미운 사람일수록 더 친절히 하고 생각하는 체라도 하여야 저편의 감정을 상하지 않고 후환도 없다는 말.
② 아이들에게 밥을 많이 먹이는 것은 좋지 않다는 뜻.

미운 아이 먼저 품어라
미운 아일수록 먼저 품에 품어서 귀애(貴愛)하는 체하라는 말로, 미운 사람일수록 겉으로는 그렇지 않은 체해야만 저편의 마음을 늦출 수 있다는 말.

미운 열 사위 없고, 고운 외며느리 없다
흔히 사람들이 사위는 무조건 귀히 여기고 아끼나, 며느리는 아무리 잘해도 아껴 주지 않는다 하여 이르는 말.

미운 중놈이 고깔을 모로 쓰고 '이래도 밉소?' 한다
그렇지 않아도 미운 판에 고깔까지 삐딱하게 썼다 함은, 미운 것이 더욱 더 미운 짓만 골라서 함을 이름.

미운 파리 잡으려다 고운 파리 잡는다
좋지 못한 것을 처치하려다 도리어 아끼는 사람이 해를 받게 된다는 뜻. = 미운 파리 치려다 고운 파리 상한다.

미친개가 호랑이 잡는다
미친개가 날뛰면 호랑이 같은 무서운 짐승도 잡는다는 말로, 사람이 아무것도 돌아보지 않고 정신없이 날뛰면 어떤 무서운 짓을 할지도 모른다는 뜻.

미친개고기 나눠 먹듯
무엇이나 소유자가 분명치 않은 물건을 여러 사람이 모여서 되는대로 나눠 가지거나 먹거나 할 때 이르는 말.

미친개 친 몽둥이 삼 년 우린다
아무 맛도 없는 것을 두고두고 우린다 함은, 별로 신통치도 않은 것을 두고두고 되풀이한다는 뜻.

미친년의 속곳 가랑이 빠지듯
단정하지 못하고 불결한 속옷이 겉으로 지저분하게 삐져나와 보이는 것을 이름.

믿는 도끼에 발등 찍힌다
① 아무 염려 없다고 믿고 있던 일에 실패한다는 뜻.
② 믿고 있던 사람으로부터 도리어 해를 입었을 때 쓰는 말.

밀가루 장사 하면 바람이 불고, 소금 장사 하면 비가 온다
밀가루 장사를 하면 바람이 불어서 가루를 날리고, 소금 장사를 하면 비가 와서 소금이 녹아내린다는 말로, 운수가 사나우면 당하는 일마다 공교롭게 안 된다는 말.

밉다니까 떡 사 먹으면서 서방질한다
미운 자가 더욱 더 미운 짓만 가려서 한다는 뜻.

밑구멍으로 노 꼰다
겉으로는 아주 점잖고 의젓해 보이나 사람이 보지 않는 곳에서는 별의별 엉뚱한 짓을 다 한다는 뜻. = 밑구멍으로 숨 쉰다. 밑구멍으로 호박씨 깐다.
* 노 : 실·삼·종이 따위의 섬유로 가늘게 비비거나 꼰 줄. 노끈

밑구멍은 들칠수록 구린내만 난다
떳떳치 못해 남에게 숨기고 있는 것을 들춰내면 들춰낼수록 더욱 좋지 않은 것만 드러나 보인다는 뜻.

밑 빠진 독에 물 붓기
아무리 힘을 들여 노력해도 한이 없고 성과가 나타나지 않는 경우를 말함.

바가지를 긁는다
아내가 남편에게 불평 섞인 잔소리를 늘어놓는 것을 이름.

[참고] 옛날에 콜레라가 한창 유행하였을 때, 역신(疫神)을 쫓기 위해 상 위에다 바가지를 올려놓고 힘껏 비벼대곤 했는데, 그 소리가 매우 시끄러웠다는 데서 유래됨.

바늘 가는 데 실 간다
서로 떨어져서는 아무것도 할 수 없어 늘 함께 붙어 다닌다는 뜻.

바늘구멍으로 황소바람 들어온다
추울 때에는 아무리 작은 문구멍으로 새어 들어오는 바람이라도 무척 차갑다는 뜻.

바늘끝만한 일을 보면 쇠공이만큼 늘어놓는다
바늘끝만한 일을 쇠공이만큼 부풀려서 늘어놓는다 함은, 조그마한 일을 크게 과장하여 떠들어댄다는 뜻.

바늘 넣고 도끼 낚는다
적게 들이고 크게 얻는다는 뜻으로, ① 적은 자본으로 큰 재산을 모았다는 말. ② 남에게 적은 것을 주고 자기는 더 큰 것을 그로부터 받는다는 뜻.

바늘도둑이 소도둑 된다
① 처음에는 하찮은 것을 훔치던 것이 나중에는 큰 것까지 도둑질하게 된다는 말. ② 좋지 못한 행실일수록 점점 더 크고 심하게 된다는 말.

바늘보다 실이 굵다
커야 할 것이 작고 작아야 할 것이 크다는 뜻으로, 사리(事理)에 어긋났다는 뜻.

바늘 상자에서 도둑이 난다
① 바늘 하나는 극히 작은 것이나 그로부터 도둑질이 시작하여 나중에는 큰 것도 훔치게 됨을 이름. ② 나쁜 행실은 처음에는 아무것도 아닌 듯하나 차차 더 심하게 된다는 뜻. = 바늘 쌈지에서 도둑이 난다.

바다는 메워도 사람의 욕심은 못 채운다
사람의 욕심이란 한이 없다는 뜻.

바닷가 개는 호랑이 무서운 줄 모른다
바닷가 개가 호랑이를 모르기 때문에 무서워하지 않는다는 말로, 아무리 무서운 것이라도 그에 대해 아는 것이 없으면 무서운 줄도 모른다는 뜻.

바람벽에 돌 붙나 보지
흙으로 된 바람벽에는 절대 돌을 붙일 수 없다는 말로, 무슨 일이든지 오래 견디어 나가지 못할 것이라면 애당초 하지도 말라는 뜻으로 하는 말.

바람 부는 대로 돛을 단다
세상일이 되어가는 대로 따라 움직이며 뚜렷한 심지(心志)가 없이 기회만 노리는 사람을 이름.

바른말 하는 사람 귀염 못 받는다
남의 잘못을 잘 따지고 곧이곧대로 이야기하는 사람은 남에게 미움을 받는다는 말.

바쁘게 찧는 방아에도 손 놀 틈이 있다
아무리 방아를 바삐 찧을 때라도 손 놀 틈이 있는 것과 마찬가지로, 아무리 분주한 때라도 쉴 사이는 있다는 말.

바위를 차면 제 발부리만 아프다
일시적 흥분을 참지 못하고 일을 저지르면 자기만 해롭다는 말.

바지랑대로 하늘 재기
기껏해야 서너 발밖에 안 되는 바지랑대로 무한한 하늘을 잰다 함은, 도저히 불가능한 일을 하려 함을 비유하는 말. = 장대로 하늘 재기.
* 바지랑대 : 빨랫줄을 받치는 장대.

바지저고린 줄 아느냐?
사람을 속은 없고 겉껍데기만 있는 듯이 여기느냐는 항변으로, 다른 사람으로부터 무능하다고 멸시당할 때 쓰는 말.

박쥐 구실
① 제 편의에 따라 이랬다저랬다 하는 기회주의자를 이름.
② 교묘하게 어떤 일을 피함을 이름.
[참고] 봉황의 환갑잔치에 모든 새는 다 모였는데 박쥐만 나타나지 않자 봉황이 박쥐를 불러 나무랐다. 그러자 박쥐 말하길, "길짐승인 내가 당신 같은 날짐승에게 인사할 까닭이 없지 않소?"라고 했고, 또 하루는 기린의 환갑 잔칫날에도 모든 짐승이 다 모였는데 박쥐만 나타나지 않자 기린이 박쥐를 불러 나무랐다. 그러자 박쥐 말하길, "나는 날개를 가진 날짐승이지 길짐승이 아니오"라고 했다는 데서 나온 말.

반달 같은 딸 있으면 온달 같은 사위 삼겠다
아름답게 생긴 딸이 있으면 잘난 사위를 삼겠다 함이니,
① 내가 가진 것이 좋아야 받는 것도 좋다는 말.
② 자기한테 허물이 없을 때 비로소 남에게도 허물없을 것을 요구할 수 있다는 뜻.

반드럽기는 삼 년 묵은 물박달 방망이
삼 년이나 묵은 박달나무 방망이가 반들반들해서 손에 잡히지 않듯이, 남의 말을 잘 안 듣고 빤질빤질 매끄러운 짓만 하는 사람을 일컬음.

반 잔 술에 눈물 나고, 한 잔 술에 웃음 난다
이왕 남에게 무엇을 주려거든 흡족하게 주어야지 그렇지 못하고 모자라게 주면 도리어 인심을 잃게 된다는 뜻으로 하는 말.

반찬 먹은 개
반찬 먹은 개는 자신이 죄를 지었기 때문에 아무리 맞아도 꼼짝도 못하는 것처럼, 아무리 구박을 받고 괴로움을 당해도 아무 대항을 못 하고 쩔쩔맨다는 뜻.

반찬 먹은 괭이 잡두리하듯
반찬 먹은 고양이를 잡두리, 즉 잡아 족치고 야단치듯 한다 함은, 죄 지은 사람을 붙잡고 야단치고 혼낸다는 뜻.

반찬 항아리가 열둘이라도 시방님 비위를 못 맞추겠다
① 성미가 까다로워서 비위를 맞추기가 매우 힘들다는 말.
② 물질만으로는 남의 마음을 사기가 어렵다는 뜻.

반편이 명산 폐묘(名山廢墓)한다
사람됨이 반병신이나 다름없는 반편이 도리어 잘난 체하다가 명산을 모르고 묘를 폐한다는 말로, 못난 것은 가만있지 못하고 이러고 저러고 설쳐 대어 일을 크게 그르친다는 말.

* 반편이(半偏―) : 지능이 보통 사람보다 낮은 사람. 반병신.

반풍수(風水) 집안 망친다
무슨 일에 능숙하지도 못하고 잘 알지도 못하면서 아는 체하다가 일을 아주 크게 망쳐 버릴 경우가 있다고 경고하는 말.

받아 논 당상(堂上)
받아 놓은 당상이 결코 변하거나 틀어지거나 하지 않음과 같이, 작정한 일이 확실하여 조금도 틀림이 없다는 뜻.

발보다 발가락이 더 크다
① 도무지 이치에 닿지 않는 일이라는 뜻.
② 본체보다 거기에 딸린 부분이 더 크다는 뜻.

발 없는 말이 천 리 간다
① 말이란 한번 하면 얼마든지 저절로 퍼지는 것이라는 뜻.
② 말조심하라는 말.

발이 의붓자식보다 낫다
발로 여기저기 다니면서 구경도 할 수 있고 맛있는 음식도 얻어먹을 수 있다 하여 이르는 말. = 발이 효자보다 낫다.

밤말은 쥐가 듣고 낮말은 새가 듣는다
말이란 것은 일단 내뱉기만 하면 저절로 새어 나가고 퍼져 나가서 시빗거리가 될 수 있으므로 삼가라는 뜻.

밤새도록 가도 문(門) 못 들기
밤새도록 달려갔어도 성문 안에 못 들어갔다 함은, 정성들여 한 일이 마지막 부족한 것 때문에 이루지 못하고 헛수고만 한 결과가 되었다는 뜻.

밤새 울고 나서 누가 죽었느냐고 묻는다
무슨 영문인지도 모르고 어떠한 일에 참여하고 있는 어리석음을 비유한 말. = 밤새도록 통곡해도 누구 마누라 초상인지 모른다.

밤송이 우엉송이 다 끼어 보았다
가시가 있는 밤송이와 갈퀴 모양으로 굽어서 찌르는 우엉의 꽃송이를 모두 끼어 보았다 함은, 모든 뼈아프고 고생스러운 일을 다 겪어 보았다는 말.

밤 쌀 보기, 남의 계집 보기
밤에 보는 쌀이 좋아 보이듯이 남의 아내가 자기 아내보다 더 좋아 보인다는 말.

밤 잔 원수 없고, 날 샌 은혜 없다
남에게 진 신세나 은혜는 물론, 복수해야 할 원한 같은 것도 다 때가 지나면 잊게 된다는 말.

밥 먹는 것은 개도 안 때린다
아무리 큰 잘못이 있더라도 밥을 먹거나 무엇을 먹고 있을 때는 때리지도 말고 꾸짖지도 말라는 뜻. = 먹는 개도 아니 때린다. 밥 먹을 때는 개도 안 건든다.

밥 위에 떡
마음에 흡족하게 가졌는데도 더 주어서 그 이상 더 바랄 것이 없다는 뜻으로 쓰이는 말.

밥은 열 곳에 가 먹어도 잠은 한 곳에 가서 자랬다
사람은 거처가 일정하여야 된다는 말.

밥을 남겨 줄 양반은 강 건너서 봐도 안다
인심이 후한 사람인지 야박한 사람인지는 겉모습만 봐도 대충 알 수 있다는 뜻.

밥이 끓는지 국이 끓는지 안다
남의 집 경제사정을 환하게 잘 알고 있다는 말.

밥 푸다 말고 주걱 남 주면 살림 빼앗긴다
부인네가 솥에서 밥을 푸다 말고 다른 사람에게 푸라고 주면 시앗을 본다 하여 이르는 말.
* 시앗 : 남편의 첩.

밥 한 알이 귀신 열을 쫓는다
귀신이 붙은 듯이 몸이 쇠약해졌을 때라도 충분히 먹고 제 몸을 돌보는 것만이 건강을 회복하는 가장 빠른 길이라는 뜻.

방귀가 잦으면 똥싸기 쉽다
① 무슨 일에나 선문(先聞)이 잦으면 실현되기 쉽다는 말.
② 처음이 있으면 결과는 당하고야 만다는 뜻.
* 선문(先聞) : 일이 있기 전에 미리 전해지는 소문.

방귀 길 나자 보리 양식 떨어진다
① 일이 공교롭게도 서로 빗나가 낭패를 보게 된다는 뜻.
② 한참 재미를 보고 있는 터에 못 하게 되었다는 말.

방귀 뀐 놈이 성낸다
제가 잘못하여 놓고 도리어 큰소리치며 화를 낸다는 말.
= 똥싸고 성낸다.

방귀 자라 똥 된다
처음에 대단치 않게 시작하였던 것도 그 도가 심하여지면 어떻게 처치할 수 없을 만큼 말썽거리가 된다는 뜻.

방바닥에서 낙상한다
① 안전한 곳에서 뜻밖에 실각함을 이름.
② 마음을 놓는 데서 실수가 생기는 것이니 항상 조심하라는 말.
= 장판방에서 자빠진다. 평지에서 낙상한다.

방앗공이는 제 산 밑에서 팔아먹으랬다
무슨 물건이든지 산출되는 그 본바닥에서 팔아야 실수가 없지, 더 이익을 남기려고 멀리까지 가지고 간다거나 하면 도리어 손해를 보게 된다는 말.

방위(方位) 보아 똥 눈다
① 사람의 됨됨이나 차림새를 보아서 알맞게 대접한다는 뜻.
② 잘 살펴서 경우에 맞는 처사를 한다는 뜻.

방죽을 파야 개구리가 뛰어들지
물이 고일 수 있는 방죽을 파 놓아야만 자신이 뜻한 대로 개구리가 뛰어든다는 말로, 무슨 일이나 자기가 원하는 결과를 얻고자 하면 그에 합당한 준비를 갖추어야 한다는 말.

밭도랑을 베개 하고 죽을 놈
제 집에서 편히 누워 세상을 떠나지 못하고 여기저기 떠돌아다니다가 괴로운 말기(末期)를 지내고 죽으라는 말로, 남을 저주하는 말.

밭 팔아 논 사면 좋아도, 논 팔아 밭 사면 안 된다
논 값은 밭 값보다 더 비싸기 때문에 하는 말로, 살림을 늘리면 좋아도 줄여서는 안 된다는 말.

배고픈 놈더러 요기 시키란다
① 주어야 할 사람에게 도리어 달라고 한다는 뜻. ② 제 일도 처리하지 못하는 사람에게 그 이상 할 수 없는 일을 요구한다는 뜻.

배고픈 때에는 침만 삼켜도 낫다
배가 고플 때에는 조그마한 것으로 입맛만 다셔도 좀 허기증이 덜하다는 말.

배고픈 호랑이가 원님을 알아보나
굶주린 호랑이가 원님 앞에 나갔다고 해서 무슨 인사치레를 한다거나 먹을 것을 사양한다거나 할 리가 없다는 말로, 사람도 가난하고 굶주리면 인사치레고 뭐고 체면 돌아볼 겨를이 없다는 말.

배 구멍이 톡 튀어나와 콧구멍 보고 형님 한다
배 구멍, 즉 배꼽이 코보다 높다 함이니, 매우 배부르다는 뜻.

배꼽에 노송나무 나거든
죽어 땅에 파묻혀 그 배꼽에서 노송나무가 날 때라 함은, 기약할 수 없는 일이라는 뜻.

배꼽에 어루쇠를 붙인 것 같다
배꼽에 거울을 붙이고 다니는 것 같다 함은, 눈치가 빠르고 경우가 밝아서 남의 속도 잘 알고, 일의 잘잘못이나 성패 같은 것도 환히 알아차린다는 말.
* 어루쇠 : 쇠붙이를 갈고 닦아서 만든 거울.

배 먹고 이 닦기
음식을 먹고 나서 후식으로 배를 먹으면 자연스럽게 입안이 말끔해지므로, 어떤 기회에 한 물건을 이용함으로써 두 가지의 이득이 생김을 뜻함.

배보다 배꼽이 더 크다
마땅히 작아야 할 것이 크고, 적어야 할 것이 많을 때 이르는 말. 즉 본말전도(本末顚倒)라는 말.

배수진을 친다
뒤에 냇물을 두고 사생(死生)을 걸고 싸운다는 뜻으로, 일이 잘못되어 위험을 무릅쓰고 끝장이 날 때까지 있는 힘을 다하여 대항한다는 말.

* 배수진 : 물을 등지고 진을 친다는 뜻으로, 후퇴하면 물에 빠져 죽으므로 결사적으로 나아가 적을 쳐부수기 위한 전법(戰法). 옛날 중국의 한신이란 사람이 이 전법으로 조나라를 멸했다 함.

배 썩은 것은 딸 주고 밤 썩은 것은 며느리 준다
배 썩은 것은 그래도 먹을 만하지만 밤 썩은 것은 전혀 먹을 수 없다는 데서 나온 말로, 누구나 같은 자식이라도 제가 직접 낳은 자식을 더 생각하게 되며, 며느리보다는 딸을 더 아끼고 위한다는 뜻.

배 안의 할아버지는 있어도 배 안의 형은 없다
자기보다 나이 덜한 사람이 할아버지뻘이 되는 수는 있지만 나이 어린 형은 없다는 말.

배에 발기름이 꼈다
전에 가난하였을 적에는 먹을 것이 없어서 못 먹었으나 이제 부자가 되니 배에 기름덩이가 꼈다는 말로, 없이 지내던 사람이 조금 잘 살게 되었다고 호기를 부리고 떵떵거림을 이름.

* 발기름 : 짐승의 뱃가죽 안쪽에 붙어 있는 기름덩이.

배운 도둑질 같다
한번 도둑질을 배우고 나면 그 버릇을 버리지 못하는 것과 같이, 버릇이 되어 버린 일은 안 할래야 안 할 수 없다는 뜻.

배 주고 속 빌어먹는다
제가 가지고 있던 배는 남에게 주고 저는 먹을 것 없는 뱃속을 얻어먹는다는 말로, 크게 이득되는 것은 남에게 빼앗기고 그 사람으로부터 겨우 적은 것을 얻어 갖는다는 말.

배지 않은 아이를 낳으라고 한다
아직 이루어질 시기도 안 되었는데 무리하게 재촉한다는 뜻.
= 배지 않은 아이를 낳으라고 한다. 아니 밴 아이를 자꾸 낳으란다.

배추 밑에 바람이 들었다
무에는 바람이 드는 수가 있어도 배추 뿌리에는 봄처럼 바람이 들지 않는 것인즉, 남 보기에 절대로 그럴 것 같지 않은 사람이 불미(不美)한 짓을 하였을 때 쓰는 말.

백 년을 다 살아야 삼만 육천 일
아무리 오래 산다고 하여도 사람의 일생이란 헤아려 보면 어이없이 짧다는 뜻.

백년하청(百年河淸)을 기다린다
중국의 황하(黃河)가 항상 흐리어 맑을 때가 없다는 뜻으로, 아무리 기다려도 어떤 일이 이루어지기 어렵다는 뜻.
* '하(河)'는 중국의 '황하'라는 뜻으로, 이 황하는 천 년에 한 번씩 맑아진다는 말이 있음.

백두산이 무너지나 동해바다가 메워지나
결판이 날 때까지 끝까지 한번 해보겠다는 말.

백명선(白命善)의 헛 문서(文書)
옛날 백명선이란 사람이 거짓 문서를 꾸며 남을 잘 속였다는 일화에서 나온 말로, 남을 속이려는 거짓 서류 같은 것을 이름.

백 번 듣는 것이 한 번 보는 것만 못하다
간접적으로 듣기만 하여서는 암만 해도 직접 보는 것보다는 확실하지 못하다는 뜻.
= 백문불여일견(百聞不如一見).

백 일 붉은 꽃 없고 천 일 좋은 사람 없다
무슨 일이든 한창 때가 있어 그 시기가 지나고 나면 쇠퇴하게 마련이라는 뜻.

백 일 장마에도 하루만 더 비 왔으면 한다
상대방에게 피해가 되는 일이라도 자기에게 이로우면 상관치 않는다는 말.

백자(百子) 천손(天孫) 곽자의(郭子儀)
아들 백 명에 손자가 천 명이나 된다는 다복한 곽자의라는 뜻으로, 부귀 다남하여 팔자가 좋은 사람을 가리키는 말.

* 곽자의 : 중국 당나라 때의 명장으로, 안록산을 토벌하고 토번을 쳐서 공을 세워 분양왕으로 봉함을 받았으며, 부귀공명을 고루 갖추었다 함.

백정년 가마 타고 모퉁이 도는 격
실상은 미천하고 흉악한 것이 그것을 잘 모르는 사람들 앞에서는 훌륭한 체 꾸민다는 뜻.

백정도 올가미가 있어야지
장사에는 밑천이 있어야 하고, 무엇이나 일을 함에는 준비가 되어 있어야만 이룰 수 있다는 뜻.

백정이 양반 행세를 해도 개가 짖는다
백정이 잘 입고 점잔을 빼어 양반 행세를 하려 하나 개가 그에게서 고기 냄새를 맡고 짖는다는 말로, 아무리 겉모양만 잘 꾸민다 하더라도 본색은 드러나게 되어 있다는 뜻.

백지장도 맞들면 낫다
아무리 쉬운 일이라도 혼자 하는 것보다 협력하여 하면 훨씬 더 효과적이라는 뜻.

뱀장어 눈은 작아도 저 먹을 것은 다 본다
어딘가 약간 부족한 듯해도 자기 실속을 잘 챙기는 사람을 두고 하는 말.

뱁새가 황새걸음을 걸으면 가랑이가 찢어진다
다리가 작은 뱁새가 큰 황새처럼 걸으려 하면 다리가 찢어진다는 말로, 남이 한다고 하여 제 힘에 겨운 일을 억지로 해 나가려다가는 도리어 큰 화를 당하게 된다는 말. = 뱁새가 황새를 따라가면 다리가 찢어진다. 촉새가 황새를 따라가다 가랑이 찢어진다. 참새가 황새를 따라가려 하면 다리가 찢어진다.

뱃놈의 개
배에서 기르는 개는 도둑을 지킬 필요도 없다는 뜻으로, 하는 일 없이 먹고만 지내는 사람을 일컫는 말.

뱃샅 없는 놈이 배에 먼저 오른다
쥐뿔도 없는 사람이 더욱 있는 척하며, 재산이나 능력이 있는 사람보다도 더 앞장서서 떠들고 행동함을 이르는 말.

버릇 배우라니까 과붓집 문고리 빼어 들고 엿장사 부른다
좋은 버릇을 길러 품행을 단정히 하라고 이르니까 오히려 더 못된 짓만 하고 돌아다닌다는 뜻.

버선목에서 이 잡을 때 보아야 알지
지금은 모르더라도 장차 거지가 되어 버선목에서 이를 잡는 처지가 되어 보아야만 알게 될 것이라는 말로, 잘산다고 너무 자랑하고 뽐냄을 핀잔하는 말.

버선목이라면 뒤집어 보이기라도 하지
버선목처럼 자신의 속을 뒤집어 보일 수도 없어서 답답하다는 말로, 아무리 의심을 풀고 밝히려 해도 상대방이 수긍하지 않을 때 쓰는 말.

번개가 잦으면 천둥을 한다
무슨 일의 전조가 잦으면 결국 그 일이 이루어지고야 만다는 뜻.

번갯불에 담배 붙이겠다
① 성미가 급하여 무엇이든지 그 당장에 처리해 버리려 함을 이르는 말. ② 몸 움직임이 매우 재빠른 사람을 이름. = 번갯불에 콩 볶아 먹겠다.

벋어 가는 칡도 한이 있다
칡넝쿨이 아무리 한없이 뻗치고 얽혀 있지만 그것도 그 끝이 있다 함은, ① 무엇이나 무한정한 것이 아니고 그 끝이 있다는 말. ② 부자도 어느 정도가 되면 그 이상 더 재산이 늘지 아니한다는 말.

벌거벗고 전동(箭筒) 찰까
벌거벗고 화살을 넣는 통인 전동을 찬다 함은, ① 어울리지 않아 어색함을 이름. ② 어울리지 않게 꾸미는 것보다 검소한 것이 차라리 낫다는 말. = 벌거벗고 환도(還刀) 차기.

벌거벗은 손님이 더 어렵다
① 벌거벗은 손님, 즉 어린이 손님 대접하기가 어른보다 더 어렵다 하여 이르는 말. ② 가난한 사람 대접하기가 더 어려운 것이니 조심하라는 뜻.

벌(罰)도 덤이 있다
벌을 받을 때도 덤이 있는데, 하물며 물건을 살 때야 어찌 덤이 없을 수 있느냐고 하는 말.

벌레 먹은 배춧잎 같다
얼굴에 검버섯이 끼고 기미가 흉하게 퍼진 것을 보고 하는 말.
= 벌레 먹은 삼 잎 같다.

벌린 춤판이라
이미 시작한 춤판이라 쉽사리 그만둘 수도 없다는 말로, 이미 시작된 일을 중도에서 그만둘 수는 없다는 뜻.

벌집을 건드렸다
잠잠하던 벌집을 건드려서 벌 떼가 달려들었다는 말로, 가만히 있는 이를 섣불리 건드려 공연히 큰 소동을 일으켰다는 뜻.

범굴에 들어가야 범을 잡지
큰 목적을 이루려면 그만한 위험과 수고를 겪지 않으면 안 된다는 말. = 산에 가야 범을 잡는다. 범굴에 들어가야 범 새끼를 잡는다. 눈을 떠야 별을 보지.

범, 나비 잡아먹은 듯하다
먹기는 먹었으나 양에 차지 않아 조금도 먹은 것 같지 않다는 뜻.
= 간에 기별도 안 간다. 주린 범의 가재라. 쌍태 난 호랑이 하루살이 하나 먹은 셈. 간에 안 찬다. 황새 조알 까먹은 것 같다. 코끼리 비스켓 하나 먹으나 마나.

범도 제 말 하면 오고, 사람도 제 말 하면 온다
① 어느 곳에서나 그 자리에 없다고 해서 남의 흉담을 하지 말라는 뜻. ② 마침 화제에 오르고 있는 제삼자가 공교롭게도 그 자리에 나타났을 때 하는 말. = 시골 놈 제 말 하면 온다.

범 무서워 산에 못 가랴
마음에 꺼림칙하게 여겨지는 것이 있더라도 해야 할 일은 하고 만다는 뜻. = 구더기 무서워 장 못 담글까. 구더기 날까 봐 장 못 말까.

범 본 여편네 창구멍 틀어막듯
① 급한 경우를 당하여 어쩔 줄 몰라 미봉책으로 그것을 피하려는 행동을 이름. ② 급히 밥을 퍼 먹는 모양을 이름.

범 없는 골에는 토끼가 스승이라
잘난 사람이 없는 곳에서는 못난 사람이 잘난 체하고 기승하여 뽐낸다는 말.

범에게 개를 빌려 준 격
욕심이 사나워서 신용이 도무지 없는 사람에게 빌려 준 것은 다시 돌려받지 못한다는 뜻. = 호랑이에게 개를 꾸어 준 셈.

범에게 날개 달아 준 격
힘이 세고 사나운 범에게 날개가 있다면 한층 더 무서울 것은 당연지사. 따라서, ① 세력 있는 사람에게 또 다른 권세가 더 붙어 크게 두려울 만하게 됨을 이름. ② 한 가지 재주만으로도 훌륭한 사람에게 또 그에 못지않은 좋은 재간이 늘었음을 이르는 말.

범에게 물려 가도 정신만 차리면 산다
아무리 위급한 경우를 당하였더라도 정신을 똑바로 차리고 있으면 그 위험을 면할 수가 있다는 뜻. = 호랑이에게 물려 가도 정신만 차려라.

범은 그려도 뼈다귀는 못 그린다
① 무엇이나 그 겉모습은 눈으로 확인할 수 있지만 그에 담긴 내용은 모른다는 뜻. ② 사람의 겉모양만 가지고 그 사람의 속마음까지 알아낼 수는 없다는 말.

범 탄 장수 같다
기세가 더할 수 없이 등등하여 아무도 대적할 이 없을 만큼 두려운 존재라는 뜻.

법 밑에 법 모른다
① 법을 잘 지켜야 할 법률기관에서 도리어 법을 지키지 않는다는 말. ② 제게 가까워 가장 잘 알고 있을 법한 일을 모르고 있을 때 쓰는 말.

법은 멀고 주먹은 가깝다
사람은 어떤 문제가 발생하면 이성적으로 판단해서 해결하기보다는 주먹을 먼저 쓰게 된다는 말. = 주먹은 가깝고 법은 멀다.

벗(친구) 따라 강남 간다
① 벗을 따라서는 먼 길이라도 간다는 뜻. ② 자기는 하기 싫더라도 남이 권하므로 마지못해 따라 하게 된다는 말. = 친구 따라 강남 간다.

벗(친구) 줄 것은 없어도 도둑 줄 것은 있다
① 남에게 무엇 하나 변변히 줄 만한 것이 없는 가난한 집에서도 도둑맞을 것은 있다는 뜻. ② 제게 가까운 사람들에게는 매우 인색하나 억지로 빼앗아 가는 데는 못 이긴다는 말. = 동생 줄 것은 없어도 도둑 줄 것은 있다.

벙어리가 서방질을 해도 제 속이 있다
누군가 무슨 일을 할 때는, 말은 하지 않더라도 자기 나름대로 정당한 이유나 뜻이 있어서 그 일을 하는 짓이라는 말.

벙어리 냉가슴 앓듯
남에게 말 못 할 사정이 있어서 마음속으로 혼자 애태우는 답답한 심정을 이르는 말.

벙어리 발등 앓는 소리냐
벙어리가 발등이 아파도 말을 못하고 그저 끙끙 앓기만 하는 소리 같다 함은, 책 읽는 소리나 노래 부르는 소리가 분명치 않고 맥이 없이 오래 계속됨을 웃는 말.

벙어리 속은 그 어미도 모른다
마음속에 있는 것을 겉으로 드러내어 말하지 않으면 아무도 모른다는 뜻.

베돌던 닭도 때가 되면 홰 안에 찾아든다
한데 섞이지 않고 따로 밖으로만 돌던 닭도 때가 되면 홰 안에 찾아 들어온다 함은, 서로 섞이지 않고 따로 돌던 사람도 언젠가는 다시 돌아오게 되어 있다는 말.

벼락 치는 하늘도 속인다
악한 자에게 벼락을 내리는 하늘도 속이는 수가 있다 함은, 사람은 그만큼 남을 잘 속이는 존재라는 말.

벼룩 꿇어앉을 땅도 없다
땅이라고는 조금도 없다는 뜻.

벼룩도 낯짝이 있다
너무나도 뻔뻔스러운 사람을 보고 하는 말.

벼룩의 간을 내어 먹는다
극히 적은 것을 부당한 수단을 써서 착취한다는 뜻.
= 벼룩의 선지를 내어 먹는다.

벼룩의 등에 육간대청을 짓겠다
벼룩의 좁은 등에 여섯 칸이나 되는 넓은 마루를 짓겠다 함은, 마음씨가 옹졸하여 하는 일이 답답하고 옹색하다는 말.

벼룩잠
깊이 잠들지 못하고 조금 자다가는 깨고 자다가는 깨고 하는 잠을 이름.

벼르던 제사에 물도 못 떠 놓는다
오랫동안 벼르고 잘 지내려던 제사에 물도 변변히 떠 놓지 못한다 함은, 무슨 일이나 잘하려고 벼르고 기대하면 도리어 더 못하게 되는 수가 많다는 뜻.

벼슬하기도 전에 일산(日傘) 준비
일이 장차 어떻게 될 것인지도 모르면서 마치 다된 것처럼 서둘고 준비를 한다는 뜻.

벽창호
고집이 세고 성질이 무뚝뚝한 사람을 이르는 말.
* 벽창호 : 본래 '벽창우(碧昌牛)'에서 온 말로, 평안북도의 벽동 창성 지방에서 나는 크고 억센 소.

변덕이 죽 끓듯 한다
죽이란 본래 보글보글 끓다가도 불을 끄면 금세 언제 그랬느냐싶게 사그라진다는 데서 온 말로, 몹시 변덕을 부린다는 뜻.

변죽을 치면 복판이 운다
그릇 등의 가장자리를 치면 그 가운데가 울린다는 말로, 살짝 귀띔만 해도 대번에 눈치를 채서 알아듣는다는 뜻.
* 변죽(邊—) : 그릇이나 세간 등의 가장자리.

별성마마 배송 내듯

천연두를 앓은 후 열사흘 만에 두신(痘神)을 전송해 보냈던 풍습이 있었던 데서 유래된 말로, 별성마마를 배송하듯이 한다 함은, 마음속으로는 매우 달갑지 않으나 후환이 두려워 조심조심 좋게 내보내는 것을 뜻함.

* 별성마마(別星媽媽) : 천연두를 앓게 한다고 믿어졌던 여신으로, 천연두가 유행하던 때에 강남으로부터 한 객성(客星 : 일시적으로 나타나는 별)이 특별한 사명을 띠고 건너와 집집마다 다니며 그 병을 앓게 한다고 믿어졌음.

병든 까마귀 어물전 돌 듯

마음에 잊지 못하는 것이 있어 공연히 그 주위를 빙빙 맴돌며 기웃거릴 때 쓰는 말. = 소리개 어물전 맴돌 듯.

병든 놈 두고 약 지으러 가니 약국도 두건을 썼더라

약국이 두건을 썼다는 말은 약국이 상중(喪中)이어서 일을 안 본다는 뜻으로, ① 일이 가장 급하고 긴요한 때면 찾는 것이 어긋나기 쉽다는 말. ② 가도 소용없으니 아예 가지 말라는 뜻으로 쓰이는 말.

병신에 맘 좋은 사람 없다

몸이 병들어 병신이 되면 마음까지도 병이 들게 되어, 병신 치고 착하고 어진 사람이 없다 하여 이르는 말.

병신이 육갑한다

제대로 생기지도 못한 병신이 육십갑자를 센다는 뜻으로, 되지 못한 자가 엉뚱한 짓을 한다는 말.

병신 자식이 효도한다
병신이라고 해서 전혀 기대하지도 않았던 자식이 도리어 효도한다 함은, 대수롭지 않은 것이 도리어 제구실을 잘한다는 말.

병이 양식(糧食)이다
① 병들어 누워 있으면 오랫동안 먹지 않아도 배고픈 줄 모른다는 뜻. ② 병들어 먹지 않으면 양식이 그만큼 남아돈다는 뜻.

병자랑은 하여라
몸에 병이 들면, 괜히 그 병을 숨겨서 몸을 상하게 하지 말고 다른 사람들에게 이야기하여 좋은 치료법을 받도록 하라는 말.

병 주고 약 준다
병을 앓게 해놓고 그 병을 치료하도록 약을 준다는 말로, 무슨 일을 방해하여 망쳐 놓고서 그것을 해결하도록 도와준다는 뜻.

병풍에 그린 닭이 홰를 치거든
병풍에 그려 놓은 닭이 살아나서 홰를 칠 리 없는 것과 마찬가지로, 도저히 불가능한 일이어서 기약할 수 없음을 이름.

보고 못 먹는 것이 그림의 떡
보기만 할 뿐, 먹을 수도 가질 수도 없으니 실속이 없다는 뜻.

보리누름에 선 늙은이 얼어 죽는다
보리가 누렇게 익을 무렵에는 날씨가 따뜻해야 하련만 오히려 바람이 불고 추워서 늙은이가 얼어 죽을 정도라 함은, 더워야 할 계절에 도리어 춥게 느껴지는 때가 있음을 이르는 말.

* 보리누름 : 보리가 누렇게 익는 철.

보리로 담근 술 보리 냄새 안 빠진다
① 무엇이나 제 본성은 그대로 지닌다는 말.
② 근원이 좋으면 결과도 좋고 근원이 나쁘면 결과도 나쁘다는 말.

밀밭만 지나가도 주정한다
술을 담그는 누룩의 원재료는 밀인데, 그 밀을 심은 밀밭만 지나가도 술에 취하게 된다는 말로, ① 술을 조금도 못 마시는 사람을 놀리는 말. ② 성미가 급하여 지나치게 서두는 사람을 이름.

보리 주면 오이 안 주랴
① 자기 것은 아끼면서 남의 것만 바라는 사람에게 이르는 말.
② 받는 것이 있어야만 상대방도 무엇을 주지 않겠느냐는 말.

보리죽에 물 탄 것 같다
그렇지 않아도 묽디묽은 보리죽에 물을 탄 것 같다 함은, ① 사람이 싱겁다는 뜻. ② 무슨 일이 덤덤하여 아무 재미가 없다는 뜻.

보릿고개가 태산보다 높다
묵은 곡식은 거의 다 떨어지고 보리는 아직 여물지 않아 가장 어려운 농가의 초여름 한철, 즉 춘궁기 지내기가 매우 힘들다는 말.

보자보자 하니까 얻어 온 장 한 번 더 뜬다
잘못을 따져서 꾸짖으려고 하는 차에 도리어 더 좋지 않은 일을 저지른다는 말.

보채는 아이 밥 한 술 더 준다
무슨 일에나 가만히 있지 않고 조르며 서두르는 사람에게 더 잘해 주게 되어 있다는 말. = 보채는 아이 젖 준다.

복날 개 패듯
여름 복날에 개를 잡아먹는 풍습에서 유래된 말로, 무엇인가를 사정없이 때릴 때 쓰는 말.

복(福) 불복(不福)이라
사람의 잘살고 못살고는 다 그 타고난 복과 불복에 인함이니 억지로는 안된다는 말.

복 없는 가시나가 봉놋방에 가 누워도 고자 곁에 가 눕는다
운수가 나쁘면 하는 일마다 참으로 안 된다는 뜻.
* 봉놋방 : 머슴들이 모여서 자는 방.
* 고자(鼓子) : 생식기가 완전하지 못한 남자.

복은 누워서 기다린다
아등바등 애써서 일을 하는 것보다 마음을 편히 가지고 지내는 것이 오히려 일도 더 잘된다는 뜻으로 하는 말.

복장이 뜨뜻하니깐 생시가 꿈인 줄 안다
가슴의 한복판이 뜨뜻하다 함은 배가 부르고 걱정거리가 없어서 마음이 편하다는 뜻으로, 무사태평하여 눈앞에 닥치는 걱정을 모르고 지내는 사람을 핀잔하는 말.
* 복장(腹臟) : 가슴의 한복판.

볶은 콩과 기생첩은 옆에 두고는 못 견딘다
콩 볶은 것은 과히 먹고 싶지 않다가도 옆에 있으면 한없이 먹게 되며, 기생첩이 옆에 있으면 무한히 희롱을 하지 않을 수 없다 하여 이르는 말.

볶은 콩도 골라 먹는다
어차피 자기가 다 먹어치울 볶은 콩까지도 골라서 먹는다 함은, ① 안 골라도 될 것까지도 고개를 갸웃거리며 꼼꼼히 고를 때 하는 말. ② 사람은 고르기를 좋아한다는 말.

볶은 콩에 싹이 나랴
볶은 콩에서는 절대로 싹이 날 수 없다는 말로, ① 아주 못쓰게 된 사람이 다시 좋은 사람이 될 수 없다는 뜻. ② 아주 희망이 없다는 말.

봄꽃도 한때
이 세상의 부귀영화란 일시적인 것이어서 한때가 지나면 시들게 되어 있다는 뜻.

봄눈 녹듯 한다
① 무엇이 속히 사라져 버린다는 뜻.
② 먹는 것이 쉬 삭는다는 뜻.

봄 떡은 들어앉은 샌님도 먹는다
먹을 것이 궁한 봄철에는 해가 길고 출출하여, 점잖만 빼고 들어앉은 샌님도 떡을 먹고 싶어한다는 말이니, 봄에는 누구나 군것질을 즐겨한다는 뜻.

봄볕에 그슬리면 보던 님도 몰라본다
따사로운 봄볕는 뜨거운지도 모르는 사이에 까맣게 그슬린다는 말.

봄불은 여우불이라
봄에는 무엇이나 잘 탄다 하여 이르는 말.

봄비 잦은 것은 가을철에 지어미 손 큰 것과 같다
봄비가 쓸데없이 많이 오는 것과 추수를 하여 풍성해진 가을에 지어미 손이 커서 활수하는 것과는 단지 해로울 뿐이지 조금도 이로운 점이 없다 하여 이르는 말.
* 활수(滑手) : 무엇이든지 아끼지 않고 시원스럽게 잘 쓰는 씀씀이. 또는 그런 사람.

봄 사돈은 꿈에도 보기 무섭다
대접하기 가장 어려운 사돈을 한참 궁한 봄에 농가에서 맞이하기란 그만큼 어렵다는 말.

봄에 의붓아비 제 지낼까
양식이 떨어져서 먹고 살기도 어려운 봄철에 하물며 의붓아비의 제사를 지내겠느냐는 말로, 한참 어려운 살림에서 그다지 긴요하지도 않은 체면을 세우기 위해 무리한 일을 할 수는 없다는 말.

봄 조개 가을 낙지
봄에는 조개, 가을에는 낙지가 제철이라는 뜻으로, 다 제때가 되어야 제구실을 한다는 말.

봇짐 내어 주며 앉으라 한다
속으로는 가기를 원하면서 겉으로는 만류하는 체한다 함이니, 속생각은 전연 다르면서도 말로만 그럴듯하게 인사치레한다는 뜻.
= 봇짐 내어 주며 하룻밤 더 묵으라 한다.

봉(鳳) 가는 데 황(凰)이 간다
봉과 황은 성인(聖人)이 세상에 태어나면 난다는 상상의 새의 자웅이니, 둘이 반드시 같이 다니며 떠나지 않음을 이름.

봉사 기름 값 물어주기
봉사는 등불을 밝힐 필요가 없으니 등의 기름 값을 물어줄 까닭이 없는데도 그것을 물어준다 함은, 전혀 관계없는 일에 억울하게 배상하게 됨을 이름.

봉사 눈뜬 것 같다
① 어둡다가 갑자기 환하게 밝아질 때 이르는 말.
② 흐리고 답답하다가 시원스럽게 해결이 되었을 때 이름.

봉사 문고리 잡기
장님이 어찌어찌하다가 요행히 문고리를 잡았다 함은, ① 도무지 재간도 없고 솜씨도 없는 자가 우연히 어떤 일을 잘하였을 때를 이름. ② 무턱대고 한 일이 뜻밖에 꼭 들어맞았다는 뜻.

봉사 제 점 못 친다
긴요한 일이나 직접 알아서 해야 할 제 일을 하지 못할 경우에 이르는 말.

봉천답이 소나기를 싫다 하랴
언제나 물이 부족한 천수답이 소나기를 싫어할 리 없다는 말로, 누군가가 어떤 것을 틀림없이 좋아할 것이라는 뜻.
* 봉천답 : 비가 와야만 모를 내고 벼를 자라게 하는 논.

봉홧불에 김을 구워 먹는다
산위에서 훨훨 타오르는 봉홧불에 얇은 김을 구우면 제대로 구워질 리가 없다는 말로, 무슨 일을 닥치는 대로 무성의하게 하여 일을 제대로 이룰 수 없게 되었을 때 쓰는 말. = 봉홧불에 산적 굽기.

부귀빈천(富貴貧賤)이 물레바퀴 돌 듯한다
이 세상의 부귀빈천은 물레바퀴가 도는 것처럼 한 곳에 머물지 않고 늘 빙글빙글 돌며 옮아간다는 말.

부뚜막 땜질 못 하는 며느리, 이마의 털만 뽑는다
일은 전혀 할 줄 모르면서 맵시만 내는 밉살스런 행동을 이름.

부뚜막의 소금도 집어넣어야 짜다
아무리 손쉬운 일이라도 움직이고 힘을 들이지 않으면 제게 이익이 되지 않는다는 말.

부레풀로 일월(日月)을 붙인다
생선의 부레로 만든 풀로 해와 달을 붙이겠다 함은, 미련하고 어리석은 자가 엉뚱한 생각을 품고 있다는 말.

부른 배 고픈 건 더 답답하다
임신한 부인의 경우, 먹을 것을 먹지 못해 배가 고픈데도 남들은 그녀가 배불리 먹어서 배가 불러 온 것으로 잘못 알고 있으니 답답하지 않을 수 없다는 말로, ① 아무도 사정을 몰라주어 답답하다는 뜻. ② 임신 중에는 배고픈 것을 견디지 못한다는 말.

부름이 크면 대답도 크다
이쪽에서 큰 소리로 부르는데 저쪽에선 모기 소리만하게 대답할 리 없다는 말이니, 무엇이든 서로 상응한다는 말.

부모가 반(半) 팔자
어떤 부모 아래에서 태어나느냐 하는 것이 사람의 운명을 결정하는 가장 중요한 요소라 하여 이르는 말.

부모가 온 효자가 되어야 자식이 반 효자
① 자식은 부모가 하는 것을 보고 따라 하게 된다는 말.
② 아무리 감화를 받는다 해도 온전하게 되기는 어렵다는 말.

부모가 자식을 겉 낳았지 속 낳았나
① 아무리 자기가 낳은 자식이라 할지라도 그 마음속까지는 알아볼 수 없다는 뜻. ② 자식이 좋지 못한 생각을 품어도 그것이 부모의 책임은 아니라는 뜻. = 자식 겉 낳지 속은 못 낳는다.

부모가 착해야 효자가 난다
① 부모의 성품과 행실이 좋아야 자식이 효를 하게 된다는 말.
② 윗사람이 잘해야 아랫사람도 잘한다는 말.

부모 속에는 부처가 들어 있고, 자식 속에는 앙칼이 들어 있다
자식에 대한 부모의 마음은 자비로움으로 가득 차 있으나 부모에 대한 자식의 마음은 칼을 품고 있는 것과도 같다는 말로, 부모는 자식을 무한히 사랑하지만 자식은 부모에게 불효할 따름이라는 말.

부부 싸움은 칼로 물 베기
부부간의 싸움이란 칼로 물을 베면 곧 바로 그 흔적이 없어짐과 같이 쉬 화합하는 것이라는 뜻.

부서진 갓모자가 되었다
갓이 부서져서 아무 쓸모도 없고 보잘것도 없어져 버렸다는 말로, 남에게 핀잔을 받거나 야단을 맞고 무안을 당하였다는 말.

부아 돋은 날 의붓아비 온다
화가 나서 참지 못하고 있는데, 가뜩이나 미운 사람이 찾아와서는 더욱 화를 돋운다는 뜻.

부앗김에 서방질한다
홧김에 분별없이 행동하여 더욱 큰일을 저지름을 이름. = 홧김에 화냥질한다.

부엉이 곳간이다
① 없는 것 없이 이것저것 많이 모아 간직하고 있음을 뜻하는 말.
② 횡재를 얻었다는 뜻.

부엉이 방귀 같다
부엉이는 자기가 뀐 방귀에도 놀랄 만큼 잘 놀라는 짐승이라는 말로, 자기가 한 일에 자기가 놀란다는 뜻.

부엌에서 숟가락을 얻었다
부엌에서 숟가락을 얻은 것은 별로 대단한 것도 신기할 것도 없다라는 말로, 대단찮은 일로 큰 성공이나 한 듯이 자랑할 때 이르는 말. = 살강 밑에서 숟가락 얻었다.

부자는 망해도 삼 년 먹을 것이 있다
본래 부자이던 사람은 다 망했다 하더라도 얼마 동안은 그럭저럭 살아 나갈 수가 있다는 말. = 큰 집이 기울어져도 삼 년 간다.

부자 하나면 세 동네가 망한다
① 세 동네가 망하여야 그 돈이 모여 부자 하나가 난다는 말.
② 무슨 큰일을 하나 이루려면 많은 희생이 따르게 된다는 말.

부잣집 가운데 자식

흔히 부잣집 가운데 자식은 일도 안 하고 방탕하다 하여 하는 말로, 무위도식하는 사람을 이르는 말.

부잣집 맏며느리

① 의젓하기는 하나 마음이 교만한 여자를 두고 하는 말.
② 복스럽게 생긴 여자를 두고 하는 말.

부잣집 외상보다 거지 맞돈이 좋다

장사는 뭐니 뭐니 해도 현금 거래가 제일이라는 말.

부전조개 이 맞듯

조금도 틈이 없고 서로 잘 화합함을 이름.

* 부전조개 : 조개껍질을 고운 헝겊으로 싸서 가지는 장난감.

부조는 못할망정 제상 다리나 치지 마라
제사 지내는 데 부조는 못할망정 제상 다리를 쳐서 제사상을 엉망으로 만들어 놓지 말라는 말로, 돕기는커녕 일을 낭패되게 하는 사람에 대하여 하는 말.

부지런한 물방아는 얼 새도 없다
아무리 날씨가 추워도 물레방아가 쉬지 않고 부지런히 돌면 물이 얼 새도 없다는 말로, 무슨 일이든지 쉬지 않고 부지런히 하여야 실수가 없고 성공한다는 뜻.

부처님 가운데 토막
성질이 온순하고 마음이 어진 사람을 비유한 말.
= 부처님 허리 토막.

부처님 공양 말고 배고픈 사람 밥 먹여라
부처님에게 정성을 들여 복을 구하려 하기보다는 적은 것이나마 실지로 덕을 쌓는 편이 마땅하다는 말.

부처님 궐(闕)이 나면 대(代)를 서겠네
'부처님 자리가 비면 부처가 되겠다'고 비꼬아 하는 말로, 그 내심은 욕심과 사나움이 가득하면서도 거짓 꾸며 가장 자비스러운 척하는 사람을 빗대는 말.

부처님더러 생선 방어 토막을 도둑질해 먹었다 한다
아무런 사심도 없는 부처님에게 생선 방어 토막을 도둑질해 먹었다고 한다 함은, 제 무죄를 주장하기 위해 멀쩡한 사람을 끌어들여 죄를 덮어씌울 때 하는 말.

부처님 살찌고 파리하기는 석수장이에게 달렸다
부처님이 살찌고 파리한 차이는 그것을 만드는 석수장이에게 달려 있다 함이니, 일의 진행 성과 여부는 그것을 하는 사람에게 달렸다는 말.

* 파리하다 : 몸이 마르고 낯빛이나 살색이 핏기가 없다.

부처님한테 설법한다
무슨 일에 대해 자기보다도 더 잘 알고 있는 사람한테 주제넘게 가르치려고 하는 사람에게 이르는 말.

부처 밑을 기울이면 삼거웃이 드러난다
① 눈에 보이는 외양은 매우 훌륭하지만 그 이면을 들추면 지저분하고 더럽지 않은 것이 없다는 말. ② 남의 허물을 들추면 자기 허물도 반드시 드러나게 된다는 말.

* 삼거웃 : 삼껍질을 다듬을 때 긁혀 떨어지는 검불. 소상(塑像), 즉 찰흙으로 만든 인물의 형상을 만들 때 흙에 넣어 버무림.

부처 위해 불공하나, 제 몸 위해 불공하지
부처님을 위해 불공드리는 것이 아니라 저 잘되라고 불공드린다 함은, 사람은 무슨 일이나 결국은 제게 이로운 것을 염두에 두고 한다는 말.

북어 한 마리 주고 제사상 엎는다
보잘것없는 것을 주고는 큰 손해를 끼친다는 뜻.

북은 칠수록 맛이 난다
북은 치면 칠수록 그 소리가 좋아진다는 말로, 무엇이나 하면 할수록 길이 나고 잘된다는 뜻.

분(盆)에 심어 놓으면 못된 풀도 화초라 한다
아무리 못난 사람이라 할지라도 좋은 지위에 앉혀 놓으면 잘나 보인다는 뜻.

불난 강변에 덴 소 날뛰듯 한다
졸지에 급한 일을 당하여 어쩔 줄 모르고 황망히 구는 사람을 보고 이르는 말.

불난 끝은 있어도 물난 끝은 없다
집에 불이 나면 타고 남은 자리에 하다못해 못 토막이라도 남지만, 수재를 당하여 한번 물에 쓸려가 버리면 아무것도 남는 게 없다는 말로, 그만큼 홍수가 무섭다는 뜻.

불난 데 부채질한다
① 화난 사람의 화를 돋우어 더 노하게 한다는 뜻.
② 남이 액운에 처해 있는데 더 못되도록 방해할 때 하는 말.
= 불난 데 풀무질한다.

불내고 나서 '불이야' 한다
제가 잘못을 저질러 놓고 나서 하지 않은 척하며 남이 할 말을 제가 하며 떠드는 것을 이르는 말.

불난 집에 키 들고 간다
불난 집에 가서 키질을 하면 더욱 불이 성하게 탈 것이니,
① 남의 액운에 더 잘못되라고 방해를 논다는 뜻.
② 노한 사람의 화를 돋우어 더 노하게 한다는 뜻.

불면 날까 쥐면 꺼질까
입으로 불면 금세 날아갈 것 같고 손으로 쥐면 금세 물방울처럼 꺼져 버릴 것 같다는 말로, ① 어린 자녀를 애지중지함을 일컫는 말. ② 몸이 마르고 매우 허약한 사람을 이름. = 불면 날아갈 듯 쥐면 꺼질 듯. 쥐면 꺼질까 불면 날까.

불 안 때도 절로 익는 솥
세상에 불 안 때고 익는 솥이란 있을 수 없는 일으니, 세상의 이치와는 아주 틀리지만 많은 사람들이 그러기를 바란다는 뜻.

불 안 땐 굴뚝에 연기 날까
굴뚝에서 연기가 남은 불을 땐 까닭이니, 무슨 소문이 있는 것은 반드시 어떤 원인이 있기 때문이라는 뜻. = 아니 땐 굴뚝에 연기 날까.

불알을 긁어 주다
남의 비위를 살살 맞춰 가며 아첨하는 것을 이름.

불 없는 화로, 딸 없는 사위
중요한 것 한 가지가 빠짐으로써 전혀 쓸모없는 것이 되어 버렸다는 뜻.

불에 놀란 놈 부지깽이만 봐도 놀란다
어떤 일에 몹시 혼이 난 사람은 그에 관련 있는 물건만 봐도 겁을 낸다는 말. = 불에 놀란 놈 화젓가락 보고 놀란다.

불에 탄 개가죽 오그라들 듯
① 일이 펴지를 못하고 실패만 거듭하여 점점 오그라들 때를 이름.
② 재산이 점점 줄어든다는 말.

불한당 치른 놈의 집구석 같다
불한당들이 우르르 몰려 와서 난장판을 만들고 돌아간 후의 집과 같다 함이니, 집안이 어수선하고 질서가 없다는 뜻.

비 맞은 중처럼 중얼거린다
남이 알아듣지 못하게 불평 섞인 말을 중얼거릴 때 이르는 말.

비 온 날 수탉같이
수탉이 비에 젖어 꼴이 추레함과 같다는 것은, 기승하던 사람이 풀이 죽어 기운을 차리지 못함을 이름.

* 추레하다 : 깨끗하지 못하고 생기가 없다.

비위가 노래기 회도 먹겠다
역겹도록 노린내가 심한 노래기로 회를 만들어 먹을 만큼 염치없는 사람을 두고 하는 말.

비위가 떡판에 가 넘어지겠다
떡이 먹고 싶던 차에 떡판 옆을 지나가다가 넘어진 체하며 떡을 집어먹을 만큼 비위가 좋고 뻔뻔스럽다는 뜻.

비지 먹은 배는 약과도 싫다 한다
① 무엇이거나 배불리 먹으면 아무리 좋은 음식이라도 더 먹을 수 없다는 뜻. ② 무엇으로든지 이미 분량이 찼으면 나중에 아무리 좋은 것이 생기더라도 받아들일 수 없다는 뜻.

비짓국 먹고 용트림한다
값 싼 비짓국을 먹고도 가장 잘 먹은 체하며 용트림 즉 큰 트림을 한다 함은, 실속은 없으면서도 겉모양만 그럴듯하게 꾸미는 사람을 보고 하는 말. = 미꾸라짓국 먹고 용트림한다.

빈대 미워 집에 불 놓는다
큰 손해가 될 것은 돌아보지도 않고 제게 매우 마땅치 않은 것을 없애기 위해 어떤 일을 한다는 뜻.

빈 수레가 더 요란하다
① 참으로 아는 사람은 가만히 있으나 잘 알지도 못하는 이가 더 아는 체하고 떠든다는 뜻. ② 가난한 자가 있는 체하고 유세부린다는 뜻.

빗자루론 개도 안 때린다
빗자루로는 개도 안 때리므로 더구나 사람을 때릴 수는 없다는 말로, 빗자루로 사람을 때리는 것을 만류하는 말.

빚 물어 달라는 자식 낳지도 말랬다
자식을 낳아서 기르는 것만도 큰일인데 게다가 빚까지 물어 달라 하는 것은 큰 불효일 뿐만 아니라 사람 노릇을 제대로 하지도 못할 자라는 뜻에서 하는 말.

빚보증하는 자식 낳지도 마라
남의 빚돈 쓰는 데 보증을 서면, 저는 돈 한 푼 안 써 보고 그 돈을 갚는 데 대한 책임을 전부 져야 하므로 결코 그런 짓을 하지 말라는 뜻.

빚은 값으로나 떡이라지
떡답지 않으나 빚어 만든 성의로 봐서 떡이라고 한다는 말로, 탐탁하지는 않으나 그저 비슷하니 아쉬운 대로 그냥저냥 쓴다는 뜻.

빚 진 죄인
남에게 빚 진 사람이 돈을 빌려 준 사람 앞에서 기가 죽어 죄 지은 것같이 주저주저함을 이름.

빛 좋은 개살구
겉모양은 그럴듯하니 좋으나 실속이 없다는 뜻.

빠른 바람에 굳센 풀을 안다
강풍이 불고 난 뒤에야 비로소 풀이 굳센지 어떤지를 알 수 있다는 말로, 굳은 심지 와 절개는 어떤 시련을 겪고 나서 더 뚜렷하게 나타난다는 말.

빠진 도끼 자루
도끼 자루가 빠져서 건들거림과 같이 말씨와 동작이 껄렁껄렁한 사람을 이름.

빨간 상놈, 푸른 양반
모든 것을 드러내 놓고 마구 사는 상놈과 서슬이 푸르게 점잔을 빼고 앉아 있는 양반과를 대조시켜 하는 말.

빨리 먹은 콩밥 똥 눌 때 보자 한다
① 일을 어떻게 하거나 반드시 그 결과로서 나타난다는 말.
② 무슨 일이거나 급히 하면 탈이 생긴다는 뜻.

빨아 다린 체 말고 진솔로 있거라
옷을 빨아 다렸더라도 그런 흔적 없이 진솔같이 그대로 있으라 함은, 언제나 본래의 면목을 유지하여 순수성을 지니라는 말.
* 진솔 : 한 번도 빨지 않은 새 옷이나 새 버선.

뺨 맞는 데 구레나룻이 한 부조
도무지 귀찮기나 할 뿐 쓸데없이만 생각되던 구레나룻도 뺨 맞을 때는 그로 인해 좀 덜 아프다는 말로, 아무 소용없는 듯한 물건도 쓰일 때가 있다는 뜻.

뺨 맞을 놈이 여기 때려라 저기 때려라 한다
꾸중을 들을 처지, 벌을 받을 처지에 있으면서 도리어 큰소리를 한다는 말.

뻐꾸기도 유월이 한철이라
세상일이란 때가 있는 것이니 한참 활동할 수 있는 때를 놓치지 말라는 뜻.

뽕도 따고 임도 보고
뽕밭에 나가 뽕도 따고 임도 만나서 데이트를 즐긴다 함이니, 두 가지 일을 동시에 이룸을 이름.

뿌리 깊은 나무 가뭄 안 탄다
뿌리가 땅속에 깊이 박힌 나무는 가뭄을 타지 않아 말라 죽는 일이 없다는 말이니, 무엇이나 근원이 깊고 튼튼하면 오래 견딘다는 말.

뿌리 없는 나무에 잎이 필까
뿌리가 없으면 줄기가 없고 줄기가 없으면 잎이 있을 수 없다는 뜻으로, 원인이 없이 결과가 있을 수 없다는 말.

뿔 뺀 쇠 상(相)
꼭 있어야 할 것을 빼앗기고 그 모양이 괴상하게 된 것을 이름.

사나운 개 콧등 아물 틈 없다
사람도 사나워서 늘 싸우기만 하면 상처를 입게 되고, 그것이 미처 낫기도 전에 또 새 상처를 입는다는 말.

사내가 바가지로 물을 마시면 수염이 안 난다
바가지는 부엌에나 있는 것으로, 남자가 부엌에 드나들면 남자답지 못한 인물이 된다 하여 이르는 말.

사내 등골 빼 먹는다
사내 등뼈 속의 골을 뽑아 먹는다 함은, 남자가 피땀 흘려 번 돈을 여자가 알뜰하게 사용하지 않고 흥청망청 아무렇게나 써서 모두 낭비한다는 뜻.

사냥 가는데 총을 안 가지고 가는 것 같다
무슨 일을 하러 가면서 거기에 가장 긴요한 물건을 빠뜨리고 간다는 뜻.

사당치레하다가 신주(神主) 개 물려 보낸다
너무 겉만 꾸미려고 애쓰다가 정작 귀중한 내용은 잃어버리고 만다는 뜻.

* 사당치레(祠堂-) : 사당을 보기 좋게 꾸밈.

사돈 남 나무란다
제 일 잘못에는 시치미를 떼고 남의 일에만 아는 체하며 말참견함을 이름. = 사돈네 남의 말 한다.

사돈네 안방 같다
사돈네 안방처럼 감히 넘겨다보지 못할 만큼 어렵고 조심스러운 곳을 비유적으로 이르는 말.

사돈 밤 바래기
사돈이 왔다 가는데 멀리 배웅 가는 동안에 밤이 깊었다. 그런데 그쪽에서도 이쪽 사돈이 혼자 돌아가는 것이 송구해서 또 바래다 준다고 따라온다. 이렇게 서로 바래다주는 동안에 밤을 새우게 된다는 말.

사돈을 삼으려면 근본을 봐라
사돈을 삼으려거든 우선 상대방의 가문이 어떤가를 보고 나서 삼으라는 말.

사돈집과 뒷간은 멀수록 좋다
뒷간은 가까우면 냄새가 몹시 나고, 사돈집은 가까우면 들리는 말이 많으므로, 너무 가까이 있으면 좋지 않다는 뜻.

사돈집과 짐바리는 골라야 좋다
소나 말에 싣는 짐바리는 양쪽 짐의 무게가 균형이 잡혀야 하듯이 가문이나 재산이 서로 비슷해야 사돈을 맺을 수 있다는 뜻의 말.

사돈집 잔치에 감 놓아라 배 놓아라 한다
자기와는 상관없는 일에 이것저것 간섭을 한다는 말.

사또님 말씀이야 다 옳습죠
제 의견만이 옳다고 우기는 사람에게 마음속에서는 딴생각을 하면서도 귀찮아져서 한 걸음 양보하는 말.

사또 떠난 뒤에 나팔 분다
마땅히 하여야 할 때에 아니 하다가 그 시기가 지난 뒤에야 함을 조롱하는 말. = 행차 뒤에 나팔.
[참고] 옛날 어사또가 길을 지나가기 전에 나팔을 불어서 길 가는 사람들을 비키게 하였음.

사람과 쪽박은 있는 대로 쓴다
집에서 살림을 하다 보면 여기저기 쓸 데가 많아서 쪽박도 있는 대로 다 쓰는 것과 같이 사람도 어디엔가는 다 쓸모가 있지 몹쓸 사람은 없다는 말.

사람 살 곳은 가는 곳마다 있다
이 세상의 인정은 어렵고 가엾은 사람을 어떻게든지 도와 살게 해 주는 법이라는 뜻. = 사람 살 곳은 골골이 있다.

사람에 버릴 사람 없고 물건에 버릴 물건 없다
무엇이나 버리지 않고 잘 간직해 두면 다 쓰일 때가 있다는 뜻.

사람으로 콩나물을 길렀다
좁은 장소에 많은 사람을 빽빽하게 들였다는 뜻.

사람은 늙어지고 시집은 젊어진다
차차 나이가 들어 늙어져도 시집살이의 어려움이 더해 가는 경우가 있다는 말.

사람은 죽으면 이름을 남기고 범은 죽으면 가죽을 남긴다
사람은 살아 있는 동안 훌륭한 일을 하면 그 이름이 후세에까지 빛나는 것이니만큼 마땅히 선행(善行)을 하여야 한다는 말.

사람은 키 큰 덕을 입어도 나무는 키 큰 덕을 못 입는다
나무는 큰 나무가 있으면 그 밑의 작은 나무는 자라지 못하나, 사람은 큰 인재가 나면 그 주위 사람이 그 덕을 입는다는 말.

사람은 헌 사람이 좋고 옷은 새 옷이 좋다
사람은 사귄 지 오래일수록 좋고 옷은 새것일수록 좋다는 말.

사람의 새끼는 서울로 보내고 마소의 새끼는 제주로 보내라
사람은 서울에서 배우고 자라야 견문도 넓어지고 잘될 수 있다는 말.

사람이면 사람인가, 사람이라야 사람이지
사람다운 짓을 해야만 사람이라 할 수 있지, 도리에 어긋나는 짓을 하면 사람이라고 할 수 없다는 뜻.

사람이 오래면 지혜요 물건이 오래면 귀신이다
인생의 경험이 많으면 지혜롭게 된다는 말로, 늙은이는 인생 경험이 많아서 지혜롭다는 뜻.

사람처럼 간사한 건 없다
사람은 외부의 자극에 대해 매우 민감하여 조금만 좋은 일이 있으면 곧 기뻐하고, 조금만 궂은일이 있으면 곧 슬퍼하며, 날이 조금만 추워도 곧 춥다 하고, 조금만 더워도 곧 덥다 하므로 이르는 말.

사랑은 내리사랑
윗사람이 아랫사람 사랑하기는 예사이나 아랫사람이 윗사람 사랑하기는 어렵다는 뜻.

사모 쓴 도둑놈
남의 재물을 탐하는 벼슬아치를 이르는 말.

* 사모(紗帽) : 발이 고운 비단으로 만든 벼슬아치의 예모(禮帽).

사모에 영자
갓끈을 다는 데 쓰는 구영자를 비단 예모인 사모에다 단다는 말로, 서로 격이 맞지 아니하여 어울리지 않고 어색함을 이르는 말.
* 구영자(鉤纓子) : 벼슬아치의 갓끈을 다는 데 쓰던 고리.

사발 안의 고기도 놔주겠다
사발 안에 든 고기는 이미 자기 차지이나 그것도 못 먹고 놓아준다는 뜻으로, 자기 몫도 제대로 찾아 먹지 못할 만큼 어리석음을 비유적으로 이르는 말.

사위는 백년손이요, 며느리는 종신식구라
사위나 며느리는 모두 남의 자식이지만 며느리는 제 집 사람이 되어 스스럼없으나, 사위는 정분이 두터우면서도 끝내 손님처럼 어렵다는 말.

사위 사랑은 장모, 며느리 사랑은 시아버지
장모는 사위를 귀여워하고 시아버지는 며느리를 귀여워하는 일반적 경향에서 나온 말.

사위 자식 개자식
사위는 결국 장인 장모에게 효를 하지 않는다는 말.

사자(使者)가 눈깔이 멀었지
어리석고 못된 사람을 보고 저승사자가 왜 저 인간을 잡아가지 않나 하는 욕.

사자 없는 산에 토끼가 대장 노릇한다
잘난 사람이 없게 되면 못난 자가 기승하여 뽐낸다는 뜻.

사잣밥을 목에 매달고 다닌다
언제 죽을지도 모르고 위험한 일을 하고 다닌다는 뜻.
* 사잣밥(使者-) : 초상난 집에서 죽은 이의 넋을 부를 때 염라부의 사자에게 대접하는 밥.

사정이 많으면 한 동아리에 시아비가 아홉
① 지나치게 남의 사정만 보아 주다가는 도리어 자기의 신세를 망치게 된다고 하여 이르는 말. ② 정조관념이 희박한 여자를 두고 이르는 말.

사주팔자에 없는 관을 쓰면 이마가 벗어진다
① 제게 과한 벼슬을 하게 되면 힘에 겨워 도리어 괴롭다는 뜻.
② 제 분에 넘치는 일을 억지로 이루어 놓으면 도리어 해롭다는 뜻.

사촌이 땅을 샀나, 배를 왜 앓아
일가친척이나 남이 잘된 것을 보고 공연히 배를 앓는 사람을 보고 비웃는 말.

사후(死後) 술 석 잔 말고 생전에 한 잔 술이 달다
죽은 후에 아무리 잘하여도 소용없는 것이니 살아 있는 동안에 적은 대접이나마 하라는 뜻.

사흘 굶어 담 아니 넘을 놈 없다
제아무리 착하고 어진 사람도 굶주리면 마음이 변하여 나쁜 짓도

하게 된다는 말. 굶주림은 가장 견디기 어렵다는 말.
= 사흘 굶어 도둑질 아니 할 놈 없다. 사흘 굶어 아니 나는 생각 없다.

사흘 굶으면 양식 지고 오는 놈 있다
사람이 아무리 어렵게 지내더라도 좀처럼 굶어 죽는 일은 없다는 뜻.

사흘 갈 길을 하루에 가서 열흘씩 눕는다
사흘에 갈 길을 빨리 가려고 하루에 많이 걷고 병들어 열흘을 누웠다는 말로, ① 일을 너무 급히 하려고 서두르면 도리어 더디게 된다는 뜻. ② 성미가 게을러 일을 경영하되 이룰 수 없을 때 이르는 말.

삭은 바자 구멍에 노란 개 주둥이
다 삭은 바자 울타리 구멍에 개 주둥이 내밀 듯한다는 말로, 남의 말 하는 사이에 끼어들어 쓸데없이 참견하는 자를 핀잔하는 말.
* 바자 : 대·갈대·수수깡 등으로 발처럼 엮거나 결은 물건.

산 개가 죽은 정승보다 낫다
① 아무리 귀했던 몸이라도 죽으면 돌보지 않는 것이 세상인심이라는 뜻. ② 아무리 천한 신분으로 지내더라도 사는 것이 죽는 것보다는 나으니 비관하지 말고 살아가라는 뜻. = 죽은 정승이 산 개만 못하다. 죽은 석숭보다 산 돼지가 낫다.
* 석숭(石崇) : 중국 진나라 때의 유명한 대부호.

산골 부자가 해변 개보다 못하다
해변 고을에는 고기가 흔하여 언제나 개도 고기를 먹을 수 있지만, 산골에는 고기가 귀하여 웬만한 부자라도 그리 쉽게 먹지를 못한다는 뜻.

산 김(金)가 셋이 죽은 최(崔)가 하나를 못 당한다
김씨 성을 가진 사람은 흔히 미련하다 할 정도로 후하고 최씨 성을 가진 사람은 흔히 단단하고 매섭다 하여 이르는 말.

산(山)까마귀 염불한다
무식한 사람도 오래오래 보고 듣고 하다 보면 자연히 할 수 있게 된다는 말.

산 넘어 산이다
고생이 갈수록 점점 더 심해 간다는 말.

산(山)놈의 계집은 범도 안 물어간다
사람들이 모여 사는 마을을 떠나 산속에서만 사는 여자는 버릇이 없고 만만치도 않다는 뜻.

산 닭 주고 죽은 닭 바꾸기도 어렵다
산 닭 주고 죽은 닭으로 바꾸는 것은 쉬운 일이다. 그러나 죽은 닭이 꼭 필요하여 바꾸려고 하면 바꾸기가 힘들다는 뜻이니, 보통 때는 흔하던 물건도 막상 필요해서 구하려면 구하기 어렵다는 말.

산동(山東)이 대란(大亂)이라도 오불관언(吾不關焉)이라
중국 전국시대 일로, 산동의 여섯 나라가 서로 다투고 난리가 나도 자기와는 아무런 상관이 없다 함이니, 옆에서 아무리 크게 떠들며 난리를 쳐도 자신은 모른 척한다는 말.

산 밑 집에 방앗공이가 논다
나무가 흔한 산 밑 집에 방앗공이가 귀하다 함은, ① 무엇이나 그것이 나오는 고장에서는 오히려 찾기가 더 어렵다는 뜻. ② 마땅히 있어야 할 곳에 도리어 없을 때 하는 말.

산보다 골이 더 크다
① 주(主)되는 것보다 거기에 딸린 부분이 더 크다는 말.
② 일이 이치에 어그러졌다는 말.

산 사람의 목구멍에 거미줄 치랴
사람은 아무리 가난하더라도 먹고 살아가게 되어 있다는 뜻. = 목구멍에 거미줄 치랴. 산 입에 거미줄 치랴.

산신 제물에 메뚜기 뛰어들 듯
산신(山神)에게 제사를 지내는데 메뚜기가 뛰어든다 함은, 당치도 않은 일에 참견을 한다는 말.

산에 가야 범을 잡지
① 발 벗고 나서야 비로소 성공할 수 있다는 뜻.
② 어떤 일을 이루려면 그 선행조건을 갖추어야 한다는 뜻.

산에 들어가 호랑이를 피하랴
이미 부닥친 위험은 피할 수 없다는 말. 기피해서는 안 될 일, 기피할 수도 없는 일을 기피하려고 할 때 이름.

산엘 가야 꿩을 잡고 바다엘 가야 고길 잡는다
① 무슨 일을 하려면 발 벗고 나서야 한다는 뜻. ② 어떤 일을 이루려면 우선 그 선행조건을 갖추어 놓고 볼 일이라는 뜻.

산이 높아야 골이 깊다
사람됨이 커야만 가지는 생각도 그만큼 크고 훌륭하다는 뜻.
= 산이 커야 골이 깊지. 산이 커야 굴이 크다. 산이 커야 그늘이 크다.

산이 우니 돌이 운다
산이 울리니 그곳에 있는 돌까지도 운다는 말로, 멋도 모르고 남이 하는 대로만 좇아서 하는 사람을 이르는 말.

산이 울면 들이 웃고, 들이 울면 산이 웃는다
우리나라의 벌거벗고 있는 산들을 비유한 말로, 비가 오면 산사태가 나서 산은 울상이 되지만 들은 농사가 잘되어 웃음 짓고, 비가 오지 않고 날이 가물어서 산이 헐지 않아 웃으면 들은 말라붙어 울상이 된다는 말.

산전수전 다 겪었다
산에서의 싸움과 물에서의 싸움을 다 겪었다 함은, 세상의 모든 일을 골고루 겪어서 무슨 일에나 노련하다는 뜻.

산중(山中)놈은 도끼질, 야지(野地)놈은 괭이질
산에 사는 사람은 나무를 찍는 도끼질에 능숙하고 들에 사는 사람은 땅을 파는 괭이질에 능숙하다는 말로, 사람은 각각 그 환경에 따라 하는 일이 다르게 마련이라는 말.

산중(山中) 벌이 하여 고라니 좋을 일 했다
애써서 산속에 밭을 갈았더니 고라니가 내려와서 다 먹더라는 말로, 몹시 고생하여 이뤄 놓으니 남 좋은 일만 시켰다는 말.

산(山) 진 거북이며 돌 진 가재라
산을 등지고 있는 거북이며 돌을 등지고 있는 가재라 함은, 큰 세력을 믿고 버틴다는 뜻.

산 호랑이 눈썹도 그리울 게 없다
도저히 얻을 수 없는 산 호랑이의 눈썹까지도 가지고 싶어하지 않을 만큼 모든 것이 구비되어 있고 풍부하여 조금도 부족함이 없다는 말.

살은 쏘고 주워도 말은 하고 못 줍는다
말은 한번 내뱉고 나면 다시 주워 담을 수 없으니 조심해야 한다는 말. = 쌀은 쏟고 주워도 말은 하고 못 줍는다.

살점을 베어 주고 싶다
어떤 사람을 좋아하게 되면 무엇이나 다 아낌없이 주고 싶다는 뜻으로 하는 말.

살찐 놈 따라 붓는다
살찐 사람을 보고 자기도 따라서 살쪄 보이려고 붓는다는 말로,
① 남의 행위를 억지로 흉내 내는 어리석음을 말함. ② 가난한 자가 부자의 사치를 흉내 내려 함을 비웃는 말.

삶은 개고기 뜯어 먹듯
① 여기저기서 아무나 덤벼들어 함부로 뜯어 먹으려 한다는 뜻.
② 여럿이서 사람을 함부로 욕하고 모함한다는 뜻.

삶은 팥이 싹 나거든
도무지 이룰 수 없고, 또 그럴 가능성도 없을 때를 두고 이르는 말.

삼각산 밑에서 짠물을 먹는 놈
인심 사나운 서울에서 자라난 사람이란 말로, 앙큼스럽고 매정한 사람을 보고 이름.

삼간(三間) 집이 다 타도 빈대 타 죽는 것만 재미있다
자기는 큰 손해를 보았더라도, 그로 인해 평소에 자기가 미워하던 사람이 잘못되게 된 것이 고소하다는 말. = 삼간초가 다 타져도 빈대 죽어 좋다. 초당(草堂) 삼간 다 타도 빈대 죽는 것만 시원하다.

삼경(三更)에 만난 액(厄)이라
삼경, 즉 깊은 밤에 액을 만났다 함은, 아무 일도 없으리라 안심하고 있을 때 뜻밖에 사나운 운수가 닥쳤다는 말.

삼남(三南)이 풍년이면 천하는 굶주리지 않는다
곡식이 가장 많이 나는 충청도·전라도·경상도 땅이 풍년이면 우

리나라 사람들은 굶주리지 않는다는 말.

삼 년 가뭄에는 살아도 석 달 장마에는 못 산다
가뭄이 오래 계속되는 것보다 비가 그치지 않고 계속 내리는 것이 더 무섭다는 뜻.

삼 년 가뭄에 하루 쓸 날 없다
오랜 동안 맑은 날씨가 계속되다가 무슨 행사가 있는 날에 비가 와서 일을 그르치는 경우에 이르는 말.

삼 년 남의 집 살고 주인 성 묻는다
삼 년 동안이나 같이 살던 집주인의 성을 몰라서 묻는다 함은, 사람이 무심하고 싱겁다는 말.

삼 년 먹여 기른 개가 주인 발등을 문다
오래 공들여 보살펴 준 사람이 후에 도리어 자기를 해치고 손해를 끼친다는 뜻.

삼 년 벌던 전답도 다시 돌아보고 산다
삼 년 동안이나 제 손으로 일구며 돈벌이를 하던 논밭도 사려면 다시 돌아보고 산다는 말로, 무슨 일이나 잘 아는 일이라도 더 꼼꼼히 살펴서 조금도 틀림이 없도록 하라는 말.

삼대 적선을 해야 동네 혼사를 한다
한 동네에 사는 이웃끼리는 서로 집안 내용을 샅샅이 알기 때문에 혼사가 매우 어렵다는 말.

삼대 주린 걸신
오랫동안 굶주린 걸신 같다는 뜻으로, 먹을 것을 보면 무엇이나 남기지 않고 먹어 치우는 사람을 비유적으로 이르는 말.

삼 동서 김 한 장 먹듯
① 음식을 매우 빨리 먹어 치운다는 뜻.
② 무슨 일을 눈 깜짝할 사이에 해버린다는 뜻.

삼밭에 쑥대
곧게 자라는 삼과 함께 있는 쑥이 삼을 닮아 곧아지듯이, 좋은 환경에서 자란 사람은 그 좋은 영향을 받아 품행이 단정해진다는 뜻.

삼베 주머니에 성냥 들었다
삼베 주머니에 어울리지 않게 성냥이 들었다는 뜻으로, 허술한 겉모양과는 달리 속에는 말쑥한 것이 들었음을 비유적으로 이르는 말.

삼사월에 낳은 애기, 저녁에 인사한다
어린애가 태어난 그날 저녁에 인사한다는 말이니, 삼사월은 하루해가 몹시 길다는 뜻.

삼수갑산을 가서 산전(山田)을 일궈 먹더라도
최악의 경우를 각오하고 어떤 일을 단행할 때 이르는 말.

삼십육계에 줄행랑이 으뜸
많은 계책 중에서 필요할 때는 그저 기회를 보아 도망하는 것이 병법상 상책이란 말로, 곤란할 때에는 그저 도망하여 화를 피하는 것이 가장 좋다는 뜻.

삼정승 부러워 말고 내 한 몸 튼튼히 가지라
① 허욕을 버리고, 제 몸을 위하여 건강에나 힘쓰라는 말. ② 세도 있는 이와 사귀어서 그의 도움을 입으려 하지 말고 제 할 일이나 옳게 하라는 말.

삼정승을 사귀지 말고 내 한 몸을 조심하여라
그의 도움을 받기 위하여 권세 있는 사람을 사귀려고 애쓰지 말고 제 할 일이나 착실히 하여 벌을 당하지 않도록 조심하라는 말.

삼천갑자 동방삭이도 저 죽을 날은 몰랐다
사람은 누구나 자기가 언제 어디서 어떻게 될 것인지를 알 수 없다는 뜻.

삼청(三廳) 냉돌(冷突)
금군(禁軍)의 삼청은 불을 때지 않아서 차다는 뜻으로, 몹시 찬 방을 이르는 말.
* 금군(禁軍) : 고려·조선 때, 궁중을 지키던 군대.

삼현(三絃) 육각(六角) 잡히고 시집간 사람 잘 산 데 없다
음악을 울리며 요란하게 시집간 사람이 잘사는 것을 보지 못하였다는 뜻으로, 호화롭게 시집간 사람이 불행하게 사는 수가 많음을 이르는 말.
* 삼현 : 거문고·가야금·당비파.
* 육각 : 북·장구·해금·피리 및 대평소 한 쌍.

상감님 망건 사러 가는 돈도 써야만 하겠다
① 어떤 돈이건 당장 제 사정이 급하여 써야만 하겠다는 말.

② 가능하기만 하다면, 나중에 그로 인하여 죽을 벌을 받더라도 우선 당장 급한 것이나마 피하고 싶다는 말.

상납 돈도 잘라 먹는다
나라에 바쳐야 할 돈도 잘라 먹는다 함은, 지나치게 뻔뻔스럽고 염치없는 사람을 보고 하는 말.

* 상납(上納) : 나라에 조세를 바치던 일.

상놈의 살림이 양반의 양식이라
상놈이 열심히 일하고 사는 것은 곧 양반의 양식이 된다는 말로, 양반이란 결국 상놈이 일한 것으로 먹고 사는 것이란 뜻.

상두꾼은 연폿국에 반한다
상여를 메는 상두꾼도 그런 궂은일을 연폿국 먹는 맛으로 한다는 말로, 어떤 직업에도 그 직업이 아니고는 맛볼 수 없는 재미가 있다는 말.

* 연포(軟泡) : 얇게 썬 두부를 꼬치에 꽂아 기름에 지진 다음, 닭국에 넣고 끓인 음식.

상둣술로 벗 사귄다
상둣술, 즉 초상집 술로 제 벗을 대접하여 사귄다는 뜻으로, 남의 것을 가지고 제 체면을 세운다는 말. = 상둣술에 낯내기.

상시에 먹은 맘이 취중에 난다
누구나 술에 취하게 되면 평소에 가졌던 생각이 언행에 나타나게 된다는 말.

상여 나갈 때 귀청 내 달란다
상여 나갈 때 자기의 귀지를 파 달라고 한다는 말로, 매우 바쁘고 수선스러울 때 그와는 상관도 없는 전혀 엉뚱한 일을 해 달라고 조른다는 뜻.
* 귀청 : 귀의 고막이나 여기서는 귀지의 뜻.

상여 뒤에 약방문(藥方文)
사람이 죽어 상여가 나간 후에 약국을 방문한다 함은, 일이 이미 다 끝난 판에 무엇을 해도 소용이 없다는 말.

상여 메고 가다가 귀청 후빈다
무슨 일을 하는 도중에 딴 짓을 함을 놀리는 말.

상원(上元)의 개와 같다
음력 정월 보름날은 집에서 기르는 개에게 음식을 주지 않고 굶긴다는 풍습이 있는데, 보름날의 개와 같다 함은, 배고픈 사람을 두고 이르는 말.
* 상원(上元) : 음력 정월 보름날. 대보름날.

상전 배부르면 종 배고픈 줄 모른다
남의 사정은 조금도 알아주지 않고 자기 욕심만 채우려는 사람을 두고 하는 말. = 제 배가 부르면 종 배고픈 줄 모른다.

상주보고 제삿날 다툰다
일을 정확하게 알지도 못하면서, 그 일에 대해 훤히 아는 당사자에게 자기 생각이 옳다고 억지를 부리며 고집할 때 쓰는 말.

상추밭에 똥싼 개는 저 개 저 개 한다
한번 잘못을 저지르게 되면 늘 세인의 지탄을 받게 된다는 말.

샅 짬에 똥싼다
사타구니에 싼 똥은 씻어내기가 매우 어려우므로, ① 가뜩이나 미운데 어려운 일만 시키니 더욱 밉다는 뜻. ② 곤란한 처지에 또 괴로운 일을 당하였다는 뜻.

새끼 낳은 암캐같이 앙앙 말라
너무 포악하게 잔소리를 늘어놓지 말라는 뜻.

새끼 많이 둔 소 길마 벗을 날 없다
자식이 많은 부모는 언제나 수고를 많이 하고 마음 편할 때가 없다는 말.

새남터를 나가도 먹어야 한다
곧 죽게 된 경우에도 먹어야 한다는 뜻으로, 사람은 무슨 일을 당하거나 우선 든든히 먹고 기운을 내야 한다는 말.

* 새남터 : 한강의 모래사장으로, 성삼문 등의 사육신들이 처형된 곳.

새도 가지를 가려 앉는다
① 친구를 사귐에 있어 사람을 가려서 사귀어야 한다는 뜻.
② 직업을 가지는 경우 잘 가려서 선택해야 한다는 말.

새도 염불을 하고 쥐도 방귀를 뀐다
보잘것없는 새나 쥐까지도 사람이 하는 것을 다 하려고 하는데 너는 왜 못하느냐는 뜻으로, 여럿이 모여 노래하고 춤출 때 함께 어울리지도 않고 아무것도 못하는 사람을 놀리는 말.

새 망에 기러기 걸린다
정작 잡으려고 하는 것은 잡히지 않고 엉뚱한 것만 잡힌다는 뜻.

새 바지에 똥싼다
① 염치없는 행동을 비유적으로 이르는 말. ② 잘된 것을 만져서 도리어 못쓰게 그르쳐 놓는 경우를 비유적으로 이르는 말.

새 발의 피
새의 가느다란 발에서 나오는 피라는 뜻으로, 아주 하찮은 일이나 극히 적은 분량임을 비유적으로 이르는 말.

새벽달 보려고 으스름달 안 보랴
미래에 있을 불확실한 일을 기다리고 믿는 것보다 현재 당하고 있는 일에나 마음을 써서 정성껏 하는 것이 현명하다는 말.

새벽달 보려고 초저녁부터 나앉으랴
성미가 급하거나, 때를 짐작 못하거나 하여 일을 너무 일찍 서두르고 준비함을 탓하는 말. = 새벽달 보자고 초저녁부터 기다린다.

새벽 호랑이
들에 내려왔던 호랑이가 날이 밝게 되면 산에 돌아가야 됨과 같이, 세력을 잃고 물러나게 된 신세를 이름.

새벽 호랑이가 중이나 개를 안 가린다
급하고 아쉬울 때면 무엇이나 닥치는 대로 다 소용되며, 좋고 나쁜 것을 가리지도 않는다는 뜻. = 새벽 호랑이 쥐나 개나 모기나 하루살이나 하는 판.

새 사람 들어 삼 년은 마음을 못 놓는다
한집안에 다른 사람이 들어와서 살게 되면 그로 인해 무슨 재액이 생기는 수가 많다고 하여 내려오는 말.

새우 미끼로 잉어를 낚는다
적은 자본을 들여서 큰 이득을 얻게 되거나, 대단치 않은 수고를 하여 큰 보수를 받았을 때 하는 말.

새 잡아 잔치할 것을 소 잡아 잔치한다
적은 비용을 가지고도 일을 잘 처리할 수 있었던 것을, 게으름을 부리거나 너무 인색하여 치르지 않고 있다가 더 큰 손해를 보게 되었을 때 하는 말.

새 집 짓고 삼 년 무사하기 힘들다
집을 새로 짓고 나면 집안에 무슨 변고가 있기 쉬워서 삼 년 동안은 마음을 놓을 수 없다 하여 이르는 말. = 새 집 짓고 삼 년은 마음을 못 놓는다.

새침데기 골로 빠진다
말도 잘 안 하고 겉보기에 점잖아 보이는 사람이 한번 잘못을 저질러 그곳에 빠져들게 되면, 다른 사람보다 더한층 난잡해진다는 뜻.

새 한 마리도 백 놈이 갈라 먹는다
아무리 작은 것이라도 의가 좋으면 여러 사람이 함께 나눠 가질 수 있다는 뜻.

색시 짚신에 구슬감기가 웬일인고
분에 지나치게 호사를 하면 어울리지도 않고 도리어 보기 흉하게 된다는 뜻.

샘을 보고 하늘을 본다
넓은 그대로의 하늘에는 무관심하였으나 샘 속에 비친 하늘을 보고서야 비로소 하늘이란 것을 새로 인식한다는 뜻.

생각이 팔자(八字)
① 늘 생각하고 기원하면 소원대로 살 수 있게 된다는 말.
② 생각이란 억지로 애써서 되는 것이 아니라 저절로 되는 것이란 뜻.

생선 망신은 꼴뚜기가 시킨다
꼴뚜기가 너무 볼품없는 물고기라는 생각에서 유래된 말로, 못난 것은 언제나 제가 속해 있는 단체의 여러 사람에게 불명예스러운 짓만 하고 다니며 폐를 끼친다는 뜻. = 어물전 망신은 꼴뚜기가 시킨다.

생원님은 종만 업신여긴다

무능한 사람이 제 손아랫사람에게나 큰소리하고 업신여기며 잘난 체한다는 뜻.

생일날 잘 먹으려고 이레를 굶을까

나중에 한번 잘 먹기 위해 그 전에 굶고 지낼 수는 없다는 말로, 어떻게 될지도 모를 앞일만 바라보고 현재 일을 소홀히 할 수는 없다는 말.

생쥐, 고양이한테 덤비는 셈

도무지 이겨낼 가망이 없는 것을 가지고 다투어서 도리어 큰 낭패를 보게 된 경우를 이름.

생쥐 발싸개만하다

생쥐는 쥐 종류 중에서도 가장 작은 것이니, 그와 같이 작은 것의 발싸개라 함은 매우 작게 생긴 것을 이름.

생쥐 볼가심할 것도 없다
조그마한 생쥐가 입가심할 정도의 먹을 것도 없다는 뜻으로, 먹을 것이라고는 아무것도 없고 몹시 가난함을 비유적으로 이르는 말.

* 볼가심 : 아주 적은 음식으로 시장기를 면하는 일.

생초목(生草木)에 불붙는다
시퍼렇게 살아 있는 나무와 풀에 불이 붙어 탄다는 뜻으로, ① 뜻밖에 재난을 당함을 비유적으로 이르는 말. ② 시퍼렇게 젊은 아까운 사람이 갑자기 죽었음을 비유적으로 이르는 말.

서당 개 삼 년에 풍월한다
① 무식한 사람도 유식한 사람과 함께 오래 지내면 자연히 견문이 생긴다는 말. ② 어떤 일을 오래오래 보고 듣고 하면 자연히 할 줄 알게 된다는 말.

서리 맞은 구렁이
① 힘이 없어 보이며 행동이 게으르고 더딘 사람을 이르는 말.
② 세력이 쇠잔하여 앞으로 잘될 희망이 없는 사람을 이름.

서 발 막대 거칠 것 없다
서 발이나 되는 긴 막대를 휘둘러도 아무것도 거칠 것이 없다는 말로, ① 가난한 집안에 아무런 세간도 없음을 이름. ② 아무것도 거리낄 것 없고 조심스런 사람도 없다는 말.

서슬이 푸르다
칼날의 날카로운 데가 푸르름과 같이 기세가 무섭고 등등함을 이름.

**서울 가 본 놈하고 안 가 본 놈하고 싸우면
서울 가 본 놈이 못 이긴다**
서울에 가 본 사람보다도 안 가 본 사람이 서울에 대해 더 잘 안다는 뜻으로, 무슨 일이든지 실제로 해보지 못한 사람이 거기에 대한 이론은 그럴듯하게 말하고 이런저런 말이 많다는 말.

서울 가서 김서방 집 찾기
잘 알지도 못한 막연한 상태에서 무턱대고 찾아다닌다는 뜻.

서울 김서방 집도 찾아간다
어디에 있는지도 모르고 가 보지도 않은 집이라도 사람들에게 물어서 찾아갈 수 있다는 뜻.

서울 놈 못난 건 고창 놈의 x만도 못하다
서울에는 별의별 사람들이 다 있어서 잘난 사람도 있지만, 반면에 지지리 못난 사람도 많다는 말.

서울 놈은 비만 오면 풍년이란다
① 서울 사람이 농사일에 대하여 전혀 모름을 비웃는 말. ② 어느 분야에 극히 적은 지식을 가지고 전문가처럼 행세하려는 사람을 두고 비유한 말.

서울서 매 맞고 송도서 주먹질한다
매를 맞은 곳에서는 말 한 마디도 못 하고 있다가 다른 데 가서 반항하는 체한다는 말로, ① 기골이 약하여 아무리 억울한 일을 당하여도 그 자리에서는 대꾸도 못 함을 이름. ② 노염을 다른 데 옮긴다는 뜻.

서울에 가야 과거에 급제하지

과거(科擧)에 급제하려면 반드시 서울에 가서 시험을 치러야만 한다는 뜻으로, 어떤 결과를 얻고자 한다면 실제로 그에 상당한 절차를 밟아야 한다는 말.

서울이 낭이라는 말을 듣고 삼십 리부터 긴다

서울이 낭떠러지라는 말을 듣고 겁을 내어 삼십 리 밖에서부터 기어간다는 말로, 말로만 듣고 어떤 일에 너무 미리부터 지나치게 겁을 낸다는 뜻. = 서울이 낭이라니까 과천서부터 긴다. 서울이 무섭다니까 새재서부터 긴다. 서울이 무섭다 하니까 남태령부터 긴다.

서투른 무당이 장고만 나무란다

흔히 어떤 일에 서툰 사람이 자기의 부족함은 생각 못 하고 도구만 나쁘다고 탓한다는 뜻.

서푼짜리 집에 천 냥짜리 문호(門戶)

커야 할 것이 작거나, 값을 들여야 할 것이 초라하게 되거나, 대단치 않은 것에 필요 이상의 값을 들인 경우, 즉 본말이 전도되었을 경우를 이름.

석새베에 열새 바느질

① 나쁜 것도 손질을 잘하면 좋게 보인다는 뜻.
② 솜씨는 좋으나 그 재료가 나쁠 때, 좋은 솜씨를 아까워하여 이르는 말.

* 석새베 : 240올의 날실로 짠 굵은 베. 석새삼베.
* 열새 : 고운 베.

석새짚신에 구슬감기
본바탕이 나쁜 데다 호화로운 치장을 하여 도리어 흉하다는 뜻.

석 자 베를 짜도 베틀 벌리기는 일반
어떠한 일을 벌려 놓고 시작하는 데는 많이 하나 적게 하나 그에 대한 준비와 격식을 차리기는 마찬가지라는 뜻.

선머슴이라
점잖은 교육을 받지 못한 머슴살이하는 아이란 말로, ① 거칠고 사나우며 예의 바르지 못한 사내아이를 이름. ② 계집애가 얌전치 못하고 덜렁거릴 때 쓰는 말.

선무당이 마당 기울다 한다
익숙하지 못한 무당이 마당이 기울어서 굿춤을 잘 못 추었다고 한다는 말은, 일이 안 되면 제 기술이 부족한 탓인 줄 모르고 다른 데 핑계를 하고 변명함을 이름. = 선무당이 장고 탓한다.

선무당이 사람 잡는다
능숙하지도 못하고 잘 알지도 못하면서 아는 체하며 일을 하다가 아주 못쓰게 그르칠 경우에 하는 말. = 선무당이 사람 잡는다.

선(先) 미련, 후(後) 슬기
무슨 일을 잘못 생각하거나 망쳐 놓은 후에야 비로소 슬기가 생긴다는 뜻으로, 흔히 사람의 사고와 행동에서 깊이 사색하고 경험을 쌓으면 나중에 슬기가 생기게 된다는 말.

선불 맞은 호랑이 뛰듯
총알을 설맞은 호랑이가 고통스러워하며 펄쩍펄쩍 뛰는 것과 같다는 말로, 매우 크게 노하여 펄쩍펄쩍 뛰고 못 견디어 함을 이름.
= 선불 맞은 노루 모양.
* 선불 : 설맞은 총알.

섣달 그믐날 개밥 퍼 주듯
많이 푹푹 퍼 준다는 뜻.
[참고] 시집 못 간 처녀가 한 해를 다 보내고 나니 화가 치밀어 개밥을 푹푹 많이 퍼 준다는 데서 나온 말.

섣달 그믐날 시루 얻으러 다니기
되지도 않을 일을 가지고 안타깝게 애쓰나 미련한 짓이란 뜻.

설마가 사람 잡는다
'설마 그럴 리야 없겠지' 하고 마음속으로 믿고 있다가 크게 낭패를 보게 된다는 뜻. = 설마가 사람 죽인다.

설삶은 말대가리
푹 삶아도 질긴 말대가리를 설삶았다 함은, ① 고집이 세고 말을 알아듣지 못하는 사람을 이름. ② 얼굴빛이 몹시 붉거나 격에 맞지 않게 멋대가리가 없는 사람을 비유한 말.

설 쇤 무
가을에 뽑아 둔 무가 해를 넘기고 나면 속이 비고 맛이 없어진다는 뜻으로, 무엇이나 때가 지나 볼품없이 되어버린 것을 일컫는 말.

섬 속에서 소 잡아먹겠다
하는 짓이 옹졸하고 답답한 사람을 두고 이름.
* 섬 : 곡식을 담기 위하여 짚으로 거칠게 쳐서 만든 것.

섭산적이 되도록 맞았다
매우 심하여 피육(皮肉)이 터져 나오도록 맞았다는 말.
* 섭산적 : 쇠고기를 난도질하여 군 산적.

성나 바위 차기
① 화난다고 하여 애매한 것에 화풀이를 하면 도리어 자기 손해라는 뜻. ② 역경을 거슬러 억지를 부리는 것은 해롭다는 말. = 성내어 바위를 차니 제 발부리만 아프다.

성부동(姓不同) 남
성(姓)이 달라서 남이지 친분으로는 일가나 마찬가지라는 말로, 사이가 퍽 가까운 사람이라는 뜻.

성(城) 쌓고 남은 돌 같은 신세
① 쓰일 자리에 쓰이지 못하고 남아서 쓸모가 없이 된 것을 이름.
② 혼자 남아 외로운 신세를 비유한 말.

성(姓)은 피가(皮家)라도 옥관자 맛에 다닌다
본질은 좋지 못한 사람이 외양이 좀 낫다는 것으로 뽐낼 때 이르는 말.

* 옥관자(玉貫子) : 조선 때, 왕·왕족과 당상관인 벼슬아치가 쓰던, 옥으로 만든 관자. 여기에서 '관자'란, 망건에 달아 망건당줄을 꿰는 작은 고리를 말함. 그리고 '망건당줄'이란 망건에 달린 줄로, 망건당에 꿰는 아랫당줄과 상투에 동여매는 윗당줄이 있음.

성(姓)을 갈겠다
① 다시는 하지 않겠다고 맹세하는 말.
② 무엇을 단언할 때 쓰는 말.

성인군자 같은 사람도 남의 첩 노릇을 하면 변한다
첩살이를 하는 여자들은 흔히 마음이 앙큼하고 요사스러운 짓을 한다 하여 이르는 말.

성인도 하루에 죽을 말을 세 번 한다
아무리 훌륭한 사람이라도 실수는 하게 되어 있다는 뜻.

성인이 벼락 맞는 세상
세상인심이 사나워서 착하고 어진 사람이 도리어 큰 환난을 입는다는 말.

섶을 지고 불로 들어가려 한다
불 잘 붙는 섶나무를 지고 불 속으로 들어가려 한다 함은, 그릇된 짓을 하여 화를 자초하려 든다는 뜻.

세모시 키우는 놈하고 자식 키우는 놈은 막말을 못한다
부모는 자식을 낳기만 했을 뿐, 어떻게 생긴 녀석이 나올지, 또 어떻게 길러낼 것인지, 어떻게 자라 어떤 사람이 될 것인지 도무지 알 수가 없고, 조금도 자기 뜻대로 어떻게 할 수 없는 것이므로 자식에 대하여 장담을 하지 말라 하여 이르는 말.

세 사람만 우겨대면 없는 호랑이도 만들어 낼 수 있다
① 여러 사람이 모여서 힘을 합하면 무슨 일이나 다 할 수 있다는 뜻. ② 여러 사람이 떠들며 소문 낸 것이 무섭다는 말.

세 살 난 아이 물가에 내놓은 것 같다
철없는 아이가 언제 물로 기어 들어갈지 잠시도 마음을 놓을 수 없다는 뜻으로, 당장 무슨 일이 날 것같이 위태로워서 마음을 놓지 못함을 비유적으로 이르는 말.

세 살 먹은 아이도 제 손의 것 안 내놓는다
세 살 난 아이조차도 제가 쥔 것은 내놓으려 하지 아니한다는 뜻으로, 사람은 누구나 제 것은 내놓기 싫어함을 비유적으로 이르는 말.

세 살에 도리질한다
도리질은 어린애가 몇 달만 되면 능히 하는 것인데 이것을 세 살에야 비로소 한다 함은, ① 숙성치 못함을 이름. ② 학문이나 사업의 경영이 남보다 늦음을 이름.

세 살 적 버릇이 여든까지 간다
어릴 때 몸에 밴 버릇은 늙어 죽을 때까지 고치기 힘들다는 뜻으로, 어릴 때부터 나쁜 버릇이 들지 않도록 잘 가르쳐야 함을 비유적으로 이르는 말. = 어릴 적 버릇은 늙어서까지 간다.

세상에서 원형이정(元亨利貞)이 제일이라
이 세상을 잘살려면 무엇보다도 사물(事物)의 근본 이치에 따라 행하여야 된다는 뜻.

* 원형이정(元亨利貞) : 역학에서 말하는 천도(天道)의 네 가지 원리로서, 원(元)은 봄이니 만물이 생기고, 형(亨)은 여름이니 자라고, 이(利)는 가을이니 만물이 이루고, 정(貞)은 겨울이니 만물을 거둔다는 뜻.

세우 찧는 절구에 손 들어 갈 때 있다
아무리 분주한 경우에라도 틈을 내자면 낼 수 있다는 뜻.
* 세우 : 세차게. 자주.

세월이 약이다
크게 마음을 상하여 애통해 하던 일도 세월이 가고 오랜 시간이 지나고 나면 잊혀진다 하여 이르는 말.

세 닢 주고 집 사고 천 냥 주고 이웃 산다
① 집을 새로 장만하려면 먼저 그 이웃이 좋은 것을 보고 나서 장만하라는 말. ② 이웃이 중요함을 이름. = 팔백금으로 집을 사고 천금으로 이웃을 산다.

세(勢) 좋을 때 인심 얻어라
세력이 있을 때에 뽐내지 말고 그 세력으로 남에게 좋은 일을 해 두어야 훗날 도움을 받게 될 것이라는 뜻.

세 코 짚신에는 제 날이 좋다
무엇이든지 분수에 맞는 것이 좋다는 말.

센개 꼬리 시궁창에 삼 년 묻었다 꺼내도 센개 꼬리다
무엇이나 그 본질을 바꾸지 못한다는 말.
* 센개 : 털빛이 흰 개.

센둥이가 검둥이고, 검둥이가 센둥이다
빛이 희거나 검거나 개는 개인즉, 사람은 아무리 바뀌어서 오더라도 사람인 바에야 변함이 없다는 뜻.
* 센둥이 : ① 털빛이 흰 동물, 특히 흰 털빛의 강아지를 이름. ② 백색 인종이나 살갗이 흰 사람을 조롱하여 하는 말.

셈 센 아버지가 참는다
셈을 잘하고 사물을 분변(分辨)하는 슬기가 더 많은 아버지가, 미련하고 어리석은 자식의 말에 참는다 함은, 사리도 모르는 사람이 함부로 대들 때, 사리를 잘 알고 점잖은 사람은 자신이 하고 싶은 말을 참고 가만히 있는다는 뜻.

션찮은 국에 입 가 데인다
맛도 없는 국을 마시다가 입을 데인다 함은, 평소에 대단치 않게 여겼던 사람으로부터 뜻밖의 봉변을 당하게 됨을 이르는 말.

소같이 벌어서 쥐같이 먹어라
쉬지 않고 애써 일하여 저축한 것을 조금씩 절약해서 쓰라는 뜻.

= 소같이 일하고 쥐같이 먹어라.

소경 관등 가듯 한다
아무것도 볼 수 없는 눈 먼 소경이 사월 초파일에 관등놀이 가듯 한다 함은, 보아도 뭐가 뭔지도 모를 것을 멋도 모르고 그저 보러 간다는 말.

* 관등(觀燈) : ① 음력 사월 초파일에 온갖 등을 켜서 부처님 오신 날을 기념하는 일. ② 절의 주요 행사 때 등을 밝히는 일.

소경, 문고리 잡기
재주도 없는 사람이 대중없이 한 일이 바로 들어맞게 됨을 이르는 말.

소경 아이 낳아 만지듯
무엇을 제대로 다루지 못하고서 어름어름 더듬기만 하는 모양을 비유적으로 이르는 말. = 소경 갓난아이 더듬듯.

소경의 초하룻날
초하룻날에는 많은 사람들이 점쟁이 소경에게 점을 보려고 모여 들어 벌이가 좋다는 데서, 운수가 좋아 수입이 많은 경우를 비유적으로 이르는 말.

소경이 그르냐, 개천이 그르냐
개천에 빠진 소경이 제 잘못으로는 여기지 않고 개천이 거기에 있기 때문에 자기가 빠졌다고 한다는 데서 나온 말로, 제가 저지른 잘못을 남에게 전가시키려는 사람에게 옳지 않음을 깨우치는 말.
= 소경이 물에 빠지면 개천을 나무란다. 소경이 넘어지면 막대 탓이라.

소경이 저 죽을 날 모른다
남을 점치는 소경이 자기 죽을 날을 모른다 함은, 사람은 무엇이나 다 잘 아는 체하여도 자기 앞날의 화를 알지 못한다는 뜻.

소경 제 닭 잡아먹기
어리석은 자가 욕심만 사나워서 남의 것인 줄 알고 가졌으나 결과에 있어서는 도리어 제게 손해가 되었다는 말. = 소경 제 호박 따기.

소경 죽이고 살인 빚 갚는다
① 헛일을 하고 그로 인하여 톡톡히 화를 입음을 비유한 말.
② 변변하지 못한 것을 상하게 한 대가로 변변한 것을 물어 주는 경우를 비유적으로 이르는 말. 소경을 온전한 사람으로 간주하지 않는 데서 한 말. = 소경 죽이고 살인 춘다.

소경, 팔양경(八陽經) 외듯
뜻도 모르는 소리를 쉬지 않고 헛되이 소리 내어 읽기만 한다는 말.

* 팔양경 : 혼인·해산·장사(葬事) 등의 일에 관한 미신적인 짓을 타파하는 불경(佛經)의 하나.

소금도 곰팡난다
절대로 탈이 생기지 않는다고 단언할 수 없다는 뜻.

소금도 맛보고 사랬다
비교적 확실한 것도 신중하게 살펴서 하라는 말.

소금 먹은 놈이 물켠다
죄지은 사람이 벌을 받고, 빚진 사람이 반드시 갚게 된다는 뜻.

소금 먹은 소 굴우물 들여다보듯
소금 먹은 소가 목이 마르면서도 우물이 깊어 먹지 못하고 그저 들여다보기만 한다는 말로, 무엇이나 애타게 갖고 싶지만 눈으로 보기만 할 뿐 가질 수 없으니 더욱 안타깝다는 말.

* 굴우물 : 한없이 깊은 우물.

소금 섬을 물로 끓이라면 끓여라
잔말 말고 시키는 대로 고분고분 복종하라는 말.

소금에 아니 전 놈이 장에 절까
깊은 계책에 빠지지 않은 사람이 여간한 꾀임에 속을 리가 없다는 말.

소금으로 장을 담근다 해도 곧이듣지 않는다
① 거짓말을 잘하는 사람의 말은 도무지 믿을 수 없다는 말.
② 남의 말을 믿지 않는다는 뜻.

소금이 쉴까
소금은 절대로 쉴 리가 없다는 말로, 철석같이 미더운 사람을 두고 비유한 말.

소금이 쉴 때까지 해보자
절대로 쉴 리 없는 소금이 쉴 때까지 해보자는 말은, 무슨 일을 오래 길게 끌어 보자는 말.

소낙비는 오려 하고, 똥은 마렵고, 괴타리는 내려가고, 꼴짐은 넘어지고, 소는 뛰어나갔다
너무너무 바쁘고 할 일이 많아서 무엇부터 먼저 해야 할지 몰라 쩔쩔맨다는 뜻.
* 괴타리 : '허리띠' 라는 뜻의 충청도 사투리.

소댕으로 자라 잡듯
소댕을 들고 와서는 자라를 잡았다고 한다는 말로, 약간 비슷할 뿐 전연 다른 물건을 가지고 와서 딴소리를 한다는 뜻.
* 소댕 : 솥을 덮는 뚜껑. 솥뚜껑.

소더러 한 말은 안 나도 처(妻)더러 한 말은 난다
① 사람에게 한 말은 아무 때고 드러나고야 만다는 뜻.
② 여자의 입이 가벼워 소만도 못하다는 뜻.
= 어미한테 한 말은 나도 소한테 한 말은 안 난다.

소도 언덕이 있어야 비빈다
누구나 성공하려면 의지할 데가 있어야 한다는 말.

소라가 똥누러 가니 거드래기 기어들었다
잠시 빈틈을 타서 남의 자리를 차지하는 행동을 비유한 말.

* 거드래기 : 제주도 방언으로, 남의 집에 들어 사는 게.

소라껍질은 까먹어도 한 바구니, 안 까먹어도 한 바구니
무슨 일에 손을 대었는데도 좀처럼 그 표시가 나지 않을 때 이르는 말.

소리개, 까치 집 뺏었다
갑자기 남의 것을 무리하게 빼앗아 간다는 말.

소리개는 매 편이라고
모양이나 하는 짓이 비슷한 것끼리 한통속이 되어서 편든다는 뜻.
= 가재는 게 편이라고.

소리개를 매로 보았다
① 무능하여 쓸데없는 것을 쓸 만한 것으로 잘못 보았다는 말.
② 못생긴 여자를 미인으로 잘못 보았다는 말.

소리 없는 고양이 쥐 잡듯
무슨 일을 능히 해치우는 사람은 말이 많지 않다는 말.
= 소리 없는 벌레가 벽을 뚫는다.

소매가 길면 춤을 잘 추고, 돈이 많으면 장사를 잘한다
재주도 재주려니와 자재(資材)가 넉넉하여야만 일이 잘된다는 말.

소매 긴 김에 춤춘다
별로 생각이 없던 일이라도 그 일을 할 조건이 갖추어졌기 때문에 하게 될 때 쓰는 말. = 떡 본 김에 제사 지낸다.

소문난 잔치에 먹을 것 없다
세상 소문은 실제와 일치하지 않을 경우가 많아, 좋다고 소문난 것이 오히려 대단치 않은 경우가 더 많다는 말.

소약란(蘇若蘭)의 재주라도 하는 수 없다
일이 매우 어지럽게 엉클어져서 도저히 처리할 수 없을 때 하는 말. 특히 남편의 어려운 일을 아무리 현명한 아내로서도 해결할 수 없을 때 하는 말.

* 소약란 : 옛날 중국의 문견 넓고 글재주가 뛰어났던 현처(賢妻)의 이름. 그녀는 회문시(回文詩)를 지어, 싸움터에 나간 남편을 무사히 돌아오게 하였다 함.

소 잃고 외양간 고친다
① 평소에 대비가 없다가, 실패한 다음에야 뒤늦게 깨달아 대비함을 비유적으로 이르는 말. ② 이미 일을 그르친 뒤에 뉘우쳐 봤자 소용이 없다는 뜻.

소 잡아먹겠다
소를 잡아먹으려면 칼이 매우 잘 들어야 할 것이나, 반대로 칼이 무뎌서 잘 들지 않을 때 비웃으며 하는 말.

소 잡은 터전은 없어도 밤 벗긴 자리는 있다
큰 짐승인 소를 잡은 자리는 흔적이 없어도 하찮은 밤을 벗겨 먹고 남은 밤송이와 껍질은 남는다는 뜻으로, ① 나쁜 일이면 조그마한 것일지라도 잘 드러나게 마련임을 비유적으로 이르는 말. ② 크게 벌여 놓은 일은 별로 드러나지 않는데 오히려 대단치 않은 일이 잘 드러나서 말썽을 일으키는 경우를 비유적으로 이르는 말.

소증 나면 병아리만 쫓아도 낫다
고기소증이 나서 안타까울 때는 하다못해 병아리를 쫓기만 해도 마음이 좀 풀린다는 뜻으로, ① 생각이 간절하면 그와 비슷한 것만 보아도 마음이 좀 풀린다는 뜻. ② 평소에 채식하던 사람이 어쩌다 육식을 하게 되면 더 고기를 먹고 싶어한다는 말.
* 소증(素症) : 채소만 너무 먹어서 고기가 먹고 싶은 증세.

소한테 물렸다
상대로 여기지도 않던 사람으로부터 뜻밖의 손해를 입게 되었을 때 비유적으로 이르는 말.

속곳 벗고 은가락지 낀다
제격에 맞지도 않는 겉치레를 하여 도리어 보기 흉하다는 뜻.
= 속저고리 벗고 은반지. 적삼 벗고 은가락지 낀다.

속곳 열둘 입어도 밑구멍은 밑구멍대로 다 나왔다
아무리 애써 숨기려 했으나 가려지지 않았을 경우를 말함.

속 빈 강정의 잉어등(燈) 같다
① 속이 텅 비어 아무 실속이 없다는 말.
② 수중에 돈이 한 푼도 없다는 뜻.
* 잉어등(-燈) : 사월 초파일에 등대에 매다는 잉어 모양의 등.

속상한데 서방질이나 하자는 격으로
울분을 이기지 못하고 그 울분을 풀기 위하여 차마 하지 못할 짓까지 저지르려 함을 비유적으로 이르는 말.

손가락에 불을 지르고 하늘에 오른다
자기 손가락에 불을 지르는 것도 불가능한 일이고, 또한 하늘에 오른다는 것도 불가능한 것이니 도저히 할 수 없다는 뜻으로, ① 그와 같은 것을 할 수 있다면 손가락에 불을 지르고 하늘에라도 오를 수 있겠다는 말. ② 절대로 그렇지 않다고 펄펄 뛰며 강하게 부정하는 말.

손가락으로 하늘 찌르기
막연하여 도무지 어찌될 바를 모르며 가망이 없는 일이라는 뜻.

손샅으로 밑 가리기
가린다고 가렸으나 아무 소용도 없고 드러날 것은 다 드러나고야 만다는 뜻. = 손으로 샅 막듯.

손 안 대고 코 풀기
일을 매우 쉽게 해치운다는 뜻.

손에 붙은 밥풀 아니 먹을까
이미 자기 차지가 된 것을 아니 가질 사람은 없다는 뜻.

손은 갈수록 좋고 비는 올수록 좋다
비가 풍족하게 오면 농사에 좋으나, 집에 찾아온 손님은 되도록 빨리 돌아가 주는 것이 고맙다는 뜻.

손이 안으로 굽지 밖으로 굽나
제게 가까운 사람에게 더 마음이 가게 되는 것이 인정의 이치라는 뜻.

손자를 귀애하면 코 묻은 밥을 먹는다
① 조부모는 손자를 귀여워해도 그 손자의 덕은 볼 수 없다는 뜻.
② 버릇없는 사람들과 어울리면 이로울 것이 없다는 뜻.

손자 환갑 닥치겠다
너무 오래 걸려서 기다리기가 지루함을 뜻함.

손톱 밑에 가시 드는 줄은 알아도 염통 밑에 쉬스는 줄은 모른다
눈앞에 보이는 하찮은 것은 잘 알면서도 눈에 보이지는 않으나 크고 중대한 일은 알지 못하고 있다는 뜻. = 염통에 고름 든 줄은 몰라도 손톱눈에 가시 든 줄은 안다.

손톱은 슬플 때마다 돋고, 발톱은 기쁠 때마다 돋는다
① 발톱보다는 손톱이 더 잘 자란다는 말.

② 기쁨보다는 슬픔이 더 많다는 뜻.

솔방울이 울거든
종처럼 소리 내어 울 리 없는 솔방울이 울거든이라는 말은, 도저히 이루어질 가망이 없음을 뜻함.

솔잎이 버썩 하니 가랑잎이 할말이 없다
자기에게 매우 심각하고 큰 걱정거리가 있는데 자기보다 정도가 덜한 사람이 먼저 야단스럽게 떠들고 나서니, 너무 어이가 없어 할말을 잃었다는 뜻.

솔잎이 새파라니까 오뉴월로만 여긴다
근심이 쌓이고 우환이 겹쳤는데도 그것은 모르고, 어떤 작은 일 하나가 잘되어 가는 것만 보고 속없이 좋아라며 날뜀을 이르는 말.

송곳니가 방석니가 된다
이를 너무 갈아서 뾰족한 송곳니가 닳아서 방석니같이 된다는 말로, 분에 못 이겨 이를 간다는 뜻.
* 방석니(方席—) : 송곳니 다음의 첫 어금니.

송곳도 끝부터 들어간다
① 일에는 차례가 있는 법이니 무엇이나 제대로 하려면 차례를 따라서 해야 한다는 말. ② 여러 사람이 모인 가운데서 먹을 것을 나눌 때면 어린아이들부터 먼저 주게 된다는 말.

송곳 박을 땅도 없다
① 사람이 가득 모여 빈틈이라고는 조금도 없다는 말.

② 자기가 부쳐 먹을 땅이라고는 조금도 없다는 말.

송곳으로 매운 재 끌어내듯
① 일을 함에 있어서 적당한 도구로써 하지 않으면 수고만 많이 들었지 일은 이루어지지 않는다는 뜻. ② 하는 짓이 미련하여 보기에 답답하다는 뜻.

송도(松都) 외 장사
조금이라도 이득을 더 얻으려고 왔다갔다 하다가 기회를 놓치고 낭패함을 이르는 말.
[참고] 옛날에 송도의 오이 장사가 서울의 오이 시세가 좋다는 말을 듣고 오이 한 배를 사 가지고 서울로 올라갔다. 그런데 그 사이에 서울의 오이 값이 떨어지고 의주의 오이 시세가 좋다는 말을 듣는다. 그래서 다시 의주로 가니 그곳의 오이 값 또한 떨어져 또다시 개성으로 갔는데, 그 동안에 오이는 모두 썩어서 버리게 되었다는 이야기가 있다.

송사는 졌어도 재판은 잘하더라
서로 다투다가 비록 자기가 지기는 하였으나 그것을 판결함이 공평하여 조금도 억울하지 않다는 말.

송장 때리고 살인났다
이미 죽은 송장을 때리고 살인죄의 벌을 받는다는 뜻으로, 작은 죄를 짓거나 전연 벌 받을 만한 일을 하지 않고서 억울하게 큰 벌을 받게 될 때 이르는 말.

송장 빼놓고 장사 지낸다
없어서는 안 될 가장 긴요한 것을 그만 빼 버리고 일을 치르는 어리석은 행동을 비웃어 이르는 말.

송충이가 갈밭에 내려왔다
분에 넘치는 행동을 하였을 때 이르는 말.

송충이가 갈잎을 먹으면 떨어진다
① 분수에 넘치는 일을 하다가는 낭패를 보게 된다는 뜻.
② 제 할 일을 안 하고 딴 뜻을 품으면 실패한다는 뜻.

송편으로 목을 따 죽지
하찮은 일로 같잖게 화를 내어 우스갯감이 됨을 이르는 말. 송편의 한쪽 선(線)이 마치 칼날과 같은 곡선이므로 이와 같이 이름.

솥뚜껑에 엿을 놓았나
솥뚜껑에 엿을 두고 그것이 녹아 없어질까 봐 염려되어 그러느냐는 뜻으로, 빨리 돌아가려고 일어서는 사람을 만류하면서 이르는 말.
= 가맛동(솥뚜껑의 사투리)에 엿을 놓았나. 화롯가에 엿을 붙이고 왔나.

솥에 개 누웠다
여러 날 동안 밥을 짓지 못했다는 것을 알 수 있다는 뜻.

솥은 부엌에 걸고 절구는 헛간에 놓아라 한다
누구나 다 아는 일이요, 또 누구나 다 그렇게 하고 있는 일을 가지고 특별히 자기 혼자만 아는 것처럼 남을 가르치는 사람을 비웃으며 이르는 말.

쇠가 쇠를 먹고 살이 살을 먹는다
친족이나 동류끼리 서로 다투는 것을 이름.

쇠고기 열 점보다 참새고기 한 점이 낫다
참새고기가 맛있다는 말.

쇠고집과 닭고집이다
하고 싶은 대로 하고야 마는 소나 닭처럼 고집이 몹시 셈을 비유적으로 이르는 말.

쇠궁둥이에다 꼴을 던진다
어리석고 미련한 사람을 아무리 가르쳐도 보람이 없다는 말.

쇠귀신 같다
씩씩거리기만 하고 말 없는 사람을 이름.

쇠귀에 경(經) 읽기
둔한 사람은 아무리 가르치고 일러 주어도 알아듣지 못한다는 말.

쇠똥에 미끄러져 개똥에 코 박은 셈이다
대단치 않은 일에 연거푸 실수만 하여 기막히고 어이가 없다는 말.

쇠똥에 미끄러져 개똥에 코 박을 일이다
매우 억울하여 못 견딜 노릇이라는 뜻.

쇠말뚝도 꾸미기 탓이라
소를 잡아매는 말뚝도 잘 꾸미면 좋아 보인다는 말로, 못생긴 사람도 잘 꾸며 놓으면 볼품 있게 된다는 말.

쇠 먹은 똥은 삭지 않는다
뇌물을 먹이면 반드시 효과가 있다는 말을 비유적으로 이르는 말.

쇠 멱미레 같다
매우 고집이 세어 남의 말이라고는 도무지 듣지 않는 사람을 이르는 말.
* 멱미레 : 소의 턱밑 고기로서 매우 질김.

쇠불알 떨어지면 구워 먹기
① 언제 될지도 모를 일을 한없이 기다린다는 뜻. ② 노력하지 않고 요행을 바란다는 말. = 오뉴월 쇠불알 떨어지기를 기다린다.

쇠불알 떨어질까 하고 제 장작 지고 다닌다
언제 이루어질지 모르는 요행을 바라고 어리석게 서성거리며 기다린다는 뜻. = 황소 불알 떨어지면 구워 먹으려고 다리미 불 담아 다닌다.

쇠뼈다귀 우려먹듯
무엇 한 가지를 오래 두고 여러 번 이용하여 쓴다는 뜻.

쇠뿔도 각각 염주(念珠)도 몫몫
무엇이나 다 각각 제 맡은 몫이 따로 있다는 말. = 염불도 몫몫이요 쇠뿔도 각각이다.

쇠뿔은 단 김에 빼라
무슨 일이나 시작하여 한창 열이 달아올랐을 때 해치우는 것이 좋다는 말.

쇠죽가마에 달걀 삶아 먹을라
쇠죽가마에 달걀을 삶아 먹지 말라고 타이른 일이 도리어 그것을 하도록 일깨워 준 결과가 되었다는 말로, 경계한다는 것이 도리어 나쁜 짓의 방법을 가르쳐 준 결과가 될지도 모르므로 조심하라는 말.

쇠털같이 많다
소의 털과 같이 수효가 셀 수 없이 많음을 비유하여 이르는 말. '새털' 같이 많다는 말은 틀린 말.

쇠 힘은 쇠 힘이요, 새 힘은 새 힘이다
① 큰 힘과 작은 힘은 각각 쓰일 곳이 다르니 힘의 대소(大小)만으로 그 가치를 평가해서는 안된다는 말. ② 원체 비교가 안된다는 말.

쇠 힘줄 같다
고집이 세고 융통성이 없다는 뜻.

수라장이 되었다
전란 · 싸움 등으로 된 어지럽고 비참한 광경을 뜻함.
* 수라장(修羅場) : 수라는 아수라(阿修羅)의 준말. 아수라는 항상 제석(帝釋)과 싸운다는 악신으로 수미산 사면(四面)의 해중(海中)에 산다고 함. 수라장은 아수라와 제석이 싸우는 마당.

수레 위에서 이를 간다
이미 때가 늦은 뒤에 원망하여도 소용이 없다는 말.

수박 겉핥기
내용이나 참뜻은 모르면서 일을 함의 비유.

수수 알이 인단(仁丹) 알 같으냐
수수 알이 인단 알로 보이느냐는 말로, ① 가망 없는 것을 바란다는 뜻. ② 못 먹을 것을 먹겠다는 말.

수숫대도 아래 윗마디가 있다
어떤 일에나 상하가 있다는 말.

수양딸로 며느리 삼기
① 몹시 하기 쉬운 일이라는 말.
② 아무렇게나 제게 편할 대로만 일을 처리한다는 뜻.

수양산 그늘이 강동 팔십 리 간다
수양산의 아름다운 그늘이 강동 지방 일대까지 드리워 아름다운 풍경을 이룬다는 말로, 어떤 한 사람이 잘되어 세력이 좋으면 그 덕을 입어 도움을 받는 사람이 많다는 뜻. = 금강산 그늘이 광동 팔십 리.

인왕산 그늘이 강동 팔십 리를 간다.

수염의 불 끄듯
조금도 지체하지 못하고 성급하게 후다닥 서둘러 함을 이름.

수염이 댓 자라도 먹어야 양반
사람으로서는 먹는 것이 제일 중요하다는 뜻.

수원·남양 사람은 발가벗겨도 삼십 리를 간다
수원과 남양의 인심이 모질다 하여 이르는 말.

수풀의 꿩은 개가 내몰고, 오장(五臟)의 말은 술이 내몬다
술만 마시면 마음속에 있는 것을 모두 말해 버리게 된다는 말.

숙향전이 고담(古談)이라
소설 「숙향전」이 옛날이야기에 불과하다는 말로, 여자의 운명이 평탄치 못하여 무한히 고생하나 끝끝내 좋은 때를 만나지 못한다는 뜻.

숟갈 한 단 못 세는 사람이 살림은 잘한다
여자가 좀 미련한 듯해야 딴생각 없이 살림을 잘한다는 뜻.

술값보다 안주 값이 비싸다
어떤 일에 있어서 주(主)되는 것보다 그에 딸린 것이 더 많음을 이르는 말.

술과 안주를 보면 맹세도 잊는다
술을 즐기는 사람은 술이 몸에 해롭다 하여 마음속으로는 늘 끊으려고 하지만, 보기만 하면 안 먹고 못 견딘다는 뜻.

술·담배 참아 소 샀더니 호랑이가 물어갔다
돈은 모으기만 할 것이 아니라 쓸 데는 써야 한다는 말.

술 덤벙 물 덤벙
술과 물을 가리지 않고 덤벙댄다는 뜻으로, 모든 일에 무턱대고 경거망동함을 이름.

술 먹여 놓고 해장 가자 부른다
일을 못되게 망쳐 놓고 나서 도와주는 척한다는 뜻.

술 먹은 개
술에 취한 사람을 멸시하는 말.

술 받아 주고 뺨 맞는다
자기 돈을 써 가며 남을 대접하고 나서 도리어 욕을 보는 경우에 이르는 말.

술은 괼 때 걸러야 한다
무슨 일을 함에 있어서나 최적의 기회가 있으므로 기회를 놓치지 말고 그 때를 타서 해야만 된다는 뜻.

술은 초물에 취하고 사람은 훗물에 취한다
① 술은 처음 마실 때부터 취하지만 사람은 한참 사귀고 나서야 친해진다는 말. ② 전처보다 후처에 더 혹한다는 말.

술이 아무리 독해도 먹지 않으면 취하지 않는다
무엇이나 실지로 해보지 않으면 아무 결과도 나타나지 않는다는 말.

술 익자 체 장수 지나간다
일이 우연히 잘 맞아 감의 비유.

숨다 보니 포도청 집이라
피하여 숨으려고 한 것이 도리어 제 발로 잡히러 걸어간 셈이 되었다는 말로, 무슨 일이 뜻밖에 낭패를 보는 경우를 이름.

숫돌이 저 닳는 줄 모른다
조금씩 줄어드는 것은 의식하기 힘든다는 뜻.

숭어가 뛰니까 망둥이도 뛴다
숭어는 좋은 고기이며 망둥이는 천한 고기인즉 힘이 미치지 못하는 자가 분에 넘는 남의 행동을 모방하여 되지 못한 짓을 한다는 뜻.
= 잉어가 뛰니까 망둥이도 뛴다.

숲 속의 호박은 잘 자란다
보이지 않는 숲 속에서 혼자 자라는 호박이 잘 자란다 함은, 늘 눈앞에 보이는 것은 자라는 줄 모르나, 한참 자라는 사람이나 생물을 오랫만에 한 번씩 보게 되면 몰라보리만큼 쑥쑥 자라 있다는 뜻.

숲이 깊어야 도깨비가 나온다
제게 덕망이 있어야 사람들이 따르게 된다는 뜻.

숲이 짙으면 범이 든다
속이 우중충하고 뚜렷하지 못하면 반드시 무슨 위험이건 내포되어 있는 것이니 주의하라는 뜻.

쉬파리 무서워 장 안 말을까
마땅히 해야 할 일은 다소 방해물이 있더라도 하여야 한다는 뜻.

쉰 길 물속은 알아도 한 길 사람 속은 모른다
살아 움직이는 사람의 마음은 알아내기가 매우 어렵다는 말.

쉰밥 고양이 주기 아깝다
저는 먹고 싶지도 않으나 남 주기는 아깝다는 말. = 나 먹자니 싫고 개 주자니 아깝다. 저 먹자니 싫고 남 주자니 아깝다.

스무 이레에 오기 시작한 비는 다음달 보름날까지 그치지 않는다
흔히 그믐 가까이 오는 비는 오래 계속되기 쉽다 하여 이르는 말.

슬갑(膝匣) 도둑
남의 시문(詩文)을 몰래 훔쳐서 그것을 그릇 사용하는 사람을 비웃는 말.

* 슬갑 : 겨울에 추위를 막기 위하여 바지 위로 무릎에 껴입는 옷.

승 청보(僧 淸甫)
옛날 청보라는 중이 계집을 데리고 가다가 다른 사람의 눈에 띄어 훗날 이것을 돌이켜 물은즉 아주 모른 체하더라 하여 나온 말로, 제가 한 일에 대하여 시치미를 떼고 모른 척하는 사람을 두고 하는 말.

승(勝)하면 충신, 패(敗)하면 역적
같은 일이라도 잘되면 충신의 칭호를 받고 잘못되면 역적의 벌을 받는다 함은, ① 세상의 모든 일은 결국에 가서는 승자에게만 유리하게 되는 것이라는 뜻. ② 어떻게 되든지 간에 정반대인 둘 중의 하나로 결판이 난다는 뜻. = 잘되면 충신이요 못되면 역적이라.

시골 깍정이 서울 곰만 못하다
서울 사람들은 인색하고 각박하며 남을 잘 속인다는 말.

시골 놈이 서울 놈을 못 속이면 보름씩 배를 앓는다
어수룩해 보이는 시골 사람이 오히려 약은 듯한 서울 사람을 더 잘 속여 먹는다는 말.

시기는 모과 한 잔등이라
① 음식물의 맛이 매우 실 때 이르는 말.
② 사람의 행동이 몹시 눈에 거슬릴 때 하는 말.

* 모과(木瓜) : 배나무과에 속한 나무, 또는 그 열매.

시기는 산개미 꽁무니라
사람의 하는 짓이 매우 아니꼬와서 눈에 거슬린다는 말.

시누올케 춤추는데 가운데올케 못 출까
남들도 다 하는데 왜 난들 못하겠느냐고 한 몫 낄 것을 제의할 때 쓰는 말.

시누 하나에 바늘이 네 쌈
흔히 시누이가 올케에게 심하게 한다 하여 이름. 시누이가 올케에게는 무서운 존재라는 뜻.

시들은 배춧잎 같다
얼굴에 생기가 없고 주름 잡힌 피부가 누렇게 떠 있음을 비유한 말.

시렁 눈, 부채 손
① 눈은 높으나 제 손으로는 실제 그와 같이 하지 못한다는 뜻.
② 사치한 생활을 하던 버릇은 훗날 가난하게 되었을 때에도 버리지 못하게 되지만, 또 그와 같이 하려 해도 그럴 만한 힘도 없다는 뜻. = 눈은 높고 손은 낮다.

시세도 모르고 값을 놓는다
물건의 내용도 모르고 좋고 나쁨도 가리지 못하면서 그것을 평가하여 떠드는 것을 이르는 말.

시시덕이는 재를 넘어도 새침데기는 골로 빠진다
보기에 떠드는 사람보다 겉으로 얌전한 체하는 사람이 때로는 더 악한 마음을 품고 있음을 이르는 말.

시아버지 죽으라고 축수했더니 동지섣달 맨발 벗고 물길을 때 생각난다
시아버지가 미워서 죽기를 원하다가 정말 죽고 나서 보니 짚신 삼아 주는 이가 없어, 추운 날 얼음길에 맨발로 물 긷다 보니 시아버지 생각이 간절하더라는 말로, 자기가 미워하고 싫어하던 사람이나 물건이 막상 없어지고 나면 아쉽고 생각나는 때가 있다는 말.
= 시어머니 죽으라고 축수했더니 보리방아 물 부어 놓고 생각난다.

시앗끼리는 하품도 옮지 않는다
하품은 옮아가는 것이나 시앗과 그 본마누라 사이는 하도 매섭고 차서 쉽사리 하품이 옮거나 서로 화합하지 않는다는 말.

시앗을 보면 길 가의 돌부처도 돌아앉는다
남편이 첩을 얻으면 점잖고 무던한 부인네도 시기를 한다는 말.
* 시앗 : 남편의 첩.

시앗이 시앗 꼴을 못 본다
시앗이 또 제 시앗을 더 못 본다는 말. = 첩이 첩 꼴 못 본다.

시앗 죽은 눈물이 눈 가장자리 젖으랴
남편의 첩이 죽었다 하더라도 눈물을 흘릴 부인은 없다는 말로, 매우 양(量)이 적다는 뜻.

시어미가 죽으면 안방이 내 차지
주장하던 사람이 없어짐으로써 그 다음 자리에 있던 사람이 권력을 잡게 된다는 말.

시어미 부를 노래 며느리 먼저 부른다

시어머니가 하고 싶은 말을 며느리가 먼저 한다는 말로, ① 제가 하고 싶은 말을 저 편에서 먼저 한다는 뜻. ② 제가 남을 탓하려 했더니 저 편에서 먼저 자기를 허물 잡고 나무란다는 뜻. = 나 부를 노래를 사돈집에서 부른다.

시어미에게 역정 나서 개 배때기 찬다

자기 노여움을 전혀 관계없는 다른 데다 옮긴다는 뜻.
= 시어미 역정에 개 밥 구유 찬다. 시모(媤母)에게 역정 나서 개 옆구리 찬다.

시어미 죽고 처음이다

시어머니 죽었을 때에도 속이 시원했었는데, 또 이렇게 속 시원한 일이 생긴 것은 시어머니 때 이후로 처음이라는 말로, 오랜만에 정말 속이 시원하고 만족스럽다는 뜻으로 이르는 말.

시어미 죽는 날도 있다

오랜 시일을 지내다 보면 속 시원한 일도 있다는 뜻.

시원찮은 귀신이 사람 잡아 간다

얼른 보아서 미련하고 못난 것 같아 보이는 자가 도리어 큰 사건을 일으킨다는 뜻.

시작이 반이다

어떠한 일이라도 일단 그것을 시작하기만 하면 성공의 가능성이 반쯤은 보인다는 뜻. = 시작이 절반.

시장이 반찬이라
배가 고프면 무엇이나 다 맛있다는 말.

시장이 팥죽
시장하면 무엇이나 팥죽만큼 맛있다는 뜻으로, 시장하면 무엇이나 맛나다는 말.

시장한 사람더러 요기 시켜 달라 한다
제 일도 감당을 못하는 사람에게 힘에 겨운 일을 무리하게 요구한다는 말.

시조(時調)를 하느냐
쓸데없는 소리를 중얼거리는 사람에게 하는 말. 옛날 한시(漢詩)에 비해 우리말로 된 시조를 얕보는 데서 생긴 말.

시조하라 하면 발뒤축이 아프다 한다
일을 하라고 하면 엉뚱한 핑계를 대고 하지 않으려 한다는 뜻.

시지도 않아서 군둥내부터 먼저 난다
같잖은 것이 미리서부터 노숙한 체한다는 뜻.
* 군둥내 : 김치 우거지의 구린 내를 뜻하는 전라도 사투리.

시집가기 전에 강아지 장만한다
시집도 가기 전에, 아이를 낳으면 그 똥을 먹일 강아지를 장만한다는 말로, 너무 미리서부터 준비하고 서둔다는 뜻. = 시집도 가기 전에 기저귀 마련한다. 시집도 아니 가서 포대기 장만한다.

시집가 석 달, 장가가 석 달만 같으면 살림 못 할 사람 없다
결혼 초의 석 달처럼 애정이 계속된다면 살림 못 하고 이혼할 사람은 한 사람도 없을 것이라는 말.

시집 밥은 살이 찌고 친정 밥은 뼈살이 찐다
친정에서 살면 속살이 찐다 함은, 시집살이하는 것보다 친정에서 살면 더 편하고 좋다는 말.

시집살이 못 하면 본가살이 하지
한 가지 일에 실패하더라도 또 다른 데 희망을 둘 수 있다는 말.

시집 열두 번 갔더니 요강 시울에 선 두른다
무슨 일을 여러 번 하고 나면 마침내 좋은 수도 당하게 된다는 뜻.
* 시울 : 약간 굽거나 휜 부분의 가장자리. 흔히 눈이나 입의 언저리를 이를 때에 쓴다.

시집을 대(代)로 가겠다
시집가는 것까지도 대신 가 주겠다 함은, 사람이 도무지 시원치 않아서 무슨 일이건 시킬 수가 없다는 뜻으로 이르는 말.

시청(侍廳)하는 도승지가 여름 북창(北窓) 밑에서 자는 사람만 못하다
벼슬이 높아 매일 궐내에 출입하는 것보다 벼슬 없이 제 집에서 편히 자는 것이 더 편한 신세라는 말.

식은 죽도 불어 가며 먹어라
식은 죽이 뜨거울 리는 없으나 그래도 더울지 모르니 불어 가며 먹으라는 뜻으로, 무엇이나 틀림없을 듯한 일도 잘 알아보고 조심해서 하라는 뜻. = 돌다리도 두드려 보고 건너라.

식은 죽 먹고 냉방에 앉았다
공연히 덜덜 떨고 있는 사람을 놀리는 말.

식은 죽 먹기
아주 하기 쉽다는 말.

식전 개가 똥을 참지
어떤 일을 하고 나서 다시는 그런 일을 안 하겠다고 다짐하는 사람을 비웃는 말.

식전 마수에 까마귀 우는 소리
매우 불길한 전조가 보인다는 말.
* 전조(前兆) : 미리 나타나 보이는 조짐.

식전에 조양이라

날이 다 밝아서야 양기가 동하였다는 뜻으로, 아무짝에도 쓸모없게 된 경우를 이르는 말.

* 조양(朝陽) : 새벽에 남자의 양기가 동하는 것.

식전 팔십 리(八十里)

아침식사 전에 팔십 리 길을 걸음과 같다는 말로, 아침을 먹지 않고 돌아다녀 허기지고 기운이 없다는 뜻.

식지(食紙)에 붙은 밥풀

대수롭지 않은 것이 그럭저럭 없어진다는 뜻.

* 식지 : 밥상이나 음식을 덮는 데 쓰는 종이.

식충(食蟲)이

미련하여 쓸모없는 이가 밥만 많이 먹는다 하여 이름.

식칼이 제 자루를 못 깎는다

① 아무리 긴한 일이라도 제 손으로는 못 하고 남의 손을 빌려야만 이루어지는 것을 이름. ② 제 허물을 제가 알아 고치기는 어렵다는 말.

식혜 먹은 고양이 속

제가 저지른 잘못이 탄로 날까 두려워 마음속에 근심이 가득함을 이르는 말.

신 배도 맛 들일 탓이라

무슨 일이나 처음에는 싫다가도 차차 재미를 붙이고 정이 들면 좋아질 수 있다는 말.

신 벗고 따라도 못 따른다
온 힘을 다하여도 미치지 못한다는 말.

신선놀음에 도끼 자루 썩는 줄 모른다
재미있는 일에 정신이 팔려서 시간 가는 줄 모르고 일의 형편도 모른다는 말.
[참고] 나무꾼이, 신선이 바둑 두는 것을 재미나게 구경하다가 보니 자기가 가지고 있던 도끼자루가 썩었더라는 옛날이야기에서 유래된 말.

신 속에 똥을 담고 다니나, 키도 잘 자란다
키가 잘 자라는 아이를 놀리는 말.

신 신고 발바닥 긁기
요긴한 데에 꼭 맞추지 못하여 시원치 않음을 이름.

신정(新情)이 구정(舊情)만 못하다
사람에게는 새로이 사귄 사이보다 오래 사귀어 온 정이 더 두텁다는 뜻.

신주(神主) 개 물어갔다
귀중하게 간직하고 위하던 것을 어느 틈엔지도 모르는 사이에 남에게 빼앗김을 이름.

신주(神主) 밑구멍을 들먹인다
조상들까지 들추어내면서 떠들어 댄다는 뜻.

신주(神主) 싸움에 팥죽을 놓지
한 곳에 신주 여럿을 두면 서로 다투지만, 그런 때 팥죽을 쑤어 차려 놓으면 무사하다는 데서 온 말로, ① 서로 다투고 떠들 때 그것을 말리면서 하는 농담. ② 사람이 싸울 때 먹을 것을 갖다 주면 서로 싸움을 그친다는 뜻.

신주(神主) 치레 하다가 제 못 지낸다
겉모양만 내려다가 정작 해야 할 일은 못 한다는 말.

신축년(辛丑年)에 남편 찾듯
신축년에 크게 흉년이 들어, 가족이 서로 흩어져 서로 찾아 다녔다는 옛날의 일화에서 나온 말로, 사람이나 물건을 여기저기 찾아다님을 뜻함.

실 가는 데 바늘도 간다
둘이 반드시 같이 다니고 떨어지지 아니한다는 뜻.

실성한 영감, 죽은 딸네 집 바라본다
딴생각을 하고 다니다가 정신없이 아무 데나 잘못 가서 거기가 어딘가 하고 둘러보는 경우를 비유적으로 한 말.

실없는 말이 송사 건다
무심히 한 말 때문에 큰 변이 생긴다는 말.

실 엉킨 것은 풀어도 노 엉킨 것은 못 푼다
같은 경우라도 작은 일은 간단히 해결이 되나 큰 일은 손쉽게 해결되지 않는다는 말.

* 노 : 실·삼·종이 따위의 섬유로 가늘게 비비거나 꼰 줄. 노끈.

싫은 매는 맞아도 싫은 음식은 못 먹는다
음식이란 먹기 싫으면 아무리 먹으려 해도 먹을 수가 없다는 뜻.

심사(心事)가 꽁지벌레라
장독에 들어가기를 좋아하는 꽁지벌레의 못된 심사라는 말로, 마음 씨가 사나워 남의 일에 방해 놓기를 좋아하는 사람을 이름.
* 꽁지벌레 : 왕파리의 유충.

심사가 놀부라
본성이 아름답지 못하고 탐욕을 일삼으며, 일일마다 심술을 부리는 사람을 이름.

심심하면 좌수 볼기 때린다
심심풀이로 만만한 사람을 건드리며 괴롭히는 악취미를 비웃는 말.
* 좌수(座首) : 조선 때, 지방의 자치 기구인 향청(鄕廳)의 우두머리.

십 년 공부 나무아미타불
오랜 시일을 두고 노력해 온 일이 하루아침에 허사로 돌아갔을 때 쓰는 말. = 십 년 공부 아미타불. 십 년 공부 도로 아미타불.

십 년 과수로 앉았다 고자 대감을 만났다
아무리 오래 공들인 일도 제 복이 없고 운수가 나쁘면 아무짝에도 쓸모없이 되어 버린다는 뜻.

십 년 세도(勢道) 없고, 열흘 붉은 꽃 없다
부귀영화는 오래 계속되지 못한다는 뜻.

십 년은 감수했다
크게 걱정스러운 일을 겪고 났다는 뜻.

십 년을 같이 산 시어미 성도 모른다
① 사람은 흔히 가까운 것에는 관심이 적어 도리어 모르고 지내는 수가 많다는 말. ② 사람이 너무 무심하여 마땅히 알고 있어야 할 것도 모르고 지낸다는 뜻.

십 년이면 강산도 변한다
십 년 동안에는 세상에 변하지 않는 것이 없다는 뜻. 그만큼 십 년이란 긴 세월이라는 뜻. = 십 년이면 산천도 변한다.

십 리 길에 점심 싸기
십 리밖에 안 되는 가까운 거리를 가는데 점심밥을 싼다 함은, 무슨 일이든지 준비를 든든히 하여 실수하지 않도록 하라는 말.

십 리도 못 가서 발병 난다
무슨 일이 얼마 가지 않아서 탈이 생긴다는 뜻.

십 리 밖에 섰어도 오리나무
글자만 보면 오리나무는 '오리(五里) 떨어진 곳에 서 있는 나무' 라 함과 같으나 사실은 어디에 있더라도 오리나무는 오리나무임에 틀림없다는 말. 어희(語戲)로 쓰임.

싱겁기는 늑대 불알이라
사람이 싱거워 맹숭맹숭하고 같이 어울리지 못함을 이르는 말.

싱겁기는 홍동지(洪同知)네 세 벌 장물이다
세 번이나 우려낸 장물 같다 함은, 사람이 매우 싱겁고 멀뚱멀뚱하다는 뜻.

* 장물(醬—) : 간장을 탄 찬물.

싱겁기는 황새 똥구멍이라
희멀쑥하고 싱거운 사람을 두고 하는 말.

싸고 싼 사향(麝香)도 냄새 난다
① 아무리 숨기려고 애써도 숨길 수 없는 경우를 이름. ② 덕이 높고 좋은 재주를 가진 사람은 제가 구하지 않아도 저절로 세상에 알려진다는 뜻.

싸라기밥을 먹었나
싸라기는 쌀이 부서져서 반 토막이 된 것. 그런데 이것을 먹었다 함은, 반말할 처지가 안 되는데 상대방이 반말투로 나올 때 반박하여 이르는 말.

싸리 밭에 개 팔자
무더운 여름날, 서늘한 싸리 밭에 누워 있는 개 팔자와 같다 함은, 남부러울 것 없고 마음 편한 늘어진 팔자라는 뜻.

싸움은 말리고 흥정은 붙이랬다
나쁜 일은 하지 못하게 말리고 좋은 일은 하도록 권함이 옳다는 말.

싸움해 이(利)한 데 없고, 굿해 해(害)한 데 없다
액(厄)을 쫓는 굿은 아무리 해도 해되는 것이 없으니 괜찮으나, 싸움은 결코 이로울 것이 못되니 절대로 해서는 안된다고 경계하는 말.

싸전에 가서 밥 달라 한다
성미가 매우 급한 사람의 행동을 이르는 말.
* 싸전(―廛) : 쌀과 그 밖의 곡식을 파는 가게.

싹이 노랗다
씨앗의 싹이 푸르게 싱싱하지 못하고 노랗다 함은, 일의 첫 시작이 벌써 틀어져서 끝까지 잘될 것 같지 않은 징조가 보인다는 뜻. = 싹수가 노랗다.

싼 것이 비지떡
값이 싼 물건은 당연히 그 품질도 그만큼 떨어진다는 뜻.

쌀광에서 인심 난다
① 곳간에 쌓인 것이 많고 쌀독에 쌀이 많아야 남도 주게 된다는 말. ② 여유가 있어야 비로소 남을 돕고 생각할 수 있게 된다는 말. = 광에서 인심 난다. 쌀독에서 인심 난다.

쌀독에 앉은 쥐
부족함이 없고 만족한 처지를 이름.

쌀은 쏟고 주워도, 말은 하고 못 줍는다
말은 한번 내뱉고 나면 주워 담을 수 없는 것이므로 삼가야 한다는 뜻. = 살은 쏘고 주워도, 말은 하고 못 줍는다.

쌈짓돈이 주머닛돈
쌈지에 들었거나 주머니에 들었거나 다 소유자 한 사람의 것이라는 뜻으로, 한 가족끼리의 재산은 누구의 것이라고 특별히 구별 짓지 않고 다같이 그 집의 재산이란 말. = 쌈지 것이 주머니 것이요, 주머니 것이 쌈지 것.

쌍가마 속에도 설움은 있다
쌍가마를 타고 다니는 높은 지위의 사람도 서러움은 가지고 있다는 말로, 아무리 남 보기에 좋은 듯해도 사람은 누구나 저마다 걱정과 서러움이 있다는 말.

쌍언청이가 외언청이 타령한다
자신에게 큰 허물이 있는 줄은 모르고 남의 작은 허물을 가지고 탓한다는 뜻.

쌍지팡이 짚고 나선다
기를 쓰고 못 하게 말린다는 뜻.

썩어도 준치
준치는 예로부터 맛이 좋은 생선으로, 잔뼈가 약간 많지만 준치는 워낙 맛이 좋아 약간 썩어도 그 맛이 남아 있다는 데서 유래된 말로, ① 어떤 것이 좋은 것이 있다면, 그것이 약간 손상을 입었다 하더라도 좋은 부분이 약간은 남아 있다는 말. ② 훌륭한 사람은 죽더라도 그 명예는 남고, 지조가 굳은 사람은 아무리 어려운 처지에서도 절개를 지킨다는 말.

썩은 고기에 벌레 난다
좋지 못한 원인이 있게 되면 반드시 그 결과로서 좋지 않은 일이나 사고가 생긴다는 말.

썩은 새끼로 범 잡기
조금만 힘을 주어 잡아당겨도 끊어질 썩은 새끼줄로 범을 잡았다 함은, 어수룩한 계책과 보잘것없는 재주로 뜻밖에 큰일을 함을 이름.

썩은 새끼를 잡아다니다간 끊어지지
① 몸이 극도로 쇠약한 사람에게 고된 일을 시키다가는 죽이고 만다는 뜻. ② 무엇이나 낡고 힘없는 것을 세게 건드리면 아주 못쓰게 된다는 뜻.

쏘아 놓은 살이요, 엎지른 물이다
① 한번 저지른 일은 어떻게 다시 고쳐 할 수 없다는 말. ② 한번 저지른 일을 중지할 수 없을 때 쓰는 말.

쑥구렁이, 꿩 잡아먹는다
지지리도 못나고 느려 터진 구렁이가 꿩을 잡아먹는다 함은, 어리석고 못난 자가 때로는 놀랄 만한 일을 잘한다는 뜻.

쑨 죽이 밥 될까
일이 이미 글렀으니 아무리 발버둥을 쳐도 소용이 없다는 뜻.

쓰니 시어머니
흔히 시어머니는 며느리를 못살게 굴고 미워함을 두고 이르는 말.

쓰다 달다 말없다
도무지 상관을 안 하고 자신의 의견을 말하지 않는다는 뜻.

쓰면 뱉고 달면 삼킨다
신의는 돌아보지 않고 제게 이로우면 취하고 그렇지 않으면 버린다는 뜻.

쓴 맛 단 맛 다 보았다
세상의 괴로움과 즐거움을 다 겪었다는 말.

씨도둑은 못 한다
콩 심은 데 콩 나고 팥 심은 데 팥 나는 것과 같이, 아버지와 자식은 얼굴이나 성질이 닮은 데가 많으므로 유전 법칙은 속일 수 없다는 뜻.

씨 보고 춤춘다
오동나무의 씨만 보고도, 그 씨가 자라서 큰 나무가 되면 그걸로 가야금 만들 걸 생각하며 미리부터 춤을 춘다는 말로, 성미가 급하여 너무 일찍부터 서두른다는 뜻.

씻은 듯 부신 듯
아무것도 남지 아니한 가난한 처지를 이르는 말.

씻은 팥알 같다
외양이 말쑥하고 똑똑한 사람을 두고 이르는 말.

씻은 하문(下門)에 오줌 누기
① 일껏 깨끗이 한 데를 곧 다시 더럽게 어지럽힌다는 말.
② 애써 한 일을 곧 못쓰게 망쳐 버림을 이름.

아가리가 광주리만 해도 그런 소리는 못한다
상대방이 어처구니없는 말을 할 때 대답으로 이르는 말.

아끼다 똥 된다
물건을 쓰지 않고 너무 아끼기만 하면 도리어 못쓰게 되는 경우가 많다는 말.

아내가 귀여우면 처갓집 말뚝 보고 절을 한다
① 아내가 귀여우면 아내 주위에 있는 보잘것없는 것까지도 고맙게 보인다는 말. ② 어떤 사람에게 혹하여 정신이 없으면 사리가 어두워져 실수를 하게 된다는 말. = 아내가 귀여우면 처갓집 문설주도 귀엽다. 아내가 예쁘면 처갓집 울타리까지 예쁘다.

아내 나쁜 것은 백 년 원수, 된장 신 것은 일 년 원수
아내를 잘못 맞으면 평생을 그르치는 것이 된다는 말.

아내 없는 처갓집 가나 마나
목적하는 것이 없는 데는 갈 필요도 없다는 말.

아는 걸 보니 소강절의 똥구멍에 움막 짓고 살았겠다
너무 아는 체하는 사람을 핀잔하며 하는 말.
* 소강절(邵康節) : 중국 송(宋)나라 때의 유명한 철학자.

아는 게 병이다
① 알기는 알아도 똑바로 잘 알고 있지 못하기 때문에 그 지식이 오히려 걱정거리가 된다는 말. ② 도리(道理)를 알고 있는 까닭으로 도리어 불리하게 되었음을 이름.

아는 길도 물어 가라
쉬운 일도 물어서 해야 틀림이 없다는 말.

아는 놈이 도둑놈
① 잘 알고 있는 사람이 오히려 속임수를 써서 이 편을 해롭게 한다는 뜻. ② 친한 사람에 의해 도리어 해를 입는다는 말.

아는 도둑놈 묶듯
아는 도둑놈을 묶듯이 그렇게 물건을 허술히 묶어 맨다는 뜻.
= 아는 놈 붙들어 매듯.

아니 구린 통싯간이 있나
① 제 본색은 언제나 감출 수 없다는 말.
② 세상에 과실이 없는 사람은 없다는 말.
* 통싯간 : 뒷간의 경남·충남·황해도 사투리.

아니되는 놈의 일은 뒤로 자빠져도 코가 깨진다
일마다 안될 때에는 예측하지 못한 뜻밖의 재화(災禍)까지도 일어난다는 말. = 안 되는 사람은 뒤로 넘어져도 코가 깨진다.

아니되면 조상 탓
① 자기가 잘못하거나 못나서 일에 실패하면 반성은 안 하고 조상만 원망한다는 뜻. ② 자기 잘못을 남에게 전가한다는 뜻. = 아니되면 조상 탓. 안되면 산소 탓.

아니 때린 북 장구 소리가 나랴
원인 없는 결과가 없다는 말. = 아니 때린 장구 북소리 날까.

아니 땐 굴뚝에 연기 날까
① 원인이 없으면 결과가 없다는 뜻.
② 실제 일이 있기 때문에 말이 난다는 뜻.

아니 밴 아이를 자꾸 낳으란다
아직 이루어질 시기도 안되었는데 무리하게 재촉한다는 뜻.
= 배지 않은 아이를 낳으라고 한다.

아닌 밤중에 홍두깨
캄캄한 밤중에 갑자기 홍두깨를 내민다는 뜻으로, 까맣게 모르고 생각지도 않던 일을 갑자기 당하게 되었다는 말. = 그믐밤에 홍두깨 내밀기. 아닌 밤중에 홍두깨 내밀기.

아들네 집 가 밥 먹고 딸네 집 가 물 마신다
딸네 집 살림을 걱정하여 밥은 아들네 집에 가서 먹고 딸네 집에 가서는 물만 마신다는 말로, 흔히 딸의 살림살이를 아끼고 생각해 주는 부모를 두고 하는 말.

아들 못난 건 제 집만 망하지만, 딸 못난 건 양 사돈이 망한다
여자가 못되면 시집에도 화를 미치고 친가에도 폐를 끼치게 된다는 말.

아래턱이 위턱에 올라가 붙다
상하 위계질서를 무시하고 아랫사람이 윗자리에 올라가 앉을 수는 없다는 말.

아랫돌 빼어 윗돌 괴고 윗돌 빼어 아랫돌 괸다
빚 같은 것을 이 사람에게서 얻어서 저 사람에게 갚고, 저 사람에게서 얻어 이 사람에게 갚는 식으로 돌려 맞추는 것을 이름. = 아랫돌 빼서 윗돌 괴기.

아무 때 먹어도 김가가 먹을 것이다
제가 취하게 될 이익은 언제까지 그냥 두어도 제게 돌아온다는 말.

아무렇지도 않은 다리에 침 놓기
아무렇지도 않은 다리에 침을 놓아서 괜히 병신을 만들었다는 말로, 가만히 두었더라면 아무 일이 없을 것을 공연히 건드려서 탈을 낸다는 뜻. = 긁어 부스럼 내기.

아무리 바빠도 바늘허리 매어 쓰지 못한다
아무리 급한 일이라 할지라도 순서와 격식을 무시하고는 할 수 없다는 말.

아무리 사당을 잘 지었기로 제사를 못 지내면 무엇하나
아무리 겉모양이 훌륭하고 격식이 갖추어졌더라도 제구실을 못한다면 아무런 소용이 없다는 말.

아무리 쫓기어도 신발 벗고 가랴
아무리 쫓기는 처지라도 체면 차릴 것은 차려야 한다는 뜻.

**아버지는 아들이 잘났다고 하면 기뻐하고,
형은 아우가 더 낫다고 하면 노한다.**
① 부모는 자식이 자기보다 낫다고 하는 것이 기쁘지만 형제 사이에서는 그렇지 않다는 말. ② 형제간의 우애가 부모의 사랑만은 못하다는 뜻.

아버지 종도 내 종만 못하다
남의 것이 아무리 좋다 하더라도 자기에게는 실속이 없으므로 아무런 소용이 없으며, 적고 보잘것없는 것이라도 자기가 직접 가지고 있는 것이 좋다는 말.

아비만한 자식이 없다
자식이 아무리 훌륭하게 되었다 하더라도 그 아버지만은 못하다는 뜻으로 하는 말.

아산이 깨어지나 평택이 무너지나
① 쌍방의 힘이 비슷하여 싸우는 기세가 서로 동등함을 이름. ② 싸움을 할 때 서로 끝까지 결판이 날 때까지 해 보자고 어르는 말. = 평택이 무너지나 아산이 깨어지나.

아쉬운 감장수 유월부터 한다
① 돈이 아쉬워서 물건답지 못한 것을 미리 내다 팖을 비유적으로 이르는 말. ② 변변치 못한 일을 남보다 일찍 함을 비유적으로 이르는 말.

아기 가진 떡
상대방이 세력이 없거나 약하여서 그가 갖고 있는 물건을 쉽게 빼앗을 수 있을 때 이르는 말.

아이도 낳기 전에 기저귀 장만한다
일이 어떻게 될지도 모르는데 미리부터 너무 성급하게 서둔다는 뜻. = 아이도 낳기 전에 포대기 장만한다.

아이는 칠수록 운다
아이는 때리면 때릴수록 더욱 울게 마련이므로 아이가 울 때는 때리는 것보다 달래는 편이 빨리 그친다는 뜻.

아이도 사랑하는 데로 붙는다
사람은 누구나 정이 많은 데로 따라간다는 뜻.

아이를 기르려면 무당 반에 어사 반이 되어야 한다
① 아이는 한편으로는 귀여워하면서도 또 한편으로는 엄하게 키워야 함을 이르는 말. ② 아이를 기르려면 부모가 여러 가지 것을 다 알아야 함을 비유적으로 이르는 말

아이를 예뻐하면 옷에 똥칠을 한다
어리석은 사람과 사귀어 친하게 다니면 이로울 것은 없고 제게 손해되는 일만 생긴다는 뜻. = 개와 친하면 옷에 흙칠을 한다.

아이 못 낳는 년이 밤마다 용꿈 꾼다
실제로 할 능력도 없는 주제에 허황된 생각만 하고 있는 경우를 비유적으로 이르는 말.

아이 밴 계집 배 차기
고약하고 심술 사나운 못된 행동을 비유적으로 이르는 말.

아이 밴 나를 어찌할까
제게 믿는 데가 있어 상대방이 감히 어떻게 하지 못할 것을 알고 배짱을 부린다는 뜻.

아이 본 공과 새 본 공은 없다
남의 아이를 보아 주는 것은 아무리 잘 보아 주었다 하더라도 한 번 실수로 아이에게 무슨 탈이라도 생기면 오히려 원망만 사게 된다는 말.

아이 싸움이 어른 싸움 된다
처음에는 아이들끼리 싸우다가 나중에는 그 부모들까지 나와 시시비비를 가린다고 떠들며 싸우게 되므로 이르는 말.

아이와 장독은 얼지 않는다
아무리 날씨가 추워도 장독이 얼지 않는 것과 같이 그만큼 아이들은 추위를 모른다는 뜻.

아이 자라 어른 된다
① 불완전한 것이 차차 성장하여 완전한 것이 된다는 말. ② 어린아이도 나중에 자라나면 의젓한 어른이 되므로 너무 심하게 구박하지 말라는 뜻으로 하는 말.

아이 치레 송장 치레
아이들에게 좋은 옷을 입히는 것은 마치 송장에게 옷을 잘 입히는 것과 같이 아무 소용도 없으니 자라는 아이들은 아무렇게나 되는대로 입혀서 기르라는 말.

아저씨 못난 것 조카 장짐 지운다
되지 못한 자가 조금 높은 자리에 있다고 해서 저보다 조금 낮은 지위에 있는 사람들을 마구 부려 먹는다는 뜻.

아저씨 아저씨 하고 길짐만 지운다
겉으로는 존경하는 척하면서 사람을 부려 먹는다는 뜻. = 아저씨 아저씨 하면서 떡짐 지운다.

아전의 술 한 잔이 환자가 석 섬이라고
관리로부터 적은 신세를 지면 몇 곱으로 갚게 됨을 이름.

* 환자(還子) : 봄에 환곡으로 받은 곡식을 도로 가을에 바치는 것.
* 환곡(還穀) : 조선시대 때, 백성에게 봄에 꾸어 주었다가 가을에 받아들이던 곡식.

아주머니 떡도 싸야 사 먹지
아무리 친분이 있다 하더라도 제게 이익이 없는 일은 하지 않는다는 말. = 아주머니 술도 싸야 사 먹는다. 할아버지 떡도 커야 사 먹는다.

아직 이도 나기 전에 갈비를 뜯는다
제 힘을 모르고 턱도 없이 힘에 겨운 일을 하려고 한다는 뜻.

아침 놀 저녁 비요, 저녁 놀 아침 비다
아침에 놀이 서면 저녁 때 비가 오고, 저녁에 놀이 서면 아침에 비가 온다는 말.

아침안개가 중대가리 깬다
아침에 안개가 끼면 낮에 중의 머리를 깰 정도로 햇볕이 아주 강하게 비친다는 뜻.

아침에 까치가 울면 좋은 일이 있고, 밤에 까마귀가 울면 대변(大變)이 있다
흔히 아침에 까치가 와서 울면 반가운 손님이 오거나 기쁜 소식이 있고, 밤에 까마귀가 울면 좋지 못한 일이 생긴다 하여 이르는 말.

아홉 살 일곱 살 때에는 아홉 동네에서 미움을 받는다
아홉 살 일곱 살 된 아이는 장난이 심하고 말도 잘 안 듣는다 하여 이르는 말.

아홉 섬 추수한 자가 한 섬 추수한 자더러 열 섬 채우게 그 한 섬 달라 한다
① 남의 사정은 조금도 생각하지 않고 제 욕심만 채우려는 사람을 이르는 말. ② 인간의 욕심은 한이 없다 하여 이르는 말.

악담은 덕담이라
남을 저주하는 나쁜 말은 도리어 욕을 듣는 이에게 좋은 수를 끼친다는 뜻으로 이르는 말.

악으로 모은 살림, 악으로 망한다
나쁜 짓을 하여 모은 재산은 오래 가지도 못하고 도리어 제게 해를 끼치게 된다는 말.

안 먹겠다 침 뱉은 물, 돌아서서 다시 먹는다
두 번 다시 보지 않을 것처럼 혹독하게 대하였으나 후일에 또다시 찾아가서 아쉬운 소리를 하는 날이 있게 될 것이니 누구에게나 좋게 대하라는 뜻.

안방에 가면 시어머니 말이 옳고, 부엌에 가면 며느리 말이 옳다
① 이편 말을 들으면 이편이 옳은 것 같고, 저편 말을 들으면 저편이 옳은 것 같다는 말로, 곧 시비(是非)를 판단하기 어렵다는 뜻. ② 누구나 자기 처지에서만 따진다면 잘못이란 것은 있을 수 없다는 뜻.

안벽 치고 밭벽 친다
이편에 가서는 이렇게 말을 하고 저편에 가서는 저렇게 말을 하여 둘 사이에 이간을 붙인다는 말.

안 본 용(龍)은 그려도 본 뱀은 못 그린다
사실을 있는 그대로 파악하기란 지극히 어렵다는 말.

안성맞춤
경기도 안성에 유기를 주문하여 만든 것처럼 잘 들어맞는다는 데서 유래된 말로, ① 요구하거나 생각한 대로 잘된 물건을 비유적으로 이르는 말. ② 조건이나 상황이 어떤 경우나 계제에 잘 어울림.

안 인심이 좋아야 바깥양반 출입이 넓다
자기 집에 오는 사람에게 대접을 잘하여야 다른 데 가서도 대접을 잘 받는다는 말.

안주 안 먹으면 사위 덕 못 본다
안주 없이 술을 마시면 더욱 취하게 되므로 그것을 경계하기 위하여 하는 말.

안 주어서 못 받지 손 작아서 못 받으랴
무엇이나 주는 대로 다 받는다는 말.

안질(眼疾)에 고춧가루
눈병과 고춧가루는 상극이라는 뜻으로, 아주 상극이 되어 나쁜 영향을 끼치는 물건을 이르는 말. 성한 눈도 견디기 힘든 고춧가루를 앓는 눈에 뿌린다는 뜻으로, 엎친 데 덮친 격으로 아주 나쁜 결과를 가져올 대책을 이르는 말. = 눈 앓는 놈 고춧가루 넣기.

안팎곱사등이라
이렇게도 못하고 저렇게도 못하고 조금도 변통할 수 없을 만큼 답답하다는 뜻.

앉아 주고 서서 받는다
꿔 준 돈을 다시 되돌려 받기가 매우 어렵다는 뜻. = 앉아 준 돈 서서도 못 받는다.

앉은뱅이가 서면 천 리를 가나
능력도 없고 수단도 없는 사람이 장차 큰일을 할 것처럼 떠들고 다닐 때 놀림조로 이르는 말.

앉은뱅이 앉으나 마나
하나 마나 마찬가지라는 뜻.

앉은 자리에 풀도 안 나겠다
사람이 너무 깔끔하고 매서울 만큼 냉정하다는 뜻.

알고 보니 수원(水原) 나그네
처음에는 누군지 몰라봤으나 알고 보니 아는 사람이로다 하는 뜻으로 이름.

알까기 전에 병아리 세지 마라
일이 성사되기도 전에 일에서 생길 이익을 따지는 것은 좋지 아니하다는 말.

앓느니 죽지
앓느라고 괴로움을 당하느니보다는 차라리 죽어서 모든 것을 잊는 편이 낫겠다는 말로, 자기가 수고를 좀 덜 하려고 남을 시켜서 시원치 않게 일을 하느니보다는 당장에 힘이 들더라도 자기가 직접 해 치우는 편이 낫겠다고 할 때 이르는 말.

앓던 이 빠진 것 같다
치통이 얼마나 괴로운지를 잘 대변해 주는 속담으로, 걱정을 끼치던 것이 없어져서 시원하다는 뜻.

암탉 울어 날 샌 일 없다
여자가 나대어 가지고 어떤 일이 성취된 일이 없다는 말.

암탉이 울면 집안이 망한다
집안에서 부인 되는 이가 남편보다 기승하여 떠들고 간섭하면 집안일이 잘되지 않는다고 하는 말.

앞길이 구만 리 같다
'앞길이 아득히 멀다'라는 말로, 뜻한 바를 이루려면 아직도 멀었다는 뜻.

앞 남산 호랑이가 뭘 먹고 사나
어리석고 못된 사람한데, 미워서 죽어 없어지기나 하라는 뜻으로, '호랑이는 저런 놈이나 물어다가 먹어치우지, 대체 뭘 먹고 살기에 안 물어가나' 하는 욕.

앞서거니 뒤서거니
앞에 서서 가기도 하고 뒤에 서서 가기도 하면서 몹시 다정하게 간다는 뜻.

앞에서 꼬리 치는 개가 후(後)에 발뒤꿈치 문다
앞에 와서 살살 좋은 말만 하고 비위를 맞춰 주기에 급급한 사람일수록 보이지 않는 데서는 도리어 험담을 하고 모해를 한다는 말.

앞에 할 말 뒤에 하고, 뒤에 할 말 앞에 하고
일의 차례가 뒤바뀌었음을 비유적으로 이르는 말.

앞집 처녀 믿다가 장가 못 간다
남은 생각지도 않는데 공연히 저 혼자 지레짐작으로 믿고만 있다가 낭패를 보게 됨을 이름. = 동네 처녀 믿다가 장가 못 간다. 이웃집 색시 믿고 장가 못 간다.

애호박에 말뚝 박기
버릇없고 심술궂은 짓을 한다는 뜻.

야윈 말이 집 탐한다
① 몸 약한 사람이 해내지도 못하면서 남보다 오히려 일을 많이 하려고 한다는 뜻. ② 야위고 마른 사람이 이기지도 못하면서 많이 먹으려고 한다는 뜻.

약과(藥果)를 누가 먼저 먹을는지 모른다
약과는 제사에 쓰이므로 누가 먼저 제삿밥을 얻어먹게 될지 모른다는 말로, 누가 먼저 죽을지 모를 일이라는 뜻.

약빠른 고양이 밤눈 어둡다
매우 영리하여 실수가 없을 듯해 보이는 사람이라도 역시 부족하고 어두운 점이 있다는 말. = 영리한 고양이가 밤눈 못 본다.

약빠른 고양이 상 못 얻는다
너무 약은 체하고 돌다가 아무것도 얻어 가지지 못한다는 뜻.

약방에 감초
여기저기 아무 데나 가서 섞여, 빠지는 일이 없는 사람을 농으로 이르는 말. = 탕약에 감초.

약에 쓸래도 없다
아무리 애써 구하려고 해도 조금도 구할 수 없다는 말.

약질 목통에 장(壯)골 셋 떨어진다
몸이 약하고 여윈 사람의 목구멍에 힘세고 든든한 사람 셋이 떨어진다 함은, 흔히 약해 보이고 여윈 사람이 음식은 놀랄 만큼 많이 먹는다 하여 이르는 말.

약질이 살인 낸다
약해 보이는 사람이 뜻밖에 엄청나게 큰 힘을 내어 사람을 놀라게 한다는 말.

양가문(兩家門)한 집에는 까마귀도 앉지 말랬다
두 집 살림, 즉 첩살림과 본처살림을 하는 집과 가까이 사귀면 말이 많아 조금도 이로울 것이 없다는 뜻.

양미간(兩眉間)이 넓으면 소견이 틔었다
두 눈썹 사이가 넓은 사람은 마음이 너그럽고 시원스럽다는 뜻으로 하는 말.

양반, 김칫국 떠먹듯
아니꼽게 점잔을 빼는 사람을 보고 하는 말.

양반 못된 것이 장에 가 호령한다
사람 못된 것이 만만한 데 가서 활개를 치며 잘난 체한다는 말.

양반은 가는 데마다 상(床)이요, 상놈은 가는 데마다 일이라
제 집에서 호강하고 편히 사는 사람은 남의 집에 가서도 후한 대접을 받지만, 제 집에서 고생하고 일을 많이 하는 사람은 어디를 가든지 일만 하게 된다는 뜻.

양반은 물에 빠져도 개헤엄은 안 친다
① 아무리 다급한 때에도 추한 모양은 하지 않는다는 말. ② 지조와 기개가 있는 사람은 죽게 된 경우에라도 그것을 버리지 않는다는 뜻.

양반은 세 끼만 굶으면 된장 맛 보잔다
평생에 잘 먹고 지내던 사람은 배고픈 것을 조금도 못 참으며, 굶주리면 아무것이나 고맙게 먹는다는 말.

양반은 얼어 죽어도 겻불을 안 쬔다
양반은 아무리 위급한 때를 당하더라도 자기 체면만은 그대로 지니려고 애쓴다는 뜻. = 양반은 얼어 죽어도 짚불은 안 쬔다.

양반은 죽어도 문자 쓴다
양반은 아무리 위급한 경우를 당하여도 한문 문자를 쓴다는 말. 한문에 중독된 양반을 비웃는 말.

양반은 하인이 양반 시킨다
밑에서 일하는 사람이 잘하여야 그 윗사람이 칭찬을 받으며 그만한 대우도 받는다는 뜻. 양반 댁 하인이 남들과 접촉할 때 그가 하는 행동에 따라 그 집안의 가품을 평하게 되므로 이름.

양반의 새끼는 고양이 새끼요, 상놈의 새끼는 돼지 새끼라
양반의 자식은 좀 못생겼더라도 차차 그 모습이 말쑥해지나 상놈의 자식은 점점 더 추악해진다는 뜻으로, 양반집 자녀를 추어올려 이르는 말.

양반의 자식이 열둘이면 호패를 찬다
양반의 자식은 어려서부터 남달리 훌륭하게 자라난다는 뜻.

양(洋)시조를 하느냐
쓸데없는 소리를 중얼거리는 사람에게 하는 말.
[참고] 처음에는 한시(漢詩)에 비하여 우리말로 된 시조(時調)를 얕보는 데서 '시조를 하느냐'는 말이 생겼다가, 한글에 대한 인식이 차차 달라지자, 그대로 '시조'라고 할 수 없어 여기에 양(洋)자 하나를 더한 것인 듯함.

양식(糧食) 없는 동자는 며느리 시키고, 나무 없는 동자는 딸 시킨다
양식 없이 밥 짓는 일은 며느리를 시키고 나무 없이 밥 짓는 일은 딸을 시킨다는 말로, 흔히 시어머니 되는 이가 며느리를 미워하고 자신이 낳은 딸만 생각한다는 뜻.
* 동자 : 밥 짓는 일.

양지 마당의 씨암탉걸음
남자의 맘을 끌기 위해 맵시를 부려 가며 아장거려 걸어가는 여자의 걸음을 이름.

양첩(兩妾) 둔 놈, 때 굶는다
두 첩을 둔 남자는 흔히, 이 집에서는 '저 집에서 먹겠지' 하며 밥을 안 차리고, 저 집에서는 '이 집에서 먹겠지' 하며 끼니를 안 차리게 되므로 결국 밥을 굶게 된다는 뜻.

얕은 내도 깊게 건너라
물이 얕은 시내도 깊은 시내를 건너듯 조심조심 건너라는 뜻으로, 무슨 일이든지 너무 쉽게 생각하지 말고 조심스럽게 하라는 말.

어깨너머문장
남이 배우는 옆에서 얻어들어 공부한 사람.

어깨너멋글
남이 배우는 옆에서 얻어들어 배운 글이라는 뜻.

어느 구름에 눈이 들며 어느 구름에 비가 들었나
① 일은 되어 보아야만 알지 미리 짐작하기란 어렵다는 뜻. ② 언제 무슨 사건이 생길지 모른다는 말. = 어느 구름에서 비가 올지.

어느 귀신이 잡아 가는지 모른다
① 언제 어떻게 잘못될지 도무지 마음을 놓을 수 없음을 비유적으로 이르는 말. ② 아무도 모르게 잡아 간다는 뜻.

어느 장단에 춤추랴
한 가지 일에 참견하는 사람이 많아 어느 말을 좇아야 할지, 어떻게 해야 할지 모르겠다는 말.

어둔 밤에 눈 끔적이기
남이 보지 않는 곳에서 일을 하면 알아주는 이가 없으니 아무 보람이 없다는 말.

어둔 밤의 등불
무엇을 함에 있어 없어서는 안 될 것, 즉 꼭 필요한 것을 이름.

어디 개가 짖느냐 한다
남이 하는 말을 무시하여 들은 체도 아니 함을 비유적으로 이르는 말. = 어느 집 개가 짖느냐 한다.

어려서 굽은 나무는 후에 안장감이다
처음부터 굽어 아주 쓸데없는 듯하던 나무가 나중에 소의 안장감으로 쓰인다는 말로, 세상에는 불필요한 무용지물이 없다는 말.

어르고 등골 뺀다
겉으로는 잘해 주는 체하면서 사실은 골려 준다는 뜻.

어르고 뺨 친다
겉으로는 썩 극진히 생각해 주는 체하면서 속으로는 도리어 해칠 심사를 지녔다는 뜻.

어린아이 가진 떡도 뺏어 먹겠다
염치없이 제 욕심을 채우고 어리석은 사람을 속이기만 하는 자를 이르는 말.

어린아이 매도 많이 맞으면 아프다
대수롭지 않고 작은 것이라도 여러 번 당하면 큰 손해가 된다는 뜻.

어린아이 예뻐 말고 겨드랑 밑이나 잡아 주어라
아이들을 진심으로 사랑한다면 그저 뜻만 받아 주고 귀여워만 할 것이 아니라 잘 가르쳐 주라는 말.

어린아이와 개는 괴는 데로 간다
누구든지 저를 사랑하고 위하여 주는 사람을 따른다는 말.

어린애 보는 데는 찬물도 마시기 어렵다
① 아이들은 무작정 어른 하는 대로만 따라하려고 하므로, 아이가 보는 데서는 행동을 삼가야 한다는 뜻. ② 아이들은 무엇이나 남이 먹는 것은 다 먹고 싶어한다는 뜻. = 아이 보는 데서는 찬물도 못 먹는다.

어린애 젖 조르듯 한다
무슨 요구를 가지고 몹시 청하여 귀찮게 군다는 뜻.

어린 중 젓국 먹이듯
도리를 다 알고 있는 사람이 아무것도 모르는 이를 속여서 나쁜 짓을 하라고 권함을 이름.

어릴 때 굽은 길맛가지
길맛가지는 마소(馬牛)에 짐을 실을 때 얹는 안장에 있는 세모로 구부러진 나무를 이름이니, 좋지 않은 버릇이 아주 어렸을 때부터 굳어 버려서 다시 고칠 수 없음을 이름.

어머니가 반 중매쟁이가 되어야 딸을 살린다
과년한 딸을 가진 어머니는 딸의 결혼을 위하여 백방으로 주선하고 애쓴다는 말.

어머니가 의붓어머니면 친아버지도 의붓아버지 된다
어머니가 돌아가시고 계모 밑에 있게 되면 그 아버지 되는 이는 자식들보다도 후처를 더 중히 여기고 그 후처가 하자는 대로 하기 때문에 전처의 자식들과는 비록 친부자지간이라 하더라도 그 사이가 멀어지고 등한해진다 하여 이르는 말.

어물전 망신은 꼴뚜기가 시킨다
꼴뚜기가 너무 볼품없는 물고기라는 생각에서 유래된 말로, 못난 것은 언제나 제가 속해 있는 단체의 여러 사람에게 불명예스러운 짓만 하고 다니며 폐를 끼친다는 뜻. = 생선 망신은 꼴뚜기가 시킨다.

어물전 털어 먹고 꼴뚜기 장사한다
큰 사업에 실패하고 보잘것없는 작은 장사를 시작한다는 뜻.

어미는 좁쌀만큼씩 벌어 오고 아들은 말똥만큼씩 먹는다
부모가 애써 끼니를 벌어 오고 재산을 저축하면 자식들은 그 노고도 모르고 그저 배불리 많이 먹고 재산을 탕진하여 없앤다는 뜻.

어미 본 애기, 물 본 기러기
언제 만나도 좋기만 한 사람을 보고 기뻐함을 이름.

어미 잃은 송아지
의지할 곳이 없어진 사람을 가리키는 말.

어미 팔아 동무 산다
① 사람은 누구나 친구가 있어야 한다는 말.
② 친구와 매우 다정히 지냄을 이름.

어사는 가어사(假御使)가 더 무섭다
진짜 어사또보다도 어사또를 가장하여 그 권한을 행사하는 이가 더 무섭다는 말로, 참으로 권세를 지닌 사람보다도 어떤 세력을 빙자하여 되지 못하게 유세를 부리는 사람이 남에게 더 혹독한 짓을 한다는 뜻.

어미 딸이 두부 앗듯
어머니와 딸이 두부를 만들 듯한다 함은, 무슨 일을 함에 의논이 맞고 손발이 척척 맞아 쉽게 잘한다는 뜻.

어미 딸이 쌍절구질하듯
어머니와 딸이 둘이서 함께 절구질을 할 때 한 사람이 찧으면 곧 또 한 사람이 찧고 하면서 조금도 서둘거나 어긋남이 없다는 뜻으로, ① 무슨 일을 할 때 사람들의 손발이 척척 잘 맞아 들어감을 이르는 말. ② 말다툼할 때 한 사람이 뭐라고 하고 나서 곧 또 한 사람이 이어 하기를 쉬지 않고 되풀이함을 이르는 말.

어장(漁場)이 안 되려면 해파리만 끓는다
되지 않는 일에는 달갑지 않은 것만 모여 들끓는다는 말.

어정 칠월 동동 팔월
농가에서 칠월은 어정어정 무엇을 한지도 모르게 지나고, 팔월은 추수 때문에 동동거리며 바삐 지낸다는 말.

어지간해야 생원님하고 벗하지
나이로나 지체로나 온갖 점에서 도저히 상대할 사람이 못된다는 말.

어진 아내는 일생의 복이요 못된 아내는 삼대 흉년이다
집안이 잘되고 못되고는 여자 손에 달려 있으므로 아내를 잘 얻어야 한다는 말.

어진 여자는 남편을 공경한다
현명한 여자는 남자를 잘 받든다는 말.

어질병이 지랄병 된다
대단치 않은 병통이 점점 커져서 아주 힘든 병통이 된다는 말.

어항에 금붕어 놀 듯
남녀 간에 서로 잘 어울려 노는 모양을 비유적으로 이르는 말.

억지가 사촌보다 낫다
보아 주는 사람이 있는 것보다 꿋꿋하게 고집을 세워 나가는 것이 효과가 있다는 뜻.

억지로 절 받기
제가 어떤 대접을 받고 싶어, 상대방은 생각지도 않는데 이편에서 요구하여 억지로 대접을 받는다는 뜻.

억지 춘향이다
내키지도 않는 일을 할 수 없이 한다는 말.

언 다리에 빠진다
물이 언 다리 밑에 빠지더라도 크게 위험한 일은 없는 것과 같이 어쩌다 실수를 하여도 과히 큰 손해를 보게는 안된다는 말.

언덕에 자빠진 돼지가 평지에 자빠진 돼지를 나무란다
제 흉은 모르고 남의 흉만 탓한다는 뜻.

언문풍월(諺文風月)에 염이 있으랴
한시(漢詩)를 지을 줄 모르는 차에 염을 둘 수는 없다는 말로, 쉽사리 해낼 수 없는 일에 그 성과의 좋고 나쁨을 따질 수 없다는 말.
* 염(簾) : 한시를 지을 때 자음의 높낮이를 맞추는 방법.

언 발에 오줌 누기
잠시의 효력이 있을 뿐 마침내는 더 나쁘게 될 일을 한다는 말로, 앞을 내다보지 못하고 당장에 편한 것만 추구하는 것을 비웃는 말.

언제는 외조(外祖)할미 콩죽으로 살았나
지금까지 다른 사람의 은덕으로 살아 온 것도 아닌데, 이제 새삼스럽게 호의를 바라지 않는다고 거절할 때 쓰는 말. = 외갓집 콩죽에 잔뼈가 굵었겠나.

언청이 굴회 마시듯
빠져 떨어질까 봐 단숨에 후루룩 마시는 것을 이름.

언청이 아가리에 콩가루
언청이는 입을 다물 수 없으므로 입에 든 것이 자꾸 삐져나온다는 뜻으로, 아무리 숨기려고 해도 저절로 드러난다는 말.

언청이 아가리에 토란 비어지듯
입술 째진 언청이가 미끄러운 토란을 먹기 위해 입 안에서 이리저리 굴리다 보면 아무래도 그것이 밖으로 비어져 나올 수밖에 없다는 말로, ① 무슨 일이 잘못되어 그 과실을 숨기려 하지만 숨겨지지 않는 경우를 이르는 말. ② 두루 사방에서 꾸중을 듣게 되어 수습하기 곤란한 경우를 이름.

언청이 아니면 누가 병신이라 할까
어떤 결점이 몹시 두드러진 경우에, 그 결점만 없으면 훌륭하고 완전하다고 비꼬는 말. = 언청이 아니면 일색(一色).

언청이 퉁소 대듯
언청이는 입술이 째져서 퉁소를 제대로 갖다 댈 수 없다는 말로, 이치에 닿지 않는 무슨 말이 함부로 나온다는 뜻.

얻어 들은 풍월
정식으로 배우지 못하고 자주 얻어들어서 아는 지식을 이름.

얻어먹은 데서 빌어먹는다
한번 얻어 온 것을 또 다른 사람이 좀 달라고 청하여 받는다는 뜻으로, 아주 궁핍함을 이르는 말.

얻어먹을 것도 사돈집 노랑강아지 때문에 못 얻어먹는다
구차하게 딱한 사정을 말하여 겨우 얻어먹게 되었는데, 그만 사돈집의 노랑강아지가 나타나서 주인이 그 개를 쫓아가는 바람에 아쉽게도 못 얻어먹게 되었다는 뜻으로, 자기가 하는 일에 쫓아다니면서 방해를 놓는 사람이 있어서 하고 싶은 대로 하지 못함을 비유적으로 이르는 말.

얻은 떡이 두레 반이다
물장수가 집집마다 드나들며 한 조각씩 얻은 떡이 마침내 한 두레박 하고 또 반이나 되었다는 말로, 여기저기서 그럭저럭 얻은 것이 적지 않을 때 이르는 말.

얻은 잠방이라
남에게서 얻은 것이 신통할 것이 없다는 뜻.

얻은 죽에 머리가 아프다
변변치 못한 것이나마 남의 것을 얻어 가지게 되면 마음에 짐이 된다는 뜻.

얼굴값을 한다
흔히는 여자가 얼굴이 잘생기면 행실이 좋지 못하다 하여 이르는 말로, 얼굴이 잘생긴 만큼 그 값을 한다는 뜻.

얼굴보다 코가 더 크다
마땅히 작아야 할 것이 크거나, 적어야 할 것이 많음을 이르는 말.

얼굴에 똥칠 한다
불명예스러운 짓을 한다는 뜻.

얼굴에 모닥불을 담아 붓듯
몹시 부끄러운 일을 당하여 얼굴이 화끈화끈하게 달아오름을 이름.

얼기설기 수양딸 맏며느리 삼는다
수양딸로 데리고 있다가 어느 틈엔가 슬쩍 맏며느리를 삼았다는 말로, 이리저리 우물쭈물하다가 슬쩍 손쉽게 일을 해치운다는 뜻.

얼러 키운 후레자식
저만 잘난 듯이 교만하고 버릇없는 사람을 비꼬는 말.

얼레빗 참빗 품에 품고 가도 제 복 있으면 잘산다
출가할 때 얼레빗과 참빗밖에는 아무것도 가져가지 못했더라도 제 복이 있으면 잘살게 되므로, 꼭 예물을 많이 해 가야만 좋은 것이 아니라는 뜻.

얼어 죽고 데어 죽는다
큰 어려움을 겪고 나서 또 다른 힘든 일을 치르게 되었다는 말.

얼음판에 넘어진 황소 눈깔 같다
눈동자가 흐리멍덩하면서 눈을 크게 뜨고 두리번거리면서 껌벅거리는 모양을 비유적으로 이르는 말. = 얼음에 자빠진 쇠 눈깔.

얽은 구멍에 슬기 든다
① 얼굴은 비록 얽었으나 그 마음속에는 슬기가 들었다 함이니, 사

람은 그 외양만 가지고 평가할 수 없다는 뜻. ② 얼굴이 얽은 곰보를 추어주고 낯을 세워 주는 말.

업어 온 중
① 다시 업어다 줄 수도 없고 그렇다고 그냥 놔둘 수도 없다는 말로, 진퇴양난한 일을 이름. ② 싫으면서도 괄시하기 어려운 사람이란 뜻.

업으나 지나
등에 업으나, 또한 등에 지나 매일반이라는 말로, 이러나저러나 마찬가지라 할 때 쓰는 말. = 지나 업으나. 나귀에 짐을 지고 타나 싣고 타나 일반. 외로 지나 바로 지나. 가로 지나 세로 지나. 열고 보나 닫고 보나. 계란이나 달걀이나. 벌리나 오므리나. 둘러치나 메어치나 일반.

업은 아이 삼간(三間) 찾는다
가까운 데 있는 것을 모르고 여기저기 찾아다닌다는 뜻. = 업은 아이 삼 년 찾는다. 업은 아이 삼면(三面) 찾는다.

업족제비가 비행기를 탔다
집의 재물을 늘이게 하여 준다는 족제비가 비행기를 타고 가 버렸다 함은, 가운(家運)이 기울어져 모든 일이 안될 때 이르는 말.

없는 놈이 찬밥 더운밥을 가리랴
급하고 궁할 때면 무엇이나 닥치는 대로 다 반갑게 여기며 좋고 나쁜 것을 가리지 아니함을 비유적으로 이르는 말.

없어 비단
생활이 넉넉해서 비단옷을 입은 게 아니라 그것밖에는 다른 옷이 없어서 할 수 없이 입는다는 뜻으로, 격에 맞지 않게 사치한 옷차림을 했거나 물건을 지녔을 때 남의 조소를 막기 위하여 쓰는 말.

없으면 제 아비 제사도 못 지낸다
아무리 소중한 일이라 할지라도 집이 가난하면 비용 드는 일은 할 수 없다는 말.

없을수록 마음을 바로 먹으랬다
가난한 사람일수록 신용이 있어야 그나마 살아나갈 수 있다는 말.

엉덩이에 뿔이 났다
아직 자주자립하는 처지에 이르지 못한 사람이 남의 가르침을 받지 않고 빗나감을 이름.

엎어지면 코 닿을 데
매우 가까운 거리를 비유적으로 하는 말. = 넘어지면 코 닿을 데. 엎드러지면 코 닿을 데.

엎어진 김에 쉬어 간다
뜻하지 않던 기회를 만나 자기가 하려고 하던 일을 이룬다는 뜻.
= 넘어진 김에 쉬어 간다.

엎어치나 둘러치나 일반이다
수단과 방법만 다를 뿐이지 본질적인 면에서는 동일하다는 말.

엎지른 물
한번 저지른 실수는 다시 수습하지 못한다는 뜻.

엎친 데 덮치기
어려운 일 또는 불행한 일을 당하고 있는데, 거기에 또 다른 어려운 일이 겹친다는 말.

여덟 가랑이 대 문어(文魚)같이 멀끔하다
발이 여덟 가랑이인 큰 문어같이 멀끔하다 함은, ① 무엇이 미끈미끈하고 번드르르함을 비유적으로 이르는 말. ② 신수가 깨끗하고 멀쑥함을 뜻하는 말.

* 멀끔하다 : 아무 섞인 것이 없이 맑고 깨끗하다.

여든 살이라도 마음은 어린애라
사람은 아무리 나이를 많이 먹어 가도 마음 한구석에는 언제나 어린애와 같은 심정이 숨어 있다는 뜻.

여든에 이 앓는 소리라
① 무엇이라고 말을 하기는 하나 별로 신기한 의견이 아니라는 뜻.
② 맥없이 흥얼거리는 소리를 이름.

여든에 죽어도 구들동티에 죽었다지
본디부터 그런, 매우 자연스러운 일에도 무언가 핑계를 붙이게 된다는 말.

여럿이 가는 데 섞이면 병든 다리도 끌려 간다
여럿이 같이하는 바람에 평소에는 그런 일을 못하던 사람도 덩달아 하게 됨을 이름.

여름 불도 쬐다 나면 섭섭하다
① 쓸데없는 듯한 것도 없어지면 서운하다는 뜻. ② 장난삼아 가지고 놀던 것도 내놓기가 서운하다는 뜻. ③ 시원치 않은 일이라도 해 오던 것을 그만두기는 섭섭하다는 말.

여름비는 더워야 오고, 가을비는 추워야 온다
여름에 날이 무더우면 비가 오고, 가을에는 쌀쌀하고 추우면 비가 온다는 말.

여름비는 잠비, 가을비는 떡비
여름에 비가 오면 낮잠을 자게 되고, 가을에 비가 오면 들에 나가 일을 할 수 없고, 곡식은 넉넉하니 집안에 앉아서 떡이나 해 먹고 지낸다 하여 나온 말.

여름 살은 풋살
여름철 더운 날씨에는 옷을 꼭꼭 입지 않고 마구 살갗을 드러내 놓는다 하여 이르는 말.

여름에 먹자고 얼음 뜨기
장차 소용될 것을 미리 예기(豫期)하고 공들여 준비한다는 말.

여름에 하루 놀면 겨울에 열흘 굶는다
농사짓는 사람이 열심히 일해야 할 여름에 게으름을 피우면 추운 겨울에 곤란을 겪게 된다는 뜻으로, 여름 시간의 귀중함을 비유적으로 이르는 말.

여물 많이 먹은 소, 똥눌 때 알아본다
행한 일이나 저지른 죄는 반드시 드러나게 된다는 말.

여복이 바늘귀를 꿴다
눈먼 여자 장님이 바늘에 실을 꿴다 함은, 알지도 못하고 어림치고 한 일이 우연히도 잘 맞아 들었다는 말.
* 여복(女卜) : 여자 판수(점치는 일로 업을 삼는 맹인).

여복(女卜)이 아이 낳아 더듬듯
여자 장님 점쟁이가 아이를 낳아 더듬듯 한다 함은, 일의 기미를 분간하지 못하고 어물어물하며 우물쭈물한다는 뜻.

여산 풍경(風景)에 헌 쪽박이라
여산의 아름다운 풍경 속에 헌 쪽박이 있음과 같다 함은, 도무지 어울리지 않고 당치않다는 뜻.

여우가 죽으니 토끼가 슬퍼한다
동류(同類)의 괴로움과 슬픔을 같이 괴로워하고 슬퍼한다는 뜻.
= 토끼 죽으니 여우 슬퍼한다.

여우 뒤웅박 쓰고 삼밭에 든 것 같다
여우가 뒤웅박을 써서 보지 못한 채 크게 자란 삼밭에 든 것 같다 함은, 잘 보지를 못하고 방향을 잡을 수 없어 갈팡질팡하며 헤매어 쏘다님을 이름.

여울로 소금 섬을 끌래도 끌지
여울물 속으로 소금 섬을 끌어들이면 녹아 버리고 못쓰게 될 것은 당연한 이치지만 그대로 하라 하면 한다 함은, 윗사람의 명령이면 조금도 어기지 않고 순종한다는 뜻.

여윈 강아지 똥 탐 한다
곤궁한 사람이 음식을 보고 어쩔 줄 모른다는 뜻.

여윈 당나귀 귀 베고 무엇 베면 남을 것이 없다
원래 넉넉하지 못한 데서 가장 두드러진 것을 한두 개 떼고 나면 남을 것이 없다는 말.

여의보주(如意寶珠)를 얻은 듯
여의주는 소원을 이루는 구슬이므로 일이 뜻대로 되어 갈 때 이르

는 말.

여인은 돌면 버리고, 기구(器具)는 빌리면 깨진다
여자가 너무 밖으로 나다니면 실수하기 쉽다는 뜻.

여자는 높이 놀고 낮이 논다
여자는 시집을 가기에 따라 귀해지기도 하고 천해지기도 한다는 뜻.

여자는 사흘을 안 때리면 여우가 된다
여자가 간사한 짓을 부리기 쉽다는 뜻으로 하는 말.

여자는 제 고을 장날을 몰라야 팔자가 좋다
여자는 세상일을 도무지 모르고 집 안에서 살림이나 하고 사는 것이 가장 행복한 것이라는 말.

여자 말띠는 팔자가 세다
말띠 즉 오생(午生)인 여자가 흔히 팔자가 세다 하여 이르는 말.
= 여자 범띠는 팔자가 세다.

여자 셋이 모이면 새 접시를 뒤집어 놓는다
여자들이 모이면 말이 많고 떠들썩하다는 말. = 여편네 셋만 모이면 접시 구멍 뚫는다. 여자 열이 모이면 쇠도 녹인다.

여자의 말은 잘 들어도 패가하고 안 들어도 망신한다
남자는 마땅히 여자의 말이라도 충언은 들어야 하며 제아무리 혹한 계집의 말이라도 요사스럽고 간악한 말은 물리쳐야만 된다는 말.

여자의 웃음은 주머니의 눈물
하도 기가 막히고 답답하나 마음대로 울 처지도 못되므로 울고 싶을 때 차라리 웃는다는 말. 여자가 여러 사람 앞에 나가 마음에 없는 웃음을 지을 때 그 속은 남 몰래 울고 있는 것이라 하는 말.

여편네 벌이는 쥐벌이
여자가 버는 돈은 온 데 간 데 모르게 없어지기 쉽다는 말.

여편네 아니 걸린 살인 없다
여자가 관계되지 않은 살인 사건이 없다는 말로, 무슨 일에나 여자가 꼭 끼게 된다는 말.

여편네 팔자는 뒤웅박 팔자라
웅박의 끈이 떨어지면 어찌할 도리가 없듯이, 여자의 운명은 남자에게 매인 것이나 다름없다는 뜻.

여편네 활수하면 벌어 들여도 시루에 물 붓기
집에서 살림하는 아내가 돈이나 물건을 아끼지 않고 손이 커서 씀씀이가 크면 아무리 벌어 들여도 한이 없으며, 언제나 남는 것이 없고 모자란다는 말.
* 활수 (滑手) : 무엇이든지 아끼지 않고 시원스럽게 잘 쓰는 씀씀이. 또는 그런 사람.

여포 창날 같다
여포의 창날과 같이 매우 날카롭다는 뜻.
* 여포(呂布) : 「삼국지」에 나오는 무장(武將).

열고 보나 닫고 보나
열고 보나 닫고 보나 보기는 매일반이라는 말로, 이렇게 하나 저렇게 하나 마찬가지라는 뜻.

열 골 물이 한 골로 모인다
여럿이 지은 죄 값으로 받게 되는 벌이 한 사람에게만 모이는 경우를 비유적으로 이르는 말.

열 골 화냥이 한 골의 지어미 된다
널리 난봉을 부리고 돌아다니던 사람이 한번 마음을 다시 먹고 방정(方正)한 행실을 갖게 될 때 이르는 말.

열 길 물속은 알아도 한 길 사람의 속은 모른다
사람의 마음은 알아내기가 어렵다는 뜻.

열녀전(烈女傳) 끼고 서방질하기
겉으로는 깨끗한 체하나 속으로는 가장 추잡하다는 뜻.

열 놈이 백 말을 해도 들을 이 짐작
말하는 사람이 아무리 뭐라고 여러 소리를 하더라도 듣는 사람이 참작하여 자기로서 판단하는 생각을 가지고 들어야 한다는 뜻.

열 달 만에 아이 낳을 줄 몰랐던가
응당 알고 있을 만한 평범한 사실도 모르고 있는 사람에게 아직 그것도 모르고 있었느냐고 핀잔을 주는 말.

열 도깨비 날치듯
일이 급한 처지에 이르러 뭇사람이 야단스럽게 떠들고 다투는 것을 이르는 말.

열두 가지 재주에 저녁거리가 없다
재주가 너무 여러 방면으로 많은 사람은 한 가지 재주만 가진 사람보다 성공하기 힘들다 하여 이르는 말.

열두 살 먹어서부터 서방질을 했어도 배꼽에 X 박는 것을 못 보았다
지금까지 여러 가지 일을 겪어 왔으나 그와 같이 몰상식하고 어리석은 자는 처음 보았다는 뜻으로 하는 말.

열무김치 맛도 안 들어서 군둥내(군내)부터 난다
아직 익지도 않은 것이 너무 지나쳐 썩은 냄새부터 난다 함이니, 사람이 미처 장성하기도 전에 좋지 않은 짓부터 할 때 이르는 말.

열 발 성한 방게 같다
어린아이들이 기운이 좋고 씩씩하여 잠시를 가만히 있지 않고 돌아 감을 이르는 말.

열 번 잘하고 한 번 실수를 하지 말아야 한다
열 번 잘했으니 한 번의 실수는 용서되는 것이 아니라, 한 번 잘못하면 열 번 잘한 것도 소용없게 되므로 항상 조심하라는 뜻.

열 번 찍어 아니 넘어가는 나무 없다
① 여러 번 계속해서 애쓰면 기어이 뜻대로 일을 이룬다는 뜻.
② 아무리 뜻이 굳은 사람일지라도 여러 번 권하거나 꾀고 달래면 결국은 마음이 변한다는 뜻. = 작은 도끼도 연달아 치면 큰 나무를 눕힌다.

열 벙어리가 말을 해도 가만 있거라
누가 뭐라고 하여도 상관하지 말고 못 들은 척 가만히 있으라는 말.

열 사람이 지켜도 한 도둑을 못 막는다
여럿이 애써 지켜보고 살펴도 한 사람의 나쁜 짓을 못 막는다는 뜻.

열 사람 형리(刑吏)를 사귀지 말고 한 가지 죄를 범하지 말라
남의 힘을 믿고 함부로 처신하는 것보다 제가 알아서 제 몸을 절제하는 것이 안전하다는 말.

열 사위는 밉지 아니하여도 한 며느리가 밉다
사위는 사랑하고 며느리는 미워하는 사람이 많기 때문에 생겨난 말.

열 소경에 한 막대
매우 긴요하게 쓰이어 알뜰하고 소중한 물건을 이름.

열 소경이 풀어도 아니 듣는다
판수 장님 열이 송경(誦經)을 하여도 듣지 않는다 함은, 고집이 무척 세어서 남의 말을 조금도 듣지 않는 사람을 이름.

열 손가락에 어느 손가락 깨물어 아프지 않을까
자식이 아무리 많아도 부모에게는 다같이 중하다는 말.

열 시앗이 밉지 않고 한 시누이가 밉다
올케와 시누이의 사이가 가장 나쁨을 이르는 말.
* 시앗 : 남편의 첩.

열 식구 벌지 말고 한 입 덜라
많이 벌려고 무리하게 애쓰는 것보다는 한 명이라도 군식구를 줄이는 편이 낫다는 말.

열을 듣고 하나도 모른다
몹시 우둔하다는 뜻.

열이 어울러 밥 한 그릇
열 사람이 조금씩 밥을 거두어서 밥 한 그릇을 이루었다는 뜻으로, 여러 사람이 힘을 조금씩만 합하면 가난한 사람을 쉽게 구제할 수 있다는 뜻.

열흘 굶어 군자 없다
사람이 굶주리게 되면 점잖지 않고 옳지 못한 일까지 다 하게 된다는 말.

열흘 길 하루도 아니 가서
오래 두고 해 나아가야 할 일을 처음부터 싫어한다거나 또는 배반하는 행위가 있어서 그 일을 이뤄내기가 힘들고 아득할 때 쓰는 말.

열흘 나그네 하룻길 바빠한다
① 오래 걸릴 일은 처음에는 그리 바쁘지 아니한 듯하더라도 급히 서둘러 하지 아니하면 안된다는 말. ② 너무 급히 서두르지 말라는 말.

열흘날 잔치에 열하룻날 병풍 친다
일정한 때에 해야 할 일을 때맞춰 하지 못하고 다 지난 다음에 하려는 것을 비웃는 말.

열흘 붉은 꽃 없다
권세나 영화는 일시적이어서 계속되지 않는다는 뜻.

염라대왕이 문 밖에서 기다린다
곧 죽을 때가 임박했다는 뜻.

염라대왕이 외조부(外祖父)라도
큰 죄를 짓거나 중병에 걸려서 살 가망이 아주 없다는 말. = 염라대왕이 제 할아버지라도.

염병에 까마귀 소리를 듣지
염병은 고치기 어려운 병이며 까마귀 소리는 흉보(凶報)의 소리이니, 귀에 아주 거슬리는 소리 또는 불길한 말을 할 때의 비유.

염병에 땀을 못 낼 놈
염병 즉 장질부사 같은 열병에 땀을 못 내면 한층 괴로워하다가 죽을 것이니, '죽일 놈'이란 뜻으로 저주하는 말.

염병에 보리죽을 먹어야 오히려 낫겠다
염병은 병 중에서 가장 악질이요, 보리죽 또한 가장 좋지 않은 음식이니, 너무 어처구니없어서 논박할 필요조차 느끼지 않는 경우에 쓰는 말.

염병 치른 놈의 대가리
염병 치른 뒤에 머리칼이 빠져 머리에 아무것도 없는 것과 같다는 말로, 아무것도 없이 번번하다는 뜻.

염불도 몫몫이요 쇠뿔도 각각이다
무엇이나 다 각각 제 맡은 몫이 따로 있다는 말. = 염주도 몫몫이요 쇠뿔도 각각이다. 쇠뿔도 각각 염주도 몫몫.

염불 못하는 중이 아궁이에 불을 땐다
염불을 못하기 때문에 법당에 들어 떳떳한 중 행세를 하지 못하고 아궁이에서 불이나 때고 있다는 말로, 사람이 무능하면 아무 일도 못하며, 누구나 제 능력에 따라 일을 하게 되고 또 대접도 받게 된다는 말.

염불 빠진 년 같다
어기적거리며 걸음을 잘 걷지 못한다는 말.
* 염불 : 여자 음문 밖으로 비어져 나온 자궁.

염불에는 맘이 없고 잿밥에만 맘이 있다
제가 맡은 직분에는 정성이 없고 제 욕망을 채우기 위한 다른 데에만 마음을 쓴다는 뜻.

염소 물똥 누는 것 보았나
있을 리 없는 일을 말할 때 이르는 말.

염천교 밑에서 돼지 흘레를 붙이는 것이 낫다
억지로 천한 일을 하라고 할 때 마땅치 않다는 뜻으로 하는 말.
* 흘레 : 교미(交尾).

염초청(焰硝廳) 굴뚝 같다
염초청은 옛날에 화약을 만들던 곳으로 그곳의 굴뚝은 매우 크고 속이 검었으므로, 마음이 음흉하고 어두운 것을 이름.

염치와는 담 싼 놈
염치라고는 조금도 없는 사람을 이름.

염통에 고름 든 줄은 몰라도 손톱눈에 가시 든 줄은 안다
눈앞에 보이는 하찮은 것은 잘 알면서도 눈에 보이지는 않으나 크고 중대한 일은 알지 못하고 있다는 뜻. = 손톱 밑에 가시 드는 줄은 알아도 염통 밑에 쉬스는 줄은 모른다.

엿을 물고 개잘량에 엎드러졌나
수염 따위 털이 많은 사람을 놀리는 말.
* 개잘량 : 털이 붙은 채로 만든 개 가죽의 방석.

엿장수 마음대로
엿장수가 엿을 늘였다 줄였다 제 마음대로 하듯이 무슨 일을 제 마음대로 이랬다저랬다 할 때 이름.

영감님 주머닛돈은 내 돈이요, 아들 주머닛돈은 사돈네 돈이다
대개 남편의 재산은 그 아내 되는 사람이 주관하여 가지기 때문에 영감님 돈은 마누라 자기의 것이요 아들의 돈은 아내인 며느리의 것이라는 뜻으로 이르는 말.

영감 밥은 누워 먹고, 아들 밥은 앉아 먹고, 딸의 밥은 서서 먹는다
남편의 재산으로 먹고 사는 것이 가장 편하며, 아들의 부양을 받는 것도 견딜 만하나 딸의 집에서 붙어먹는 것은 차마 견디지 못할 만큼 어렵다는 뜻.

영계 울고 장다리꽃 피면 밤이 좀 길어진다
추울 때 깬 병아리가 자라 닭이 되어 울 때쯤이면 장다리꽃도 피게 되고 한창 길던 낮도 차차 짧아진다는 말.

영리한 고양이가 밤눈 못 본다
매우 영리하여 실수가 없을 듯해 보이는 사람이라도 역시 부족하고 어두운 점이 있다는 말. = 약빠른 고양이 밤눈 어둡다.

영소보전 북극천문에 턱 걸었다

영소보전과 같은 매우 귀하고 높은 곳에 턱을 걸었다 함은, 가진 소망이 크고 높다는 뜻.

* 영소보전(靈宵寶殿) : 옥황상제가 거처하는 곳.

영악한 체하는 것은 못난 체하는 것을 못 당한다.

이 세상에서는 언제나 못난 체하며 지내는 것이 처세에 이롭다는 뜻.

영에서 뺨 맞고 집에 와서 계집 친다

노여움을 다른 애매한 데 옮겨 화풀이한다는 뜻.

옆구리에 섬 찼나

옆구리에 섬을 차서 그렇게 많이 들어가느냐는 뜻으로, 많이 먹는 사람을 조롱하는 말.

* 섬 : 곡식 따위를 담기 위하여 짚으로 엮어 만든 멱서리.

옆구리 찔러 절 받기
상대방은 할 생각도 없는데 자기 스스로가 요구하거나 알려줌으로써 대접을 받는다는 말.

예쁜 자식 매로 키운다
귀여운 자식일수록 잘 기르려면 매로 가르쳐야 한다는 뜻.

예수만 믿으면 천당 가나, 제 마음이 고와야 천당 가지
양심적으로 다른 사람보다 높은 자리에 있어야 할 터인데 그렇지 못한 종교인을 보고 비평하는 말.

옛말 그른 데 없다
예로부터 전해 내려오는 말은 옳지 않은 것이 없다는 말.

오그라진 개꼬리, 대봉통에 삼 년 두어도 아니 펴진다
한번 고질이 되면 영영 고치지 못함을 비유적으로 이르는 말.
* 대봉통 : 대나무를 잘라 만든 통으로, 서류나 편지 등을 넣어 둠.

오금뜬다
① 침착하게 있지 못하고 들떠서 나덤빈다는 말.
② 마음이 방탕하여 놀아난다는 말.
* 오금 : 무릎의 구부러지는 안쪽.

오금아, 날 살려라
도망할 때 마음이 급하여 다리가 빨리 움직여지기를 갈망하는 뜻.

오금을 박는다
여느 때 큰소리하던 사람이 그와 반대되는 언행을 할 때에, 그 큰소리를 들어 논박한다는 말.

오기에 쥐 잡는다
① 쓸데없는 오기를 부리다가 낭패를 본다는 말.
② 오기 부리는 것을 업신여겨 하는 말.

오뉴월 감기는 개도 아니 걸린다
여름에 감기 앓는 사람을 변변치 못한 사람이라고 놀림조로 이르는 말.

오뉴월 개가죽 문인가
무더운 오뉴월에 개가죽으로 문을 해 단 방만큼 더운 줄 아느냐고 반문하며, 추운 날 방문을 열어 놓고 다니는 사람에게 핀잔을 주는 말.

오뉴월 녹두 껍데기 같다
매우 신경질적이어서 툭 건드리기만 하면 쏘아 버린다는 뜻.

오뉴월 더위에는 암소 뿔이 물러 빠진다
음력 오뉴월 더위가 어찌나 심한지 단단한 염소 뿔이 물렁물렁하여져 빠질 지경이라는 뜻으로, 오뉴월이 가장 더움을 비유적으로 이르는 말.

오뉴월 두룽다리
오뉴월의 털 두건이란 뜻으로, 제철에 맞지 않아 쓸모없게 된 물건을 비유적으로 이르는 말.
* 두룽다리 : 털가죽으로 둥글고 갸름하게 만든 방한모자.

오뉴월 똥파리
① 멀리 있어도 먹을 것은 잘 알고 달려드는 사람을 이름.
② 떨어지지 않고 몹시 귀찮게 군다는 뜻.

오뉴월 바람도 불면 차갑다
아무리 미약한 것이라도 계속되면 무시할 수 없는 결과를 가져온다는 말.

오뉴월 배 양반이요 동지섣달은 뱃놈
뱃사공들은 여름 더운 철에는 물위에서 더운 줄 모르고 지내지만, 추운 겨울에는 물위에서의 일과 생활이 한층 고생스럽다 하여 이르는 말.

오뉴월 병아리 하룻볕이 새롭다
오뉴월에는 하룻볕이라도 쬐면 동식물이 부쩍부쩍 자라게 된다는 뜻. = 오뉴월 병아리 하룻볕 쬐기가 무섭다.

오뉴월 볕은 소리개만 지나도 낫다
한여름 뜨거운 볕은 소리개가 지나가면서 던지는 그림자만 있어도 좀 낫다는 말로, 그만큼 볕이 뜨거운 날에는 작으나마 그 햇볕을 좀 가려 주면 낫다는 말.

오뉴월 볕 하루만 더 쬐어도 낫다
① 논밭의 한창 자라는 것들이 오뉴월 뜨거운 볕에 유난히도 잘 자라 하루하루 다르다는 뜻. ② 짧은 동안에 눈에 띄게 많이 자란다는 뜻으로 하는 말.

오뉴월 소나기는 쇠 등을 두고 다툰다
오뉴월의 소나기는 쇠 등 하나를 경계로 이쪽에는 내리고 저쪽에는 안 내린다는 말로, 여름 소나기는 그렇게 가까운 거리에서도 내리는 수가 있고 안 내리는 수도 있다는 말. = 오뉴월 소나기 말 등을 두고 다툰다.

오뉴월 손님은 호랑이보다 무섭다
무더운 오뉴월에 손님 대접하기는 매우 힘든 일이라는 뜻.

오뉴월 송장이라
더울 때 어른 대우하기가 몹시 괴로운 데서 나온 말로, 대우하기 귀찮은 존장을 욕으로 하는 말.
* 존장(尊長) : 친척이 아닌, 존대해야 할 나이 많은 어른.

오뉴월 쇠불알 늘어지듯
① 무엇이 축 늘어짐을 조롱하는 말.
② 행동이 몹시 느리고 더딤을 이름.

오뉴월 쇠불알 떨어지기를 기다린다
① 언제 될지도 모를 일을 한없이 기다린다는 뜻. ② 노력하지 않고 요행을 바란다는 말. = 쇠불알 떨어지면 구워 먹기.

오뉴월에 감주 맛 변하듯
매우 빨리 변하여 못쓰게 됨을 비유적으로 이르는 말.

오뉴월에 얼어 죽는다
과히 춥지도 않은데 추위하며 지나치게 추위를 못 이기는 사람을 보고 놀리는 말.

오뉴월 자주 감투도 팔아먹는다
① 물품을 가리지 않고 모든 것을 다 팔아 먹는다는 뜻.
② 집안 살림이 궁하여 도무지 팔아먹을 만한 것도 없다는 말.

오뉴월 존장이라
무더운 여름날에 웃어른 모시기는 매우 어려운 것이므로, 대접하기가 어렵고 힘든 경우에 이름.

* 존장(尊長) : 친척이 아닌, 존대해야 할 나이 많은 어른.

오뉴월 품앗이 논둑 밑에 있다
힘든 품앗이 일이 이제부터 시작이라는 말로, 두고두고 빚 갚을 날짜가 아직도 까맣게 많이 남았다는 뜻.

* 품앗이 : 힘든 일을 거들어 주어서 서로 품을 지고 갚고 함.

오뉴월 품앗이도 먼저 갚으랬다
시일이 넉넉하다고 해서 오래 끌어 갈 것이 아니라, 남에게 갚을 것은 미리미리 갚아야 한다는 말. = 오뉴월 품앗이도 진작 갚으랬다.

오뉴월 황소볕도 무섭다
잠깐 동안에 생긴 차이가 현저하게 보일 때 이르는 말.

오는 떡이 두터워야 가는 떡이 두텁다
저쪽에서 보내 온 정분의 두텁고 엷음에 따라서 이쪽의 태도가 결정된다는 말.

오는 말이 고와야 가는 말이 곱다
① 상대방의 말이 공손하고 점잖은가, 또는 그렇지 않은가에 따라 이쪽 말씨가 바뀜을 이름. ② 말은 누구에게나 점잖고 부드럽게 해야 한다는 뜻. = 오는 말이 미우면 가는 말이 밉다.

오는 정이 있어야 가는 정이 있다
① 누구나 잘해 주면 그쪽에서도 그만큼 잘한다는 뜻.
② 남이 저를 생각해 주어야 저도 남을 생각하게 된다는 말.

오달지기는 사돈네 가을 닭이다
사돈네 가을 닭이 아무리 살찌고 좋기로서니 자기한테는 아무런 소용이 없다는 말로, 보기만 좋았지 도무지 실속이 없다는 뜻.
* 오달지다 : 허술한 데가 없이 야무지고 알차다

오동 숟가락에 가물치 국물 먹었나
피부색이 검은 사람을 보고 놀리는 말.
* 오동(烏銅) : 검붉은 빛이 나는 구리.

오동 씨만 보아도 춤을 춘다
오동나무 씨를 보고 오동나무로 만든 거문고를 연상하여 춤을 춘다는 말로, 까마득한 것을 너무 성급히 미리부터 서둔다는 뜻.

오라는 딸은 안 오고 외통 며느리만 온다
기다리는 사람은 안 오고 올까 봐 꺼리던 사람이 달려든다는 말.

오라는 데는 없어도 갈 데는 많다
① 자기를 알아주거나 청하여 주는 데는 없어도 자기로서는 가야 할 데나 하여야 할 일이 많음을 이르는 말. ② 살림이 구차하면 다닐 곳이 많다는 뜻.

오래 살면 시어미 죽을 날 있다
오래 사노라면 자기를 몹시 박대하고 어렵게 굴던 시어머니가 죽어서 편하고 시원스러운 날도 당한다는 말로, 살다 보면 속 시원한 일을 맞을 때가 있다는 말.

오래 앉으면 새도 살을 맞는다
새가 있기 좋다고 한곳에 너무 오래 앉아 있으면 마침내는 화살을 맞게 된다는 말로, 편하고 이로운 곳에 너무 오래 있으면 마침내 화를 당하게 된다는 뜻.

오랜 원수를 갚으려다가 새 원수가 생겼다
무슨 일에나 보복을 하고 앙갚음을 하면 그 뒤가 더 좋지 않다는 뜻.

오르지 못할 나무는 쳐다보지도 말아라
될 수 없는 일이라면 아예 바라지도 말라는 뜻.

오리 알에 제 똥 묻은 격
제 본색에 과히 어긋나지 않는 일이어서 별로 흠잡을 것이 못되며 그저 수수하다는 뜻.

오리 알에 제 똥 묻은 줄 모른다
제 본색에 과히 어긋나지 아니한 것이어서 별로 드러나 보이지 아니하고 그저 수수하다는 말.

오리 홰 탄 것 같다
제가 있을 곳이 아닌 높은 데 있어서 위태롭게 보인다는 뜻.

오목장이 암만 분주해도 제 볼 장만 본다
큰 장에 아무리 사람이 많이 모이고 분주스러워도 저마다 저 볼 장만 본다는 말로, 사람이 많이 모여 와글와글 들끓는 데서도 저마다 생각이 다르고 하는 일이 다르다 하여 이르는 말.
* 오목장 : '대목장'의 평안도 말.

오복 간신(諫臣)이 농우(農牛) 팔아먹는다
임금에게 옳은 말로 간하는 신하가 남의 소를 팔아먹었다는 말로, 지위와 품위가 점잖고 마땅히 옳은 일만을 해야 할 사람이 좋지 못한 짓을 할 때 쓰는 말.

오소리감투가 둘이라
한 가지 일에 책임질 사람이 둘이라서 서로 다툰다는 뜻.
* 오소리감투 : 오소리 털이 붙은 채로 만든 벙거지.

오이는 씨가 있어도 도둑은 씨가 없다
도둑질은 유전에 따라 하는 것이 아니라는 뜻.

오이를 거꾸로 먹어도 제 멋
오이를 거꾸로, 즉 쓰디쓴 꼭지 쪽부터 먹어도 제 멋이라는 말로, 남이 보아서 좋지 않으나 제가 좋다고 하면 내버려두라는 말. = 오이를 거꾸로 먹어도 제 소청. 지게 지고 제사를 지내도 상관 말라. 도포를 입고 논을 갈아도 제 멋이다. 갓 쓰고 박치기해도 제 멋.

오이씨 같다
버선을 신은 발 모양이 오이씨처럼 하얗고 깨끗하며 갸름하고 맵시 있다는 말. = 오이씨 같은 발.

오입쟁이 제 욕심 채우듯
다른 사람의 처지는 조금도 생각에 넣지 않고 자기 하고 싶은 것만 한다는 뜻.

오입쟁이 헌 갓 쓰고 똥누기는 예사라
방탕한 오입쟁이라서 그가 무례한 언행을 하는 것은 이상할 것이 없다는 말로, 되지 못한 자가 못된 짓을 하여도 놀랄 일이 아니라는 말.

오장(五臟)이 뒤집힌다
오장이 뒤집힐 정도로 그렇게 마음이 몹시 상하여 걷잡을 수 없다는 뜻.

오쟁이 졌다
제 계집이 다른 사내와 통하였다는 말.
* 오쟁이 : 볏짚으로 만든 작은 섬.

오죽한 도깨비 낮에 날까
하는 짓이 무례 망측하여 가히 상대할 수 없으니, 오죽 못나서 그러겠는가, 내버려두라는 뜻으로 이르는 말.

오줌 누는 새에 십 리 간다
오줌을 누고 있는 자신은 몰라도 그 사이에 남은 십 리 길을 간다는 말로, ① 잠시 동안 쉬는 것과 쉬지 않는 것과는 상당한 차이가 있다는 말. ② 무슨 일이나 매우 빨리 지나간다는 뜻.

오지랖이 넓다
간섭할 필요가 없는 일에 나서서 간섭하는 사람을 두고 이름.
*오지랖 : 웃옷에 입는 겉옷의 앞자락.

오초(吳楚) 흥망(興亡) 내 알 배 아니다
① 오나라와 초나라가 흥하거나 망하거나 자기와는 아무 상관이 없다는 말로, 세상에 무슨 일이 있더라도 자기는 저 맡은 일이나 충실히 한다는 말. ② 옆에서 무슨 일이 벌어지든 자기와는 아무 관계가 없다는 뜻.

옥니박이 곱슬머리와는 말도 말아라
옥니인 사람과 곱슬머리인 사람은 흔히 매섭고 매우 깐깐하다 하여 이르는 말.

옥반에 진주 굴 듯
목소리가 맑고 아름다움을 비유하여 이르는 말.
* 옥반(玉盤) : 옥으로 만든 예반.

옥에나 티가 있지
옥에는 티가 있지만 다른 것에는 티가 없다는 말로, 행실이 결백한 사람을 이름.

옥에도 티가 있다
아무리 훌륭한 사람 또는 좋은 물건이라도 따지고 보면 한 가지라도 결점은 있다는 말.

온면 먹을 제부터 그르다
국수를 먹은 혼인날부터 벌써 글러 먹었다는 말로, 무슨 일이 시작 때부터 어긋나감을 이름.
* 온면(溫麵) : 더운 장국에 만 국수.

온몸이 입이라도 말 못하겠다
변명의 여지가 없다는 말.

온 바닷물을 다 먹어야 짜냐
욕심이 한이 없고, 무슨 일이나 끝장을 보지 않으면 손을 놓지 않는 사람에게 하는 말.

온양온천에 헌 다리 모이듯 한다
충청남도 온양은 유명한 온천지라 다리 헌 병자들이 많이 모인다는 데서 나온 말로, 많은 사람이 어지러이 모임을 이름.

온양온천에 전다리 모여들 듯
온양온천에 병신들이 모여들 듯한다 함은, 보기 흉한 자들이 다수 집합함을 뜻함.
* 전다리 : 절름발이.

올챙이 개구리 된 지 몇 해나 되나
무슨 일에 조금 익숙하여진 사람이나 가난하게 지내다가 겨우 좀 형편이 나아진 사람이 지나치게 젠체함을 핀잔하는 말. = 올챙이 적 생각은 못하고 개구리 된 생각만 한다.

옳은 일을 하면 죽어도 옳은 귀신이 된다
사람은 마땅히 행실을 바로 하여야 죽더라도 한이 없다는 말.

옷은 나이로 입는다
몸집은 좀 작더라도 나이 든 이가 더 옷을 크게 입는다는 뜻.

옷은 새 것이 좋고, 님은 옛님이 좋다
사람은 사귄 지 오래일수록 인정이 두텁고 좋다는 말. = 옷은 새 옷이 좋고 사람은 옛사람이 좋다.

옷은 시집 올 때처럼, 음식은 한가위처럼
옷은 시집 올 때처럼 잘 입고 싶고, 음식은 팔월 추석날처럼 잘 먹고 싶다는 말.

옷이 날개라
못난 사람도 옷을 잘 입으면 잘나 보인다는 말.

옷 입고 가려운 데 긁기
두꺼운 옷을 입고 가려운 데를 긁어 봤자 전혀 시원하지 않다는 말로, 요긴한 데에 꼭 맞추지 못하여 시원치 않음을 뜻함.

옹이에 마디다
나무옹이에 마디까지 생겼다는 뜻으로, ① 곤란이 겹쳐 생긴다는 뜻. ② 일의 계제가 공교롭게도 서로 어긋나게 되거나 지장이 있음을 이름.

옻을 타면 꿈에 죽만 보아도 옮는다
옻나무 잎과 대나무 잎은 서로 비슷한 데서 나온 말로, 옻을 잘 타는 사람은 걸핏하면 옻이 옮는다는 뜻으로 하는 말.

옻을 타면 중만 보아도 옮는다
중은 옻칠한 그릇을 가지고 다닌 데서 나온 말로, 사람은 대개 자기가 젖어 있는 습성을 좇게 된다는 뜻.

와우각상(蝸牛角上)의 싸움
달팽이 뿔 위에서의 싸움이라는 말로, 좁은 곳에서 싸우거나 하찮은 일을 가지고 다툼을 이르는 말.

왈자가 망하여도 왼다리질 하나는 남는다
① 오래된 습관은 좀처럼 떼어 버릴 수 없다는 뜻. ② 어떤 것이 망해 버리더라도 깡그리 모두 없어지는 법은 없고 무언가 남는 것이 있다는 말.
* 왈자 : 왈패. 말이나 행동이 단정치 못하고 수선스러운 사람.

왕개미, 정자나무 흔드는 격
아무리 건드려도 까딱도 하지 않는다는 뜻.

왕공도 망국(亡國)하고 학사도 망신(亡身)한다
사람은 아무리 귀하게 잘살다가도 천해질 수가 있고, 아무리 훌륭한 사람도 큰 실수를 하여 낭패를 보는 수가 있다는 말.
* 왕공(王公) : 왕과 공. 곧, 신분이 높은 사람들.
* 학사(學士) : ① 고려 때, 한림원 등의 정사품, 사림원의 정삼품, 보문각의 종삼품 벼슬. ② 조선 초기의 중추원의 종이품 벼슬.

왕대밭에 왕대 난다
원인에 따라 결과가 생긴다는 말. 즉 인과(因果)의 법칙을 어길 수는 없다는 말.

왕후장상이 씨가 있나
출세하여 귀한 자리에 오르는 것은 가계나 혈통에 따라 저절로 되는 것이 아니라, 노력하면 가문이 낮은 사람도 그렇게 될 수 있다

는 말.
* 왕후장상(王侯將相) : 제왕·제후·장수·재상의 통칭.

왜 알(卵) 적에 아니 곯았노
낳기 전에 죽었더라면 좋았을 것이라는 말로, 모양이 누추하고 행위가 못된 사람을 두고 하는 말.

왜장녀 같다
옷매무시가 꼭 짜이지 못하고 단정치 못함을 이르는 말.
* 왜장녀 : ① 몸이 크고 부끄럼이 없는 여자의 별명. ② 산대놀음에서 쓰는 여자 탈. 또는 그것을 쓰고 춤추는 사람.

왜장(倭將)은 병들수록 좋다
임진왜란 때 왜적을 미워하던 우리 조상들의 마음을 그대로 읽을 수 있는 말로, 상대방의 불행을 도리어 기뻐함을 이름.

외갓집 콩죽에 잔뼈가 굵었겠나
지금까지 다른 사람의 은덕으로 살아 온 것도 아닌데, 이제 새삼스럽게 호의를 바라지 않는다고 거절할 때 쓰는 말. = 언제는 외조(外祖) 할미 콩죽으로 살았나.

외기러기 짝사랑
외기러기가 짝을 그리워하듯이 혼자서만 누군가를 짝사랑하는 사람을 놀리는 말. = 짝사랑 외기러기.

외나무다리에서 만날 날 있다
남과 서로 원한을 맺으면 피하기 어려운 데서 만나는 일이 반드시 있다는 말.

외(오이) 넝쿨에 가지 열린다
부모를 조금도 닮지 않은 아이가 생겨났을 때, 또는 어떤 일의 결과로 그것과는 전연 관계없는 것이 나타났을 때 쓰는 말.

외눈박이가 두눈박이 나무란다
큰 허물을 가진 자가 저보다 나은 이를 흉본다는 뜻.

외(오이) 넝쿨에 가지 열릴까
① 모든 일은 인과(因果)의 법칙을 어길 수 없다는 말.
② 어버이와 아주 딴판인 자식은 있을 수 없다는 말.

외모는 거울로 보고 마음은 술로 본다
술을 먹으면 서로 마음을 털어 놓고 이야기하기 때문에 상대의 마음을 알 수 있다는 말.

외바늘 귀 터지기 쉽다
귀하고 소중히 여기는 것이 도리어 상하기 쉽다는 뜻으로, 가령 외아들은 죽기 쉽다는 말.

외삼촌 물에 빠졌는가 (웃기는 왜 웃나?)
남이 크게 웃을 때 이르는 말. 남의 작은 실수를 보고도 잘 웃는 사람을 보고 하는 말.

외삼촌 산소에 벌초하듯
무슨 일을 함에 있어서 정성을 들이지 않고 대충대충 마구 한다는 말. = 처삼촌 뫼에 벌초하듯. 처삼촌 어미 뫼에 벌초하듯. 처숙부 묘에 성묘하듯.

외상이면 소도 잡아먹는다
① 훗날은 생각하지 않고 당장 좋으면 그만이라는 행동을 경계하여 이르는 말. ② 당장 그 자리에서 돈을 내지 않는 것이라면, 무엇이나 닥치는 대로 다 산다는 말.

외손뼉이 못 울고 한 다리로 가지 못한다
손뼉은 둘이 맞아야만 소리가 나고 다리는 둘이 있어야 걸어갈 수 있다는 말로, ① 서로 함께 해야 할 것을 혼자서는 못한다는 말. ② 상대 없는 분쟁이란 있을 수 없음을 비유적으로 이르는 말. = 외손뼉이 울랴.

외손자는 업고 친손자는 걸리면서 '업은 놈 발 시리다, 빨리 가자.' 한다
① 사람에 있어 경중이 바뀜을 이름.
② 친손자보다 외손자를 더 귀여워함이 인정이라는 뜻.

외손자를 귀애하느니 절굿공이를 귀애하지
흔히 외손자를 귀여워하는 사람이 많으나 그것은 아무런 소용없는 짓이라는 뜻. = 외손자를 안느니 방앗공이를 안지. 외손자를 보아 주느니 파밭을 매지.

외(오이) 심은 데 콩 나랴
모든 일에 원인이 있으면 반드시 그에 따른 결과가 있다는 뜻.

외아들 잡아먹은 할미 상(相)
더없이 궁상스럽고 처참한 표정이란 뜻.

외톨이 밤이 벌레가 먹었다
응당 똑똑하고 분명하여야 할 것이 그렇지 못하고 부실할 때 이르는 말. 특히 외아들이 부실할 때 이름.

왼눈도 깜짝 아니 한다
어떤 일에 대해 조금도 놀라지 않는다는 뜻.

왼발 구르고 침 뱉는다
무슨 일에나 처음에는 앞장섰다가 곧 꽁무니를 빼는 사람을 두고 하는 말.

요강 뚜껑으로 물 떠먹은 셈
별일은 없으리라고 생각하면서도 꺼림칙할 때 이르는 말.

요지경 속이라
내용이 알쏭달쏭하고 복잡하여 뭐가 뭔지 이해할 수 없음을 비유하는 말.

* 요지경(瑤池鏡) : 확대경을 장치하고 그 속의 여러 가지 재미나는 그림을 돌리면서 구경하는 장난감.

욕심이 사람 죽인다
① 욕심이 많고 사나우면 어떤 나쁜 짓도 하게 된다는 뜻. ② 지나치게 욕심이 사나우면 제 몸을 망치게 되므로 너무 욕심을 부릴 것이 아니라는 말.

욕을 들어도 당감투 쓴 놈한테 들어라
이왕 욕을 듣고 꾸지람을 들을 바에는 점잖고 덕망 있는 사람에게서 듣는 것이 낫다는 말.
* 당감투(堂-) : 예전에, 높은 벼슬아치가 쓰던 감투.

용 못 된 이무기 심술만 남더라
어떤 일을 이루려다 안 되어 심술만 남았음을 이름.
* 이무기 : 용이 되려다 못 되고 물속에 산다는 해묵은 구렁이.

용(龍)바위를 회쳐 먹을 놈
배짱이 크고 의지가 굳은 사람을 이르는 말.

용상에 앉히겠나
임금이 앉는 용상에라도 앉혀 주겠느냐는 말로, 대체 얼마나 잘해 주려고 그러느냐고 하는 반문(反問).

용을 빼는 재주
기운을 몰아 한때에 내는 힘이 세고 장함을 이름.

용의 꼬리보다 닭의 머리가 낫다
크고 훌륭한 이의 뒤를 쫓아다니는 것보다는 차라리 작고 보잘것 없으나 그곳에서 우두머리가 되는 편이 좋다는 뜻. = 닭볏이 될지언정 쇠꼬리는 되지 마라.

용이 물 밖에 나면 개미가 침노를 한다
아무리 힘이 세고 권세가 있던 사람이라도 그것을 잃고 나면 하잘것없는 사람으로부터도 괄시를 받게 된다는 뜻.

용이 물을 잃은 듯
물에서 사는 용이 물을 잃고서는 살아갈 수 없다는 말로, 처지가 매우 궁박하여 살 길이 끊어졌음을 이름.

용이 여의주를 얻고 범이 바람을 탐과 같다
무슨 일이나 뜻하는 바를 다 이룰 수 있으며 두려운 것이 없음을 뜻함.

용천검도 쓸 줄 알아야 한다
아무리 훌륭한 물건도 그것을 쓸 줄 아는 사람이 써야만 효과가 제대로 나타난다는 뜻.
* 용천검(龍泉劍) : 옛날, 중국의 보검(寶劍)의 이름.

용천배기 콧구멍에서 마늘씨를 빼먹고 말지
남의 것을 탐하고 매우 인색하며 욕심이 사나운 사람을 욕하는 말.
* 용천배기 : 문둥병자.

우는 가슴에 말뚝 박듯
그렇지 않아도 마음이 아픈데 더욱 큰 상처를 입힌다는 뜻.

우는 아이 똥 먹이기
몰인정하고 심술 사나운 짓을 함을 이름.

우는 아이 젖 준다
무슨 일에 있어서나 자기가 요구해야 구할 수 있다는 말.
= 울지 않는 애 젖 주랴.

우렁이도 두렁 넘을 꾀가 있다
미련하고 못난 사람도 제 요량은 있고 무엇인가 한 가지는 재주가 있다는 말.
* 요량(料量) : 앞일에 대해 잘 생각하여 헤아림. 또는 그 생각.

우렁이도 집이 있다
우렁이와 같은 미물도 그 집 즉 외각(外殼)이 있는데, 사람으로 태어나서 자기 몸을 의탁할 집도 없다는 뜻으로 이름.

우렁이 속 같다
① 우렁이 속처럼 굽이굽이 돌아서 헤아리기 어렵다는 뜻.
② 마음씨가 의뭉스럽다는 뜻.

우마가 기린 되랴
마소와 같이 흔하고 천한 동물이 귀하고 상서로운 기린이 될 리 없다는 말로, 본시 제가 타고난 대로밖에는 아무리 해도 안된다는 말.

우물귀신 잡아넣듯 한다
우물에 빠져 죽은 귀신은 그 우물에 자기 대신 다른 사람을 끌어넣어 귀신을 만들고 난 다음에야 비로소 탈출할 수 있다는 속설에서 유래된 말로, 우물귀신이 다른 사람을 우물 속으로 끌어들이듯이 한다는 말은, 무슨 어려움이나 걱정 속에서 자기가 벗어나기 위해 남을 끌어들여 뒤집어씌움을 이름.

우물둔덕에 애 내놓은 것 같다
우물가에 사리를 분간 못하는 아이를 내놓으면 언제 빠질지도 몰라 마음을 쓰게 된다는 말로, 매우 염려스러워 마음이 불안하다는 뜻.
= 우물가에 애 보낸 것 같다.

우물 들고 마시겠다
우물에 가서 두레박으로 물을 길어 마실 여유도 없이 우물째 들고 마시겠다고 함은, 성미가 몹시 급하다는 뜻.

우물물은 퍼내야 고인다
무엇이든지 자꾸 써야만 뒤이어서 다시 새로운 것이 생기게 된다는 뜻.

우물 안 개구리
① 넓은 세상의 형편을 모른다는 뜻.
② 견식이 좁아 저만 잘난 줄 아는 사람을 이름.
= 우물 안 물고기.

우물에 가 숭늉을 찾는다
① 몹시 성급한 사람에게 농으로 하는 말. ② 일의 순서도 모르고

성급히 덤빈다는 뜻. = 급하기는 우물에 가 숭늉 달라겠다.

우물에 든 고기
어쩔 수 없이 운명만 기다리는 처지라는 뜻.

우물 옆에서 말라 죽겠다
우물 옆에서 물을 못 마시고 말라 죽겠다 함은, 무슨 일에나 융통성이 없고 처변할 줄 모르는 답답한 사람을 이름.
 * 처변(處變) : 실정에 따라 잘 처리해 감.

우물을 파도 한 우물을 파라
우물을 팔 때 몇 길이든지 물이 솟아나올 때까지 한 우물만 파야지, 물이 쉽사리 나오지 않는다고 하여 여기저기 옮겨 다니며 파다 보면 힘만 들고 필경은 물을 볼 수 없을 것이므로, 어떠한 일에 있어서나 한 가지 일을 끝까지 철저히 하여야 성공할 수 있다는 말.

우선 먹기는 곶감이 달다
그다지 실속은 없으나 당장 좋으니 취할 만하다는 뜻.

우수경칩에 대동강 풀린다
우수와 경칩을 지나면 아무리 춥던 날씨도 누그러진다 하여 이르는 말.
 * 우수(雨水) : 24절후의 하나로, 양력 2월 18일을 전후하여 있는 절후.
 * 경칩(驚蟄) : 양력 3월 5일을 전후하여 있음.

우수 뒤에 얼음같이
무엇이 슬슬 녹아 없어짐을 이르는 말.

우습게 본 풀에 눈 찔린다

대수롭지 않게 여겼던 사람이나 물건으로 인하여 크게 손해를 입었을 때 하는 말.

우장을 입고 제사를 지내도 제 정성이라

사람은 저마다 제 소견은 따로 가지고 있다는 뜻.

* 우장(雨裝) : 우비(雨備).

우황(牛黃) 든 소같이

가슴속의 분을 못 이겨 어쩔 줄 모르고 괴로워함을 이름.

* 우황 : 소의 쓸개에 병으로 생긴 덩어리.

운봉(雲峰)이 내 마음을 알지

누가 제 속마음을 알아준다는 뜻으로 쓰임.

[참고] 춘향전에서 나온 말로, 이도령이 암행어사로 내려가 변사또의 생일잔치에 나갔을 때 운봉영장(雲峰營將)만은 걸인의 행색을 한 이도령을 심상찮은 사람으로 알아봤음.

울고 싶자 때린다
무슨 일을 하고 싶었으나 마땅한 구실이 없어 못하다가 때마침 좋은 핑계거리가 생겼다는 말.

울려는 아이 뺨치기
아이가 울려고 할 때 잘 달래지는 않고 뺨을 치면 울음은 크게 터진다는 뜻으로, 일이 좀 틀어져 가려고 할 때 오히려 더 충동하여 더욱 큰 분란을 일으키게 됨을 비유적으로 이르는 말.

울력걸음에 봉충다리
여러 사람이 함께 걸어가면 절름발이도 덩달아 걸을 수 있게 된다는 말로, 여럿이 공동으로 하는 바람에 평소에 못하던 사람도 할 수 있게 됨을 이름.
* 울력 : 여러 사람이 힘을 합해 하거나 이루는 일.
* 봉충다리 : 사람이나 물건의 한쪽 다리가 짧음을 이르는 말.

울며 겨자 먹기
싫은 일을 좋은 척하고 억지로 하지 않을 수 없는 경우를 이름.

울바자가 헐어지니 이웃집 개가 드나든다
울타리의 바자가 헐어 이웃집 개가 그 밑으로 드나든다는 말로, 제게 약점이 있기에 남이 그것을 알고 업신여긴다는 뜻.
* 바자 : 대·갈대·수수깡 등으로 발처럼 엮거나 결은 물건.

울음 큰 새라
울음소리가 크다고 해서 새가 큰 것은 아니라는 말로, 명성은 자자하나 실제로는 보잘것없음을 일컬음.

움도 싹도 없다
① 장래성이라고는 도무지 없다는 말.
② 사람이나 물건이 없어졌을 때, 그 간 곳을 전혀 모르겠다는 말.

움막에 단 장
가난한 움막집의 단 간장이라는 말로, 가난한 집 음식이 맛있을 때 이르는 말. = 가난한 집 단 간장.

웃고 사람 친다
겉으로는 좋은 척하면서 기실은 해롭게 해 준다는 말

웃느라 한 말에 초상난다
농으로 한 말이 듣는 사람에게 치명적인 영향을 주어 마침내는 죽기까지 한다는 말로, 말이란 극히 조심하여 하지 않으면 안된다는 뜻.

웃는 낯에 침 뱉으랴
좋은 낯으로 대하는 사람에게 듣기 싫은 말이나 욕은 차마 할 수 없다는 말.

윗물이 맑아야 아랫물이 맑다
상류가 맑아야 하류도 따라 맑다는 말로, 윗사람이 부정한 일을 하면 아랫사람도 따라서 잘못을 저지르게 된다는 말. = 윗물이 흐리면 아랫물도 흐리다.

윗입술이 아랫입술에 닿나
그와 같이 불공(不恭)한 언사를 감히 어떻게 입 밖에 낼 수 있느냐는 뜻으로 하는 말. 상대편이 불손한 말을 했을 때에 화내어 이르는 말.

원님 덕에 나팔이라
존귀한 사람을 따르다가 그 덕으로 분에 넘친 영광을 입었다는 말로, 저는 아무런 노력도 하지 않고 다른 사람의 덕분으로 하고 싶던 일을 이루었을 때 이름. = 태수(太守) 덕에 나팔 소리 들었다.

원님에게 물건을 팔아도 에누리가 있다
물건을 사고 팔 때는 어디서든 에누리가 있는 법인데, 왜 좀 값을 깎아 주지 않느냐고 할 때 쓰는 말.

원님은 책방에서 춘다
수령의 비서(秘書) 사무(事務)를 하는 책방에서 그 원님이 훌륭하다고 추어올린다는 뜻으로, 사람의 진가를 드러내는 일은 그를 잘 알고 있는 자이어야 함을 이르는 말.

원두한이 사촌을 모른다
원두막에서 참외·수박을 파는 장사는 사촌이 와도 거저 주지 않는다는 말로, 물건을 팔아서 이익을 얻는 장사치는 아는 사람이라고 해서 물건을 거저 준다든가 더 싸게 준다든가 하는 법이 없다 하여 이르는 말.

* 원두한이(園頭干—) : 원두를 부치거나 놓는 사람.
* 원두(園頭) : 밭에 심은 오이·참외·수박·호박 등의 총칭.

원살이 고공살이
관직에 있는 사람의 자기 지위에 대한 불안과 노고는 고용살이하는 사람의 그것과 같다는 말.

* 고공(雇工) : 머슴. 품팔이.

원수는 순(順)으로 풀라
원수를 원수로써 갚으면 다시 원한을 사게 되어 그 끝이 없으므로, 원수는 반드시 화평스러운 가운데 순순히 풀어야 후환이 없다는 말.

원수는 외나무다리에서 만난다
① 원수는 공교롭게도 회피하기 어려운 곳에서 만나게 되는 법이라는 말. ② 남과 원수를 맺으면 피할 수 없는 경우에 만나는 화액(禍厄)이 생긴다는 말.

원숭이도 나무에서 떨어질 때가 있다
아무리 익숙하고 잘하는 사람이라도 혹 실수하는 수가 있다는 말.

원앙이 녹수(綠水)를 만났다
적합한 배필을 만났음을 이름. = 녹수 갈 제 원앙 가듯.

웬 떡이냐
뜻밖의 행운을 만났을 때 이르는 말.

웬 불똥이 튀어 박혔나
어떤 좋지 못한 일을 당하였기에 그토록 찡그린 얼굴을 하고 있느냐는 뜻으로 하는 말.

위로 진 물이 발등에 진다
머리 위에 떨어진 물이 발등에 떨어진다는 말로, ① 좋지 못한 짓을 하는 사람은 그 조상도 그렇기 때문이라는 뜻. ② 웃어른이 하는 일은 곧 아랫사람에게 영향을 준다는 뜻.

유복한 과수는 앉아도 요강 꼭지에 앉는다
운수 좋은 사람은 일마다 좋은 수만 얻는다는 뜻.
* 과수(寡守) : 과부.

유세(有勢)통을 졌나
세력을 믿고 남에게 못되게 구는 것을 이름.

유월 장마에 돌도 큰다
유월 장맛비가 올 때는 들의 곡식이 매우 잘 자라므로 이르는 말.

유월 저승을 지나면 팔월 신선이 돌아온다
한창 더운 음력 유월에 죽을 고생을 하여 농사를 잘 지은 사람이 가을에 느끼는 추수의 기쁨을 표현하는 말.

윤달 든 황양목(黃楊木)인가
황양목은 윤달이면 자라기는 고사하고 오히려 한 치씩 줄어든다는 전설에서 유래된 속담으로, 진척되지 않고 더딘 일이나 키가 작은 사람을 비유하여 이르는 말.

윤섣달은 앉은 방석도 안 돌려놓는다
음력 유월과 섣달에는 이사나 혼인 등 무슨 행사든지 하지 않음이 좋다는 뜻.

윷짝 가르듯
윷짝의 앞뒤가 분명하듯이 판단이 명백함을 이름.

으슥한 데 꿩알 낳는다
① 뜻밖의 장소에서 좋은 것이 발견되었을 때 하는 말. ② 평소에 조용한 듯한 사람이 남 보지 않는 데서 이상한 행동을 함을 이름.

은(銀)에서 은(銀) 못 고른다
은이 많으나 그 가운데서 마음에 꼭 맞는 은을 골라내지 못한다는 말로, 많은 것 중에서 원하는 것을 찾으려면 어렵다는 말.

은진(恩津)은 강경(江景)으로 꾸려간다
은진은 강경이 옆에 있기 때문에 버텨 나갈 수 있다는 말로, 남의 힘을 입어서 겨우 버티고 견디어 나간다는 뜻.
* 은진·강경 : 충청남도 논산시에 있음.

은행나무 격이다
은행나무는 자웅이주(雌雄異株) 즉 암수딴그루이므로, 서로 사랑하면서도 교섭을 갖지 못하는 남녀의 처지를 이름.

은혜를 원수로 갚는다
감사로써 은혜에 보답해야 할 자리에 도리어 해를 끼친다는 뜻.

음식 같잖은 개떡제비에 입천장 덴다
변변치 않아 우습게 알고 대한 일에 뜻밖에도 큰 손해를 입었을 때 쓰는 말.

음식 싫은 건 개나 주지 사람 싫은 건 할 수 있나
자기 아내가 뜻에 맞지 않으나 아내를 누구한테 줄 수도 없고 또 버릴 수도 없는 일이니 어쩔 수 없이 참고 살아간다고 할 때 쓰는 말.

음식은 갈수록 줄고 말은 갈수록 는다
음식은 먹을수록 줄어들지만 말이란 것은 이 사람 저 사람 옮겨 다닐수록 보태어지게 되므로 항상 말을 조심하라는 뜻.

음지가 양지 되고 양지가 음지 된다
세상일은 늘 돌고 돌기 때문에 사람의 처지는 얼마든지 반전될 수 있음을 비유한 말. = 양지가 음지 되고 음지가 양지 된다. 이랑이 고랑 되고 고랑이 이랑 된다.

음지(陰地)의 개 팔자
남 보기에는 대단치 않아 보여도 실상은 더 바랄 것이 없을 만큼 좋은 처지에 놓여 있다는 말.

응달의 승앗대
음지에서 자란 승아의 줄기라는 말로, 몸이 가늘고 키만 크며 힘 없이 멀쑥하기만 한 사람을 이름.
* 승아 : 여뀌과(科)에 딸린 풀로 들에 저절로 나며 맛이 시큼함.

의붓아비 돼지고기 써는 데는 가도 친아비 나무 패는 데는 가지 말라
의붓아비가 아무리 저를 미워하더라도 고기 써는 옆에 가 있으면 하나 줄지도 모르는 일이나, 친아비가 아무리 사랑하더라도 도끼질하는 데서는 잘못하여 다칠 수도 있을 것이니, 제게 조금이라도 해(害)가 미칠 듯한 곳에는 가지 말라는 뜻. = 의붓아비 떡 치는 데는 가도 친아비 도끼질하는 데는 안 간다.

의붓아비 소 팔러 보낸 것 같다
심부름 나가서 오래도록 돌아오지 않을 때 쓰는 말.

의붓아비 제삿날 물리듯
마음에 없는 일을 차일피일 뒤로 미룰 때 쓰는 말.

의붓어미가 티를 내는 것이 아니라 의붓자식이 티를 낸다
흔히 계모와 그 자식 사이가 좋지 않고 계모가 전처의 자식을 학대한다고 하지만, 그것은 자식이 의붓어미를 더 미워하고 멀리 여기기 때문이라는 말.

의붓자식 옷 해 준 셈
해 주어서 아무런 보람이 없고 보답 받지 못할 일을 했을 때 스스로를 위안 삼아 하는 말.

의사가 제 병 못 고친다
① 아무리 긴한 일이라도 제 손으로는 못하고 남의 손을 빌려야만

이루어지는 일을 가리킴. ② 제 허물을 제가 알아차리지 못한다는 말. = 자수삭발(自手削髮)은 못 한다. 중이 제 머리를 못 깎는다.

의사와 변호사는 나라에서 내놓은 도둑놈이라
의사와 변호사는 국가의 허가를 얻어 개업하고 있으면서 일의 대가로 많은 돈을 요구하고, 또 그렇다고 해서 깎을 수도 없는 노릇이니, 아무리 많은 돈을 요구하더라도 고스란히 내야 하므로 이르는 말.

의주 파발(義州擺撥)도 똥눌 때가 있다
아무리 분주하고 바쁠 때라도 잠시 쉴 사이는 있다는 뜻.
* 파발 : 옛날에 공문을 급히 보내기 위하여 설치한 역참(驛站). 여러 지역의 파발 가운데서도 의주 파발이 가장 날쌔고 빨랐다고 함.

이가 자식보다 낫다
이가 있기 때문에 음식을 먹고 살아갈 수 있으며, 때로는 맛있는 음식도 먹게 된다 하여 이르는 말.

이고 지고 가도 제 복 없으면 못산다
여자가 출가할 때 아무리 혼수품을 많이 가지고 간다 해도 자기 복이 없으면 못산다는 말.

이기는 것이 지는 것
① 서로 싸우면 한이 없고 또 끝까지 버틴들 좋지 못한 일만 생기니 빨리 지는 척하고 그만두는 것이 좋다는 말. ② 맞설 형편이 못되는 아주 수준이 어린 상대한테 옥신각신 시비를 가리기보다 아량 있고 너그럽게 대하면서 양보하는 것이 도덕적으로 승리하는 것임을 이르는 말.

이 덕(德) 저 덕이 다 하늘 덕
사람이 살아가는 모든 것은 하늘의 덕택이라는 말.

이도 아니 나서 콩밥을 씹는다
재능과 역량이 부족한 자가 분에 겨운 지나친 일을 하고자 한다는 뜻. = 이도 아니 나서 황밤을 먹는다.

이랑이 고랑 되고 고랑이 이랑 된다
세상일이란 늘 돌고 돌기 때문에 사람의 처지는 얼마든지 반전될 수 있음을 비유한 말. = 음지가 양지 되고 양지가 음지 된다. 양지가 음지 되고 음지가 양지 된다.

이렇게 대접할 손님이 있고 저렇게 대접할 손님이 따로 있다
무릇 사람을 상대할 경우에는 사람에 따라서 존비와 친소 등의 차이를 두게 된다는 말.
* 존비(尊卑) : 사회적 지위나 신분의 존귀함과 비천함.
* 친소(親疎) : 친함과 친하지 아니함.

이른 새끼가 살 안 찐다.
일찍 깬 새끼가 살이 안 찌고 크게 자라지 못한다는 말로, ① 사람이 어려서 벌써 나이 든 체를 하고 너무 일되면 도리어 훌륭하게 되지 못한다는 말. ② 무슨 일이 처음에 너무 쉽게 잘되면 도리어 좋지 않다는 뜻.

이마를 찔러도 피 한 방울 안 나겠다
몹시 인색하고 약삭빠른 사람을 형용하는 말.

이마에 부은 물이 발뒤꿈치로 흐른다
윗사람이 한 일은 좋은 일이고 나쁜 일이고 다 아랫사람이 본뜬다는 뜻.

이밥이면 다 젯밥인가
같은 물건이라도 경우에 따라 저마다 다르게 쓰이며, 또 그 효과도 각각 다르다는 뜻.

이불 간 보아 가며 발 편다
이불의 크기를 살펴 가며 거기에 맞추어서 발을 편다는 말로, 자기의 역량과 경우를 따져 가면서 일을 마련한다는 뜻. = 이불 깃 보아 가며 발 뻗친다.

이불 속에서 하는 일도 안다
세상에 비밀은 없는 것이므로 아무도 안 보는 데서도 행동을 조심해야 된다는 말.

이불 속에서 활개친다
평소에는 남이 보지 않는 곳에서나 큰소리치고 잘난 체하다가 정작 어려운 일이 닥치면 쩔쩔매는 것을 이름.

이 빠진 강아지 언 똥에 덤빈다
① 자격도 없는 자가 주제넘은 짓을 한다는 뜻. ② 도무지 이룰 수 없는 일은 처음부터 생각도 하지 말라는 뜻.

이 빠진 개 벌통시 만났다
불우한 사람이 대단치 않은 행운을 만나 요행으로 생각함을 이름.

* 벌통시 : 경상도 방언으로 '한데 있는 변소'의 뜻.

이사할 때 강아지 따라다니듯
어디를 가든지 늘 귀찮게 따라다니는 경우를 비유적으로 이르는 말.

이 설움 저 설움 해도 배고픈 설움이 제일
사람은 여러 가지 고통을 능히 견디어 나갈 수 있으나 배곯고 굶주리는 것만은 견디기 힘들다는 뜻.

이십 안 자식, 삼십 전 천 냥
자식은 이십 세가 되기 전에 낳아야 하며, 재산은 삼십 세가 되기 전에 모아 놓아야 한다는 말.

이 아픈 날 콩밥 한다
불행한 일이 있을 때 또 당하기 어려운 곤경이 거듭된다는 말.

이웃집 개도 부르면 온다
미물인 개도 부르면 오는데 하물며 사람이 불렀는데도 왜 오지 않느냐는 뜻으로, 불러도 안 오는 사람을 꾸짖어 이르는 말.

이웃집 나그네도 손 볼 날이 있다
아무리 가까운 사이일지라도 손님으로서 깍듯이 대접해야 할 때가 따로 있다는 뜻.

이웃집 며느리 흉도 많다
늘 가까이 있고 잘 아는 사이일수록 상대편의 결점이 많이 눈에 띈다는 뜻. = 남의 집 며느리 말썽도 많다.

이웃집 무당 영(靈)하지 않다
이웃집 무당은 늘 접촉하여 단점을 많이 알고 있기 때문에 도무지 영험하게 생각되지 않는다는 말로, 대체로 가까운 데 있는 것은 신통치 않게 생각된다는 뜻.

이웃집 새 처녀도 내 정지에 들여세워 보아야 안다
① 사람은 실제로 겪어 보지 않고서는 그 됨됨이를 자세히 알 수 없다는 말. ② 사람 고르기가 힘들다는 말.
* 정지 : 부엌의 사투리.

이웃집 색시 믿고 장가 못 간다.
남은 생각지도 않는데 공연히 저 혼자 지레짐작으로 믿고만 있다가 낭패를 보게 됨을 이름. = 동네 처녀 믿다가 장가 못 간다. 앞집 처녀 믿다가 장가 못 간다.

이월 바람에 검은 쇠뿔이 오그라진다
이월에 부는 바람이 세참을 비유적으로 이르는 말.

이 장 떡이 큰가, 저 장 떡이 큰가
이 편에 이익이 많을지 저 편에 이익이 많을지 바라보고 망설이고만 있다는 뜻.

이 절도 못 믿고 저 절도 못 믿는다
이것도 저것도 다 못 믿겠다는 뜻.

이태백도 술병 날 때 있다
술을 잘 먹는 사람도 과음으로 인하여 앓아누울 때가 있다는 뜻.

이태백이가 돈 가지고 술 먹었다던?
돈의 낭비가 있으니 술 좀 그만 마시라는 데 반하여 이르는 말.

이 팽이가 돌면 저 팽이가 돈다
이곳의 시세가 변하면 저 곳의 시세도 변한다는 뜻으로 하는 말.
= 저 팽이가 돌면 이 팽이도 돈다.

익은 밥 먹고 선소리한다
사리에 맞지 않는 말을 싱겁게 하는 사람을 핀잔하며 이르는 말.

익은 밥이 날로 돌아갈 수 없다
일이 이미 다 되었으니 아무리 해도 소용이 없다는 뜻.

인경 꼭지가 말랑말랑하거든
인경은 큰 종인데 그 꼭지가 말랑말랑하게 되거든 하겠다는 말로, 영영 되지 않을 일이나 애초부터 실행할 의사가 없는 일에 비유함.

인물 좋아 봤자 천하일색 양귀비
얼굴이 잘생겼으면 얼마나 잘 생겼느냐? 기껏해야 양귀비만큼밖에 더하겠느냐고 하는 뜻.

인색한 부자가 손쓰는 가난뱅이보다 낫다
가난한 사람은 아무리 마음씨가 곱고 동정심이 많다 하더라도 남을 도와주기가 어려워서 못하지만, 부자는 인색하다 하더라도 남아나는 것이 있어서 가난한 사람이 도움을 입을 수 있다는 말.
* 손쓰다 : 남에게 선심을 쓰다.

인생은 뿌리 없는 평초(萍草)
사람이 살아간다고 하는 것은 마치 물위에 떠도는 개구리밥과 같다는 뜻으로, 인생이란 허무하고 믿을 수 없는 것임을 비유적으로 이르는 말.

인왕산 그늘이 강동 팔십 리 간다
'수양산 그늘이 강동 팔십 리를 간다'의 '수양산'을 인왕산으로 바꾸어 하는 말로, 어떤 한 사람이 잘되어 세력이 좋으면 그 덕을 입어 도움을 받는 사람이 많다는 뜻.

인왕산 모르는 호랑이가 있나
인왕산은 서울 서북쪽에 있으며, 한국의 호랑이는 반드시 이 산을 한번 와 본다는 옛말로부터 나온 말로, 자기를 인왕산에 비기고 남을 호랑이에 비겨, '왜 나를 몰라보느냐'는 뜻으로 쓰는 말.

인왕산 차돌을 먹고 살기로 사돈의 밥을 먹으랴
아무리 어렵고 고생스러워도 처가의 도움을 받아 살아가고 싶지는 않음을 이르는 말.

인절미에 조청 찍는 맛
딱 맞고 마음에 드는 경우를 비유적으로 이르는 말.

인정(人情)도 품앗이라
사람을 생각해 주는 것도 서로 주고받아야 한다는 말로, 남도 나를 생각해야 나도 그를 생각하게 된다는 말.

인정에 겨워 동네 시아비가 아홉이라
인정이 많아서 거절 못 하고 한 일이 시아비가 아홉이나 되는 결과, 즉 가장 치욕적인 결과를 가져왔다는 말로, 인정에 끌려 마지못해 한 일의 결과가 안 좋게 되었을 때 쓰는 말.

일가 못된 건 계수(季嫂)
일가 중에서 가장 서먹한 사람은 아우의 아내 되는 사람이라는 말.

일가 못된 것이 항렬만 높다
못된 일가가 친족 관계의 항렬만 높다는 뜻으로, 변변치 아니한 사람이나 일이 잘되는 경우를 비유적으로 이르는 말.

일가 싸움은 개싸움
① 일가끼리 싸우는 것은 개나 짐승만도 못하다는 말.
② 일가끼리의 싸움은 그때뿐이고, 원한을 품지 않는다는 말.

일각이 여삼추
기다리는 마음이 간절하여 아주 짧은 시간도 삼 년같이 길게 느껴진다는 뜻. = 일각(一刻)이 삼추(三秋) 같다
* 일각(一刻) : ① 각(刻)은 지난날의 시간 단위로 15분을 가리키는 데에서, 아

주 짧은 동안을 이르는 말. ② 지난날, 1일을 24시로 했을 때 매시(每時)의 둘째에 해당하는 각(刻)을 이르던 말. 곧, 15~30분까지의 동안.
* 삼추(三秋) : ① 가을의 석 달. 구추(九秋). ② 세 해의 가을이라는 뜻으로, 3년의 세월을 이르는 말. ③ '긴 세월'의 비유.

일 다 하고 죽은 무덤 없다
사람이 일 하나를 다 하면 또 다른 하나가 생기고 하여, 일을 하려고 보면 한이 없다는 뜻.

일도 못하고 불알에 똥칠만 한다
뜻하던 일은 못하고 도리어 낭패만 보았다는 뜻으로 하는 말.

일 안 하는 가장(家長)
① 제구실을 하지 못하여 가치 없이 된 것을 뜻함.
② 일 안 하는 가장이란 있을 수 없으므로, 도무지 상상할 수 없는 짓을 할 때 이르는 말.

일에는 배돌이, 먹을 땐 감돌이
일을 할 때는 멀리 가 있으려고 살살 빼어나가나 먹을 것이 있으면 조금이라도 더 많이 먹으려고 살금살금 다가오는 사람을 두고 이르는 말.

일은 송곳으로 매운 재 긁어내듯 하고, 먹기는 도지소 먹듯 한다
일은 송곳으로 재를 긁어내듯이 답답하게 조금밖에 못 하면서 먹기는 빌려 온 소처럼 유달리 많이 먹는다는 뜻.
*도지소 : 해마다 벼를 내고 빌려 부리는 남의 소.

일이 되면 입도 되다
일이 고되면 입도 고단하다는 말로, 일이 많으면 먹는 것도 그에 따라 많이 생기게 된다는 뜻.

일 잘하는 아들 낳지 말고 말 잘하는 아들 낳아라
사람이 말을 잘하면 처세하기에 퍽 유리하다는 뜻으로 하는 말.
= 힘 센 아이 낳지 말고 말 잘하는 아이 낳아라.

일전오리(一錢五厘) 밥 먹고 한 푼 모자라 치사를 백 번이나 한다
그다지 면목이 없거나 대단하지도 않은 일임에도 불구하고 필요 이상으로 굽신거려야 될 경우에 이르는 말.

일천 석 불 붙는 줄 모르고 독 뒤에서 쌀알 줍는다
남자는 밖에서 낭비하고 함부로 놀아나도 부인은 집 안에서 애타게 아끼고 고생한다 하여 이르는 말. = 일천 석 불 붙이고 쌀알 줍는다.

잃은 도끼는 쇠나 좋거니
상처(喪妻)하여 재취한 처가 전처만 못할 경우에 한탄하며 이르는 말.

임도 보고 뽕도 딴다
임도 만날 겸 뽕도 따기 위하여 일을 하듯이, 한꺼번에 두 가지 일을 겸해서 한다는 뜻.

임 없는 밥은 돌도 반, 뉘도 반
남편 없이 혼자 지낼 때는 먹는 것에 정성이 들여지지 않아 잘 먹지 않고 산다는 뜻.

임을 보아야 아이를 낳지
어떤 결과를 얻고자 뜻한다면 그에 상당한 일을 실제로 하여야 된다는 뜻.

임자 없는 용마(龍馬)
쓸모없고 보람 없게 된 처지를 비유하여 이르는 말.

입 가리고 고양이 흉내
고양이 흉내를 내는데 상대방도 고양이가 아니라고 빤히 알고 있을 정도로 표가 난다는 뜻으로, 얕은꾀로 남을 속이려는 어리석음을 비유적으로 이르는 말. = 눈 가리고 아웅.

입술에 침이나 바르지
염치없이 거짓말을 천연스럽게 하는 것을 욕하는 말.

입술이 없으면 이가 시리다
서로 밀접한 관계에 있어서 하나가 망하면 다른 하나도 망하게 됨을 이름. = 순망치한(脣亡齒寒).

입 씻는다
무엇을 먹고도 안 먹은 체하고 입을 씻는다는 말로, 좋지 않은 일을 하고도 모르는 체한다는 뜻.

입에 거미줄 친다
가난한 상태를 표현한 것으로, 오랫동안 먹지를 못하고 굶는다는 뜻. = 목구멍에 거미줄 쓴다.

입에 문 혀도 깨문다
입속에 들어 있는 자기의 혀도 깨무는 실수를 할 때가 있듯이, 사람인 이상 실수가 없을 수 없다는 말.

입에서 신물이 난다
어떤 일에 너무나도 곤욕을 치러서 생각만 해도 입에서 신물이 난다는 뜻으로, 몸서리치게 지긋지긋함을 비유적으로 이르는 말

입에서 젖내 난다
① 나이가 어리다는 말.
② 하는 짓이 어리석고 유치하다는 말.

입에 쓴 약이 병에는 좋다
먹기 싫은 쓴 약이 몸에 이로운 것처럼, 자신에게 이로울 충고나 교훈은 듣기에 싫고 마음에 기억해 두기도 싫지만, 자기 수양을 위해서는 달게 받아 들여야 한다는 말.

입은 거지는 얻어먹어도 벗은 거지는 못 얻어먹는다
사람이 옷차림이 깨끗하여야 남에게 대우를 받게 됨을 비유적으로 이르는 말.

입은 비뚤어져도 말은 바로 해라
① 상황이 어떻든지 말은 언제나 바르게 하여야 함을 이르는 말. ② 언제든지 말을 정직하게 해야 한다는 말. = 입은 비뚤어져도 주라는 바로 불어라.

* 주라(朱喇) : 붉은 칠을 한 소라 껍데기로 만든 대각(大角).

입의 혀 같다
자기의 혀를 마음대로 움직일 수 있듯이, 제 뜻대로 움직여 주어서 매우 편리하다는 뜻.

입이 걸기가 사복 개천 같다
말을 조금도 삼가지 않고 함부로 내지껄인다는 뜻.

* 사복(司僕) : 옛날 궁중의 거마(車馬)를 맡고 있는 곳. 그 개천은 말의 오줌 똥으로 어지럽게 널려 있어 매우 더러운 곳임.

입이 도끼날 같다
입이 도끼날처럼 날카롭다는 말로, 남이 거리끼는 입바른 소리를 매우 날카롭게 거침없이 하는 사람을 비유하여 이르는 말.

입이 밥 빌어오지, 밥이 입 빌러 올까
무엇을 달라고 청하는 사람이 그것을 가지러 오지는 않고 갖다 주기를 바랄 때 이르는 말.

입이 여럿이면 금(金)도 녹인다
여러 사람의 뜻을 모으면 무슨 일이나 다 할 수 있음을 비유적으로 이르는 말.

입 찬 말은 묘 앞에 가서 하여라
자기를 자랑하며 장담하는 것은 죽고 나서야 하라는 뜻으로, 쓸데없는 장담은 하지 말라는 말. = 입 찬 소리는 무덤 앞에 가서 하라.

입추(立錐)의 여지가 없다
송곳의 끝을 세울 만한 공지(空地)도 없다는 말로, 빈틈이 없고 비좁음을 이름.

입춘(立春) 거꾸로 붙였나
입춘이 지난 후에도 날씨가 몹시 추울 때 하는 말.

잉어·숭어가 오니 물고기라고 송사리도 온다
무엇을 하는지 잘 알지도 못하면서 남이 하는 대로 따라 하는 경우를 비유적으로 이르는 말.

자가사리가 용을 건드린다
가장 작고 천한 것이 가장 크고 귀한 것을 건드린다는 말로, 제 힘에 겨운 것을 생각하지 않고 함부로 남을 건드린다는 뜻.

자기 자식에겐 팥죽 주고 의붓자식에겐 콩죽 먹인다
옛날이야기 '콩쥐팥쥐'에서 나온 말로, 의붓자식을 미워한다는 뜻으로 이르는 말.

자는 벌집 건드린다
잠잠한 벌집을 건드려서 벌떼가 달려들게 한다는 말로, 가만히 두면 아무 탈이 없을 것을 괜히 건드려서 큰일을 일으킨다는 뜻. = 자는 범 코침 주기. 자는 호랑이 불침 놓기.

자는 입에 콩가루 떨어 넣기
언뜻 보면 남에게 좋은 일을 하는 것 같지만 실은 곤란에 빠지게 하는 행위를 말함.

자다가 벼락을 맞는다
급작스레 뜻하지 않던 변을 당하여 어쩔 줄 모를 때 이르는 말.

자다가 봉창 두드린다
전연 관계없는 딴소리를 별안간 불쑥 내놓을 때 하는 말. = 자다가 봉창 찢는 소리 한다.

자라 보고 놀란 가슴 소댕 보고 놀란다
무엇에 한번 몹시 놀란 사람이 그와 비슷한 것만 보아도 겁을 낸다는 말. = 자라에게 놀란 놈이 솥뚜껑 보고 놀란다.

자라 알 들여다보듯
자라가 알을 낳아 놓고 그것이 깨이기를 기다린다는 말로, 손을 써서 어떻게 할 생각은 안 하고 들여다보고만 있을 때 하는 말. = 자라 알 바라보듯.

자랑 끝에 쉬 슨다
① 너무 자랑하면 그 끝에 말썽이나 화가 생김을 이르는 말. ② 너무 잘난 체하며 거들먹거리면 일을 그르치게 됨을 이르는 말. = 자랑 끝에 불붙는다.

자빠진 놈 꼭뒤 차기
궁지에 빠진 사람을 더 한층 괴롭힌다는 뜻.
* 꼭뒤 : 뒤통수의 한복판.

자수삭발(自手削髮)은 못한다
① 제 손으로 제 머리를 깎지 못한다는 말로, 자기가 자기를 추천한

다듬가 하는 일은 못한다는 뜻. ② 제가 스스로의 일을 처리하지 못할 경우에 이름. = 중이 제 머리 못 깎는다. 의사가 제 병 못 고친다.

자식 겉 낳지 속은 못 낳는다
① 아무리 자기가 낳은 자식이라 할지라도 그 마음속까지는 알아볼 수 없다는 뜻. ② 자식이 좋지 못한 생각을 품어도 그것이 부모의 책임은 아니라는 뜻. = 부모가 자식을 겉 낳았지 속 낳았나

자식 기르는 것 배우고 시집가는 계집 없다
무슨 일이나 닥쳐서 해 나가는 동안에 그 일을 배우는 것이지 처음부터 경험을 가지고 있는 사람은 없다는 말.

자식도 품안에 들 때 내 자식이지
자식이 어릴 때는 부모를 따르나 장성하면 차츰 부모로부터 멀어진다 하여 이르는 말. = 품안에 있어야 자식이라.

자식 둔 끝에는 호랑이도 두남을 둔다
사납고 무서운 짐승도 자기 자식은 돌아보는데, 하물며 사람에게 있어서야 말할 것도 없다는 뜻.

* 두남두다 : 잘못된 것을 용서하여 도와주다.

자식 떼고 돌아서는 어미는 발자국마다 피가 고인다
어미가 자식을 떼어 놓는 일이 말할 수 없이 괴로운 일이라는 뜻.

자식은 내 자식이 커 보이고 벼는 남의 벼가 커 보인다
자식은 내 자식이 좋게 보이지만, 재물은 남이 가진 것이 더 좋아 보여서 탐이 난다는 뜻. = 자식은 제 자식이 좋고 곡식은 남의 곡식이 좋다.

자식은 애물이라
자식은 부모의 애를 태우는 물건이기 때문에 언제나 부모에게 걱정만 시킨다는 뜻.

자식을 보기에 아비만한 눈이 없고, 제자를 보기에 스승만한 눈이 없다
제 자식은 그 아버지 되는 사람이 가장 잘 알고 있으며, 스승은 그 제자를 가장 잘 알고 있다는 뜻.

자식 죽는 건 봐도 곡식 타는 건 못 본다
농부들이 지어 놓은 농사일에 온 정성을 다하는 것을 보고 이르는 말.

자식 추기 반 미친놈, 계집 추기 온 미친놈
① 지나치게 사랑하여 눈이 어두워지지 아니하도록 하라는 말.
② 아내 자랑, 자식 자랑을 하는 사람을 놀림조로 이르는 말.

자에도 모자랄 적이 있고, 치에도 넉넉할 적이 있다
① 경우에 따라 많아도 모자랄 적이 있고, 적어도 남을 때가 있다는 뜻. ② 일에 따라서 잘난 사람도 못하는 수가 있고, 어리석은 사람도 잘하는 수가 있다는 말.

자주 꼴뚜기를 진장 발라 구은 듯하다
피부가 검은 사람을 조롱하는 말.
* 진장 : 검정콩으로 쑨 메주로 담가 빛이 까맣게 된 간장.

작게 먹고 가는 똥 누지
소득을 탐내지 말고 제 힘에 맞도록 분수를 지키는 것이 좋으며, 그것은 또한 편하기도 하다는 말.

작아도 고추알
몸집은 작아도 영리하고 일을 썩 잘하는 사람을 이르는 말.
= 작아도 후추알.

작아도 하동 애기
① 키는 작지만 하동 사람은 똑똑하다 하여 이르는 말. ② 키는 작아도 사람됨이 똑똑하다 할 때 쓰는 말.
* 하동(河童): 경상남도에 있는 지명.

작은 고추가 더 맵다
몸집이 작은 사람이 큰 사람보다 도리어 단단하고 재주가 더 뛰어남을 비유한 말.

작은 도끼도 연달아 치면 큰 나무를 눕힌다
대수롭지 않고 조그만 것이라도 여러 번 힘들여서 하면 큰일을 이룰 수 있다는 말. = 열 번 찍어 아니 넘어가는 나무 없다.

작은어미 제삿날 지내듯
서모(庶母)의 제사를 지내듯 한다 함은, 정성을 들이지 않고 마지못해 형식만 갖추는 행동을 이름.

작은 일이 끝 못 맺는다
일이 작으면 시시하게 여겨서 힘써 일하지 않으므로, 그런 일은 이루지를 못하고 흐지부지되어 버리고 만다는 뜻.

작은 절에 괴가 두 마리라
먹을 것도 없는 작은 절에 고양이 두 마리가 같이 있다 함은, 가뜩이나 궁하고 없는 곳에 여럿이 모여서 누구 하나 마음껏 먹거나 가지지 못한다는 뜻.

잔고기 가시 세다
흔히 몸집이 자그마하게 생긴 것이 속은 야물고 단단하다 하여 이르는 말.

잔디밭에 바늘 찾기
① 애써 해봐야 헛수고로 돌아갈 일에 비유하는 말.

② 아무리 찾아도 찾을 수 없음을 이름. = 잔솔 밭에서 바늘 찾기.

잔치엔 먹으러 가고, 장사엔 보러 간다
이치를 따지자면, 혼인 잔치에 가서는 구경도 하고 축하를 해야 하나 실상은 모두들 먹는 데만 바쁘고, 장사 지내는 데 가서는 위문하고 일을 도와주어야 하지만, 울고 법석이는 구경만 하다 오는 것이 사실이라 하여 이르는 말.

잔칫집에는 같이 가지 못하겠다
언제나 남의 결점을 잘 들추어 말하는 사람을 보고 이르는 말. 잔칫집에 가서 자기의 결점을 끄집어내어 말할지도 모르기 때문.

잘난 사람이 있어야 못난 사람이 있다
선악이나 장단(長短) 등은 서로 비교가 되어야만 뚜렷이 나타난다는 말.

잘되면 제 탓, 못되면 남의 탓
① 자기의 실패에 대해서 그 책임을 남에게 돌리고 원망한다는 말. ② 일이 잘되면 제가 잘나서 잘되었다 하고, 잘 안 되면 남의 탓만 한다는 뜻. = 잘되면 제 탓, 못되면 조상 탓.

잘되면 충신이요 못되면 역적이라
같은 일이라도 잘되면 충신의 칭호를 받고 잘못되면 역적의 벌을 받는다 함은, ① 세상의 모든 일은 결국에 가서는 승자에게만 유리하게 되는 것이라는 뜻. ② 어떻게 되든지 간에 정반대인 둘 중의 하나로 결판이 난다는 뜻. = 승(勝)하면 충신, 패(敗)하면 역적.

잘 먹고 잘 입어 못난 놈 없다
사람이 아무리 못났더라도 잘 먹어 풍채가 좋고 잘 입어 의관이 반듯하면, 보기에도 그럴듯하고 또한 남의 괄시도 받지 않는다는 말.

잘살아도 내 팔자요 못살아도 내 팔자
사람은 누구나 제각기 타고난 팔자에 따라서 잘살기도 하고 못살기도 한다 하여 이르는 말.

잘 자랄 나무는 떡잎부터 알아본다
① 자라서 크게 될 사람은 어릴 적부터 다르다는 말.
② 결과가 좋은 것은 시초부터 잘된다는 뜻.
= 될성부른 나무는 떡잎부터 알아본다. 열매 될 꽃은 첫 삼월부터 안다. 잘 자랄 나무는 떡잎부터 알아본다. 푸성귀는 떡잎부터 알고 사람은 어렸을 때부터 안다.

잘 헤는 놈 빠져 죽고 잘 오르는 놈 떨어져 죽는다
사람은 흔히 자기의 장기(長技)에서 실수하기 쉽고, 마침내는 그것으로 말미암아 일생을 마치게도 된다는 말.

잠꾸러기 집은 잠꾸러기만 모인다
① 게으름에 젖은 집에는 오는 사람마다 게으르다는 말.
② 같은 유(類)끼리 모이게 됨을 이름.
= 조는 집에 자는 며느리 온다.

잠녀 애긴 이레 만에 밥먹는다
해녀(海女)의 아이는 태어난 지 일주일 만에 밥을 먹는다는 말로, 해녀의 아이는 매우 그만큼 빨리 자란다는 뜻.

* 잠녀(潛女) : 해녀(海女).

잠방이에 대님 치듯
거북한 일을 당하여 몹시 켕김을 비유적으로 이르는 말.

잠을 자야 꿈을 꾸지
① 어떤 결과를 얻으려면 제대로 순서를 밟아야 한다는 말.
② 원인 없이 결과를 바랄 수 없다는 말.

잠자코 있는 것이 무식을 면한다
잘 알지 못하거든 가만히 있는 것이 도리어 무식을 드러내지 않는 것이 된다는 뜻.

잡은 꿩 놓아 주고 나는 꿩 잡자 한다
공연히 어리석은 짓을 하여 헛수고와 손해를 얻는다는 말.

장가들러 가는 놈이 불알 떼어 놓고 간다
무슨 일을 함에 있어 아둔하게도 가장 긴요한 것을 잊거나 잃어버리거나 할 때 쓰는 말. = 장사 지내러 가는 놈이 시체 두고 간다.

장(場)거리 수염 난 건 모두 네 할아비냐
시장거리에 돌아다니는 수염 난 사람들이 모두 네 할아버지냐는 말로, 비슷만 하면 덮어 놓고 제 것이라고 하는 사람을 놀리는 말.

장구 깨진 무당 같다
굿판의 흥을 돋우는 장구가 깨졌을 때 무당의 힘 빠진 표정과 같다는 말로, 기운이 꺾여 아무런 흥미도 없어 보이는 사람을 이름.

장구를 쳐야 춤을 추지
장구로 장단을 맞춰 줘야만 춤을 출 수 있다는 말로, 시설(施設)이 있고 거들어 주는 이가 있어야 일을 할 수 있다는 말.

장구 치는 사람 따로 있고, 고개 까닥이는 사람 다로 있나
저 혼자서도 할 수 있는 일을 가지고 아무 상관없는 사람에게 나누어 하자고 할 때 반박하는 말.

장군은 하나인데 풍각쟁이는 열둘이라
여러 사람이 모여 들어서 저마다 적당한 구실을 붙여 한 사람으로부터 돈이나 물건을 받아 갈 때 하는 말.
* 풍각(風角)쟁이 : 남의 집 문 앞으로 돌아다니며 풍류 소리를 내면서 돈을 얻어 가는 사람.

장난하는 것은 과붓집 수캐
조용해야 할 과붓집에서 수캐가 발작을 일으켜 소리하는 것을 이웃에서 수상히 여기고 과부의 생활을 의심한다는 뜻으로, 아무 근거도 없는 일을 가지고 공연히 떠들어서 말썽거리가 되게 한다는 뜻.

장난이 아이 된다
대수롭지 않게 장난처럼 시작한 일이 뚜렷한 결과를 맺게 된다는 말.

장님에게 눈으로 가리키고 벙어리에게 속삭인다
장님에게 눈으로 가리켜도 볼 수 없고 벙어리에게 말로 속삭여도 알아듣지 못한다는 말로, 하는 일마다 실수만 한다는 뜻.

장님이 넘어지면 지팡이 나쁘다 한다
제 잘못으로 이미 일이 그릇된 것을 가지고 남을 탓하나 그것은 쓸데없는 짓이라는 말.

장님이 더듬어 봐도 알 노릇
짐작으로도 능히 알 수 있는 일이라는 뜻.

장님이 장님을 인도한다
제 일도 감당 못하는 사람이 남의 일까지 하려 하지만 되지 않는다는 말.

장님 코끼리 말하듯
① 일부분만 알고 그것이 전체인 것처럼 여긴다는 말.
② 못난 자가 격에 맞지 않은 대사(大事)를 이야기한다는 뜻.

장님 파밭 들어가듯
무엇인지도 모르고 한 일이 그만 일을 망쳐 버렸을 때 이르는 말.

장닭이 울어야 날이 새지
집안에서 일을 처리하는 데는 남편이 나서야 일이 제대로 되지 여자가 나서서 아무리 떠들어대 봤자 해결이 되지 않는다는 뜻.

장독보다 장맛이 좋다
겉모양은 보잘것없으나 속 내용은 매우 좋다는 말. = 뚝배기보다 장맛이 좋다.

장마 개구리 호박잎에 뛰어오르듯
장마철에 개구리가 난데없이 호박잎에 뛰어오르듯이, 별로 반갑지도 귀엽지도 않은 존재가 어떤 자리에 냉큼 뛰어든 경우에 비유하여 이르는 말.

장마다 망둥이 날까
장에는 망둥이가 나기도 하지만 어떤 때는 없기도 하므로, 언제나 제가 원한다고 해서 호기(好機)가 있는 법이 아니라는 뜻.

장마 뒤에 외(오이) 자라듯
좋은 기회나 환경을 만나 무럭무럭 잘 자라는 경우를 비유적으로 이르는 말. = 장마에 외 굵듯.

장모는 사위가 곰보라도 예뻐하고, 시아버지는 며느리가 뻐드렁니에 애꾸라도 예뻐한다
흔히 장모는 사위를 사랑하고 시아버지는 며느리를 사랑한다 하여 이르는 말.

장부가 칼을 빼었다가 도로 꽂나
① 크게 결심하고 무슨 일을 하려다가 어떤 어려움이 생겼다고 해서 그만 둘 수는 없다는 뜻. ② 무엇을 주려고 하다가 받지 않는다고 해서 도로 집어넣을 수도 없으니 굳이 받으라고 할 때 사용하는 말.

장비더러 풀벌레를 그리라 한다
말을 잘 타고 창을 잘 쓰는 이에게는 당치도 않은 사소한 풀벌레를 그리라고 한다는 말로, 세상에서 큰일을 하는 사람에게 자잘한 일을 해 달라고 청하는 것이 부당하다는 말.

장사 웃 덮기
팔 물건을 진열할 때 좋고 성한 것을 골라 겉에다 놓는다는 뜻으로, 겉모양만 허울 좋게 꾸미는 경우를 비유적으로 이르는 말.

장사 지내러 가는 놈이 시체 두고 간다
무슨 일을 함에 있어 아둔하게도 가장 긴요한 것을 잊거나 잃어버리거나 할 때 쓰는 말. = 장가들러 가는 놈이 불알 떼어 놓고 간다.

장(醬) 없는 놈이 국 즐긴다
실속 없고 힘없는 자가 분에 넘치는 사치를 좋아한다는 뜻.

장옷 쓰고 엿 먹기
겉으로는 가장 점잖고 얌전한 체하면서 남이 보지 않는 데서는 좋지 못한 행실을 한다는 뜻.
* 장옷 : 여자가 나들이할 때 온몸을 가리기 위하여 뒤집어쓰던 옷.

장작불과 계집은 쑤석거리면 탈난다
잘 타고 있는 장작불을 들쑤시고 움직여 놓으면 타지 않고 꺼지려 하듯이, 계집도 가만히 있는 것을 옆에서 들쑤시고 꼬드기면 바람이 난다는 말. = 계집과 화롯불은 건드리면 탈난다.

장판방에서 자빠진다
① 안전한 곳에서 실각함을 이름.
② 마음을 놓는 데서 실수가 생기는 것이니 항상 조심하라는 말.
= 방바닥에서 낙상한다. 평지에서 낙상한다.

재떨이와 부자(富者)는 모일수록 더럽다
재떨이에 담뱃재와 담배꽁초가 많이 모일수록 재떨이가 더러워지듯이, 재물이 많이 모이면 모일수록 욕심이 많아져서 마음씨가 인색하고 교만해진다는 뜻.

재미나는 골에 범 난다
① 재미있다고 나쁜 일을 계속하면 나중에는 봉변을 당하게 된다는 말. ② 지나치게 재미가 나면 그 끝에 가서는 재미롭지 못한 일이 생긴다는 말.

재수가 불 붙었다
아주 재수가 좋아서 일이 썩 잘되어 간다는 말.

재수가 옴 붙었다
옴은 손·발가락 사이·오금·겨드랑이 등에서 시작하여 전신으로 퍼져 나가는 몹시 가려운 병으로, 그것이 재수에 붙었다 함은 재수가 아주 없다는 뜻.

재수없는 포수는 곰을 잡아도 웅담이 없다
얼마나 재수가 없으면 곰을 잡았는데도 그 곰에 웅담이 없을까? 따라서, 운수가 나쁜 사람은 무슨 짓을 하더라도 다 잘 안된다는 말.

재주는 곰이 넘고 돈은 호인이 받는다
수고하여 일한 사람은 따로 있고, 그 일에 대한 보수는 다른 사람이 챙긴다는 뜻.
* 호인(胡人) : 만주 사람.

재주를 다 배우니 눈이 어둡다
재주를 다 배우고 나서도 눈이 어두우니 아무런 쓸모가 없다는 말로, 오랫동안 애써 공부한 결과가 헛되게 되어 버림을 말함.

잰 놈 뜬 놈만 못하다
일은 빨리 하는 것보다 천천히 성실하게 하는 것이 더 좋다는 말.

쟁기질 못하는 놈이 소 탓한다
할 줄 모르는 저를 탓하지 아니하고 도구를 탓한다는 뜻으로, 자기의 능력 부족을 남의 잘못으로 돌리는 경우를 비유적으로 이르는 말.

저 긷지 않는다고 우물에 똥눌까
제가 길어다 먹지 않는 우물이라고 해서 거기에 똥을 누어 아무도 먹지 못하게 해서야 되겠느냐는 말로, 항상 남의 경우도 살펴 주고 남에게 해되는 일을 하지 말라는 뜻.

저녁 굶은 시어미 상이다
① 못마땅하여 얼굴을 잔뜩 찌푸리고 있는 형상을 말함.
② 날씨가 흐려서 음산함을 이름.

저녁 먹을 것은 없어도 도둑맞을 것은 있다
아무리 가난하여도 도둑은 맞는다는 말.
= 쥐 먹을 것은 없어도 도둑맞을 것은 있다.

저녁에 불장난하면 밤에 오줌 싼다
아이들이 초저녁에 등잔 밑이나 화롯가에서 불장난하는 것을 금하느라고 하는 말.

저는 잘난 백정으로 알고, 남은 헌 정승으로 안다
대단치 않은 자가 사람을 만만하게 보고 거만을 피우며 저보다 나은 이를 업신여김을 이름.

저런 걸 낳지 말고 호박이나 낳았더라면 국이나 끓여 먹지
사람됨이 용렬하고 미련하여 도무지 마땅치 않다 하여 욕하는 말.

저렇게 급하면 할미 속으로 왜 아니 나와
저렇게 급한 사람이 어떻게 할머니한테서 빨리 태어나지 않고 어머니한테서 뒤늦게 태어났느냐는 말로, 매우 성미가 급한 사람을 보고 하는 말.

저 먹자니 싫고 남 주자니 아깝다
① 자기는 싫지만 남 주기도 아까우니 난처하다는 말.
② 저 싫다고 남도 안 주는 비뚤어진 마음씨를 이름.
= 나 먹자니 싫고 개 주자니 아깝다. 쉰밥 고양이 주기 아깝다.

저승길과 변소 길은 대(代)로 못 간다
남의 대신으로 죽는 법도 없고, 화장실에 용변을 보러 가는 것도 남이 대신 해 줄 수 없는 것이라서 하는 말.

저 잘난 맛에 산다
사람은 누구나 자기에 대한 애착심과 함께 많건 적건 자기가 남보다 잘났다는 마음을 지니고 살아간다는 뜻.

저 중 잘 달아난다 하니까 고깔 벗어 들고 달아난다
거짓 칭찬을 해 주니까 신이 나서 힘들여 헛수고를 한다는 말.
= 저 중 잘 뛴다니까 장삼 벗어 걸머지고 뛴다.

저 팽이가 돌면 이 팽이도 돈다
이곳의 시세가 변하면 저 곳의 시세도 변한다는 뜻으로 하는 말.
= 이 팽이가 돌면 저 팽이도 돈다.

적게 먹으면 약주(藥酒)요, 많이 먹으면 망주(妄酒)다
술은 적당히 마셔야 하고, 과히 마시면 안된다는 뜻.

적덕(積德)은 백 년이요, 앙해(殃害)는 금년이라
좋은 일을 하면 오래도록 그 공이 남고 재앙과 손해는 한이 있는 것이므로, 불행 중에 있다고 하여 너무 괴로워만 말고 좋은 일을 하면서 덕을 쌓아 가라는 말.

적적할 때는 내 볼기짝 친다
하는 일 없이 무료할 때에는 이처럼 쓸데없는 일이라도 하게 된다는 말.

절름발이 원행(遠行)
잘 걷지도 못하는 절름발이가 멀리 가려고 한다 함은, 무능한 자가 과분한 짓을 하려 한다는 뜻.

절 모르고 시주(施主)하기
① 애써 한 일을 알아주는 이가 없어 아무 보람이 없을 때 이르는 말. ② 영문도 모르고 돈이나 물건을 갹출함을 이름.

절에 가면 중 되고 싶고 마을에 가면 속인 되고 싶다
① 남의 일을 보면 그때마다 그대로 따라서 하고 싶다는 말.
② 일정한 주견이 없다는 뜻.

절에 가면 중 이야기하고 촌에 가면 속인 이야기한다
일정한 주견이 없이 경우와 처소에 따라서 그 생각과 태도를 달리 한다는 뜻. = 절에 가면 중인 체, 촌에 오면 속인인 체.

절에 가서 젓국 찾는다
① 있을 수 없는 데 가서 구한다는 말로, 당치않은 곳에 가서 어떤 물건을 찾을 때 쓰는 말. ② 마땅히 있을 곳에 가서 찾지 않으면 그 물건을 얻지 못한다는 뜻.

절에 간 색시
① 남이 시키는 대로만 따라하는 사람을 이름. ② 아무리 싫어도 남이 시키는 대로 따라하지 않을 수 없는 처지에 있는 사람을 이름.

절이 망하려니까 새우젓 장수가 들어온다
일이 안되려니까 뜻밖에 괴상한 일이 생긴다는 말.

절하고 뺨 맞는 일 없다
누구한테나 겸손한 태도로 공대를 하면 적어도 남에게 봉변당하는 일은 없다는 뜻.

젊은 과부 한숨 쉬듯
앞으로 살아갈 일이 막막한 젊은 과부가 한숨을 쉬듯 한다 함은, 시름이 가득하여 한숨을 많이 쉴 때 이르는 말.

젊은이 망령은 몽둥이로 고친다
젊은이가 망령된 짓을 하는 것은 철이 없어 그러는 것이므로 매로써 정신을 차리게 해야 한다는 뜻.

접시 물에 빠져 죽지
처지가 매우 궁박하여 어쩔 줄을 모르고 답답해 함을 이름.

접시 밥도 담을 탓이다
그릇은 아무리 작을지라도 담는 솜씨에 따라 많이 담을 수도 있다는 뜻으로, 무슨 일이나 머리를 써서 솜씨 있게 하기 탓이라는 말.
= 접시 굽에도 담을 탓.

젓가락으로 김칫국 집어 먹을 놈
어리석고 용렬하여 어처구니없는 짓을 하는 사람에게 하는 말.

정(情) 각각, 흉 각각
어떠한 사람에 대하여 품게 되는 정과 그 사람의 결점과는 서로 별개이므로, 결점이 있다고 해서 쏠리는 정이 막히지는 않으며, 정이 쏠리더라도 그 결점은 없어지지 않는다는 말.

정들었다고 정말 마라
친한 사이라고 해서 경솔하게 자신의 속마음을 모두 말하게 되면 나중에 좋지 않은 일이 일어날지도 모르므로 조심하라는 말.

정배도 가려다 못 가면 섭섭하다
아무리 고생스러운 귀양살이를 하러 가는 길이라 할지라도 간다고 하다가 안 가게 되면 섭섭하다는 말로, 어디를 간다고 하다가 못 가거나 무슨 일을 하려다가 안 하게 되면 섭섭하다는 뜻.
* 정배(定配) : 배소를 정하여 죄인을 유배(귀양)시킴.

정선골 물레방아 물레바퀴 돌 듯
세상의 일이란 일정불변한 것이 아니라 잘살던 이도 못살게 되고 못살던 이도 잘살게 되어 언제나 변해 간다는 뜻.
* 정선(旌善) : 강원도의 고을 이름.

정성을 들였다고 마음을 놓지 마라
무슨 일을 이루고자 하면 한 시라도 마음을 놓아서는 안된다는 뜻.

정성이 있으면 한식에도 세배 간다
정성만 있다면 아무리 때가 늦었더라도 하려던 일을 이룬다는 뜻.

정성이 지극하면 돌 위에 풀이 난다
정성을 다하면 될 것 같지 않은 일도 되는 수가 있다는 말.

정승 날 때 강아지 난다
훌륭한 사람이 나면 따라서 훌륭하지 못한 사람도 난다는 말. 귀한 사람이 나면 천한 사람도 태어나듯 존비귀천이 별다른 차이가 없다는 말.

정신없는 늙은이, 죽은 딸네 집에 간다
딴생각을 하고 다니다가 정신을 차리지 못하고 다른 곳으로 잘못 갔을 때 이르는 말.

정신은 빼어서 꽁무니에 차고 있다
경우가 밝지 못하고 어리석으며 실수가 많은 사람을 두고 하는 말.

정이월(正二月)에 대독 터진다
추운 겨울에도 터지지 않던 대독, 즉 큰 독이 얼어 터진다는 말로, 정월 이월에 날씨가 풀린 것으로 생각하기 쉬우나 추운 날이 있음을 비유적으로 표현한 말.

제가 기른 개에게 발꿈치 물린다
자기에게 은혜를 받은 자로부터 도리어 해를 입게 된다는 말.

제가 춤추고 싶어서 동서(同壻)를 권한다
자기가 나서서 하고 싶으나 먼저 나가서 하기 거북하므로 남부터 먼저 권한다는 말. = 동서, 춤추게.

제 것 주고 뺨 맞는다
남에게 잘해 주고도 자기는 반대로 해로움을 당한다는 말.

제게서 나온 말[言]이 다시 제게 돌아간다
말이란 한번 하고 나면 끝없이 돌고 보태어져서, 결국 자신에게 해롭게 변하여 돌아온다는 것이니 조심하라는 뜻.

제 계집 잃고 제 아비를 의심한다
자기 아내를 잃고 자기 아버지가 어쩌지 아니하였나 의심한다는 뜻으로, 아버지조차도 믿지 못할 만큼 너무나도 의심이 많은 사람을 비꼬는 말.

제년 추석(팔월)에 먹은 오려 송편이 되올라온다
거만한 행동을 보니 아니꼬워서 속이 다 뒤집힐 것 같다는 말.
* 제년 : 작년(昨年)의 사투리.
* 오려송편 : 햅쌀로 빚은 송편.

제 논에 물 대기
자기에게만 이롭게 되도록 생각하거나 행동함을 이르는 말.
= 아전인수(我田引水).

제 논의 모가 큰 것은 모른다
언제 보아도 남의 논의 모가 커 보인다는 말로, 무엇이나 남의 물건이나 재물은 제 물건보다 좋아 보이고 탐이 난다는 말.

제 눈 똥에 주저앉는다
남을 해치려고 한 일에 도리어 자기가 걸려들어 해를 보게 됨을 비유적으로 이르는 말.

제 눈에 안경이다
같은 한 사람에 대해서도 보는 사람마다 제각기 평가하는 눈이 다르며, 남은 대수롭지 않게 여기더라도 특별히 좋게만 보는 사람이 따로 있다 하여 이르는 말.

제(祭) 덕에 이밥이라
보리밥만으로 지내는 농가에서 제사를 지낸 덕분에 쌀밥을 먹는다는 말로, 무슨 일을 빙자하여 저 하고 싶던 것을 한다는 뜻.

제 도끼에 제 발등 찍힌다
자기가 한 일이 도리어 자기에게 해가 됨을 비유적으로 이르는 말.
= 제 발등을 제가 찍는다, 제 오라를 제가 졌다.

제 돈 칠푼만 알고 남의 돈 열네 닢은 모른다
제 돈 칠푼은 소중히 알고 더 많은 남의 돈 열네 닢은 하찮게 여긴다는 말로, 무엇이나 자기 것만 소중히 여기고 남의 것은 대수롭지 않게 여기는 행동을 이름. = 내 돈 서푼은 알고 남의 돈 칠푼은 모른다.

제 똥 구린 줄 모른다
자기에게는 아무리 깨끗하지 못한 일이 있어도 깨닫지 못한다는 말.

제를 제라니 샌님보고 벗하잔다
되지 못한 자가 자기를 조금 높여 주니까 공연히 우쭐하여 기어오른다는 말.

제 밑 들어 남 보이기
방법이 졸렬해서 자기 결점이나 더러운 것을 남의 앞에 드러낸다는 뜻.

제 밑 핥는 개
개가 제 밑 더러운 줄 모르고 핥아 대듯이, 제가 한 짓은 추잡하고 더러운 줄 모른다는 말.

제 발등의 불을 끄지 않는 놈이 남의 발등의 불을 끄랴
제 급한 일도 처리하지 못하는 사람이 남의 일까지 해결해 줄 리는 없다 하여 이르는 말.

제 발등의 불 먼저 끄고 아비 발등의 불 끈다
① 다급한 일을 당하면 누구보다도 자기 몸을 제일 먼저 생각한다는 말. ② 다급한 일을 당하면 도리를 따르기 어렵다는 말.

제 발등의 불을 먼저 끄랬다
남의 일을 간섭하기 전에 자기의 급한 일을 먼저 살피라는 말.

제 밥 먹고 상전(上典) 일 한다
① 제 물건을 써 가면서 보수도 받지 않고 일을 하게 된 때를 이름. ② 제가 해야 할 일은 못하고 남의 일만 하게 되었다는 뜻.

제 밥 먹고 큰집 일하듯
일을 하기는 하나, 그 보수가 마음에 차지 않아서 기운을 들이지 않고 슬슬 함을 이르는 말.

제 방귀에 놀란다
대단치도 않은 일에 깜짝깜짝 잘 놀라는 경솔한 사람을 두고 하는 말.

제 배가 부르니 평양감사가 조카같이 보인다
배불러 먹기만 하면 아무리 좋은 벼슬자리도 부럽지 않다는 말로, 먹는 것이 걱정 없으면 세상에 부러울 것이 없다는 말. = 내 배 부르니 평안감사가 조카 같다.

제 배가 부르면 종 배고픈 줄 모른다
남의 사정은 조금도 알아주지 않고 자기 욕심만 채우려는 사람을 두고 하는 말. = 상전 배부르면 종 배고픈 줄 모른다.

제 배가 부르면 종의 밥 짓지 말란다
제가 배부르게 먹었다고 해서 아직 먹지 못하고 있는 종의 밥까지도 못 짓게 한다 함은, ① 모든 일이 자기 본위여서 조금도 남을 동정할 줄 모르는 사람을 두고 이름. ② 복락을 누리는 사람은 남의 불행과 근심 등은 알지 못한다는 뜻. = 내 배 부르면 종의 밥 짓지 말라 한다.

제 버릇 개 줄까
한번 든 나쁜 버릇은 여간해서 고치기 어렵다는 말.

제 부모를 위하려면 남의 부모를 위해야 한다
자기 부모를 잘 섬기고 위하려면 남도 자기 부모에게 대하여 공경해야 하므로, 그렇게 하기 위해서는 자기가 먼저 남의 부모에게 극진히 대해야 한다는 뜻.

제비가 사람을 어르면 비가 온다
제비가 땅을 차고 사람 옆을 살짝 스쳐 날면 비가 온다는 말.

제비가 새끼를 많이 낳는 해는 풍년
제비가 새끼를 많이 치는 해는 농사가 잘된다 하여 이르는 말.

제비는 작아도 강남 간다
모양은 비록 작아도 제 할 일은 할 수 있다는 뜻. = 제비는 작아도 알만 낳는다.

제 살이 아프면 남의 살도 아픈 줄 알아라
흔히 남의 사정을 참작할 줄 모르는 이가 많으므로, 자기가 고되면 남도 고된 줄을 알아주어야 하고, 자기가 아프면 남도 아프고, 자기가 슬프면 남도 슬픈 줄을 알아야 한다는 뜻.

제 앞에 안 떨어지는 불은 뜨거운 줄 모른다
제가 직접 당하고 실지로 겪어 보지 않으면 아무리 어렵고 괴로운 일도 알지 못한다는 뜻.

제 얼굴 더러운 줄 모르고 거울만 나무란다
제 잘못은 모르고 남만 나무란다는 뜻.

제 얼굴 못나서 거울 깬다
자기가 잘못해 놓고 아무런 상관도 없는 데 화풀이를 한다는 뜻.

제 얼굴엔 분 바르고 남의 얼굴엔 똥 바른다
① 저만 위할 줄 안다는 뜻. ② 잘된 일은 무엇이나 자기가 다 한 것처럼 자기 낯만 세우고, 못된 일은 다 남이 한 것처럼 말한다는 뜻.

제 오라를 제가 졌다
나쁜 짓을 하여 그 벌로 제가 화를 입었다는 말.
* 오라 : 옛날에 죄인을 묶던 붉은 빛의 밧줄.

제 인심 좋으면 초(楚)나라 가달도 사귄다
자기만 착하고 인심이 좋으면 아무리 험상궂고 마음이 사나운 사람과도 잘 지낼 수 있다는 말.
* 가달 : 몹시 사나운 사람을 이르는 말.

제 절 부처는 제가 위하랬다고
① 자기 것은 자기가 소중히 할 것이지 남에게 맡길 것은 아니라는 뜻. ② 내 절의 부처를 내가 먼저 위해야만 다른 사람들도 그 부처를 위해 주듯이, 자기가 모시는 주인은 자기가 잘 섬겨야 남도 그를 알아보고 존경한다는 뜻. = 내 절 부처는 내가 위하여야 한다.

제 죄 남 안 준다
자기가 지은 죄에 대하여는 반드시 자기가 벌을 받게 된다는 뜻.

제 집 제사는 모르면서 남의 집 제사 알까
자기네 집 일을 모르면서 남의 집 일을 잘 알 까닭이 없다는 뜻.

제 칼도 남의 칼집에 들면 찾기 어렵다
비록 자기 물건이라 할지라도 일단 남의 손에 들어가게 되면 자기 뜻대로 할 수 없다는 뜻.

제 코도 못 닦는 것이 남의 코 닦으려고 한다
자기 일도 처리 못하는 주제에 남의 일에 참견하며 무엇을 해 주려고 할 때 이르는 말.

조개껍질은 녹슬지 않는다
조개껍질이 녹슬 리 없듯이, 타고난 성격이 착하고 어진 사람은 나쁜 습관에 물들지 않는다는 말.

조개젓 단지에 괭이 발 드나들듯
한번 무엇에 맛을 들여 잊지 못하고 자주 드나듦을 비유적으로 이르는 말. = 팥죽 단지에 새앙쥐 달랑거리듯.

조기배에는 못 가리라
조기배에 타고 조기잡이를 할 때 시끄러우면 조기가 놀라서 흩어지므로 조기 배에는 탈 수 없다는 말로, 수다스럽고 말 많은 사람을 보고 하는 말.

조리에 옻칠한다
① 소용없는 일에 손재한다는 뜻.
② 격에 맞지 않는 어색한 장식을 하여 도리어 흉하다는 뜻.

조막손이 달걀 도둑질한다
달걀을 쥘 수조차 없는 조막손으로 달걀을 훔친다는 말은, 어떤 사람이 자기 능력 이상의 일을 이루었을 때 쓰는 말.
* 조막손 : 손가락이 없거나 오그라져서 펴지 못하는 손.

조막손이 달걀 만지듯
조막손으로 달걀을 쥐고자 하나 제대로 쥘 수 없어 자꾸 만지작거리기

만 하는 것처럼 사물을 자꾸 주무르기만 하고 꽉 잡지를 못한다는 말.

조밥도 많이 먹으면 배부르다
아무리 조의 알갱이처럼 작은 것이라 해도 수량이 많으면 한 몫 본다는 뜻.

조상 덕에 이밥 먹는다
① 제사 지내는 날엔 이밥, 즉 쌀밥을 먹기 때문에 하는 말. ② 어떤 기회에 좋은 잇속이 생겨 재미를 보게 되는 경우를 비유적으로 이르는 말.

조상(弔喪)보다도 팥죽에 맘이 있다
마땅히 예를 차려 자기가 하여야 할 일은 안 하고 잇속을 차릴 수 있는 일에만 눈을 밝히는 경우를 비꼬는 말. = 조상에는 정신이 없고 팥죽에만 정신이 간다.

조상 신주 모시듯
신주란 사당 등에 모시어 두는 죽은 사람의 위패를 말하는데, 이것을 모시듯 한다 함은, 무엇인가를 몹시 귀하게 여겨 조심스럽고 정성스럽게 다루거나 간직하는 모양을 비유적으로 한 말. 즉 무엇을 우대(優待)해서 받든다는 뜻.

족제비는 꼬리 보고 잡는다
족제비는 꼬리가 없으면 잡을 필요가 없다는 말로, 무슨 일이든지 다 목적이 있고 노리는 바가 있어서 한다는 말.
[참고] 족제비 꼬리털은 붓을 만들면 일품임.

족제비도 낯가죽(낯짝)이 있다
족제비도 낯가죽은 있는데 왜 너는 그런 낯가죽도 없느냐는 말로, 염치없는 사람을 나무라는 말.

족제비도 낯짝이 있고, 미꾸라지도 백통이 있고, 빈대도 콧등이 있다
① 염치가 없고 체면을 차릴 줄 모르는 사람을 탓하는 말. ② 자기도 남과 같이 이목구비를 갖추고 있어 그만한 일쯤은 할 수 있다는 말로도 쓰임.

족제비 잡으니까 꼬리를 달란다
애써 일을 해서 결과물을 얻었는데, 그 중 가장 긴요한 부분을 빼앗으려는 몰염치한 행동을 두고 이름.

좁쌀만큼 아끼다가 담돌만큼 해(害)본다
미리 손을 조금 쓰면 될 것을, 거기에 드는 비용이 아까워 내버려 두면 나중에 더 큰 손해를 보게 된다는 말.
* 담돌 : 돌담[石墻]을 쌓을 때 사용하는 돌.

좁쌀에 뒤웅 판다
① 좁쌀에 구멍을 파서 뒤웅박을 만드는 일이란 불가능한 일이므로, 가망 없는 일이란 말. ② 잔소리가 심하다는 말.

좁쌀여우
사람됨이 옹졸하고 간사하게 남을 잘 속이는 사람을 가리키는 말.

좁쌀영감
꼬장꼬장하게 잔소리를 심하게 하고 사사건건 간섭을 많이 하는 사람을 두고 하는 말.

좁쌀 한 섬을 두고 흉년 들기를 기다린다
① 남의 사정은 조금도 생각지 않고 자기의 작은 허욕을 채우려는 사람을 두고 하는 말. ② 변변하지 못한 것을 가지고 큰 효과를 보려 한다는 뜻.

좁은 데 장모 낀다
젊은 부부 사이에 장모가 끼어서 잔다는 말로, 가면 좋으련만 차마 가라고는 할 수 없는 처지에 있는 사람이 가지 않고 있을 때 하는 말.

좁은 입으로 말하고 넓은 치맛자락으로 못 막는다
일단 입 밖에 내어 말한 것은 다시 취소할 수도 없고, 또 퍼지는 것을 막을 수도 없는 것이니, 말은 하기 전에 미리 잘 생각하여서 하라는 뜻.

종가(宗家)가 망해도 신주보와 향로·향합은 남는다
문벌 있는 집안은 아무리 망하여 없어지더라도 그 집안의 규율과 품격과 지조만은 남는다는 말.
* 신주보(神主褓) : 신주 모시는 독을 덮는 보.

종기가 커야 고름이 많다
① 큰 것이라야 그 속에 든 것도 많다는 말.
② 기본이 든든하지 않으면 생기는 것도 적다는 뜻.

종년 간통은 누운 소 타기
예전에 주인 영감이 종년과 간통하는 것은 누워 있는 소를 타는 것처럼 쉬웠다는 말로, 무릇 지위와 권세로써 일을 하기가 쉽다는 뜻.

종로에서 뺨 맞고 한강에 가서 눈 흘긴다
① 자신의 노염을 다른 사람에게까지 옮긴다는 말. ② 뺨 맞은 그 자리에서는 말 한 마디도 못하고 먼 곳에 가서야 반항의 모습을 짓는다는 말로, 기골이 약한 사람을 두고 하는 말. = 종로에서 뺨 맞고 행랑 뒤에서 눈 흘긴다.

종의 자식을 귀애하니까 생원님 나룻에 꼬꼬마를 단다
① 비천한 것을 가까이 하면 체면을 손상당하기 일쑤라는 말. ② 비천하고 버릇없는 사람은 조금만 각별히 대해 주면 도리어 방자해져서 함부로 군다는 말. = 종의 자식을 귀애하니까 생원(生員)님 상투에 꼬꼬마 단다.
* 나룻 : ① 수염. ② '구레나룻'의 준말.
* 꼬꼬마 : 군졸의 벙거지에 꽂던 붉은 털.

종이 종을 부리면 식칼로 형문을 친다
남에게 눌려 지내던 사람이 자신의 지난날을 생각하지 않고 아랫사람에 대하여 더 심하게 군다는 뜻.
* 형문(刑問) : ① 형장(刑杖)으로 죄인을 때리던 일. ② 죄인을 때리며 캐묻던 일.

좋은 노래도 장 들으면 싫다
좋은 노래도 늘 들으면 싫증이 난다는 말로, 아무리 좋은 것이라도 오래 끌면 지루함을 느껴 싫어진다는 말. = 좋은 노래도 세 번 들으면 귀가 싫어한다. 듣기 좋은 육자배기도 한두 번.

좋은 일에는 남이요, 궂은일에는 일가라
좋은 일이 있을 때에는 남처럼 모르는 척하다가, 궂은일이나 걱정거리가 있는 좋지 않은 일을 당하게 되면 남보다 낫다 하여 친척을 찾아다닌다는 말. = 먹는 데는 남이요, 궂은일엔 일가라.

좌수상사(座首喪事)라
좌수가 죽고 나면 더 이상 그에게 잘 보일 필요가 없으나 그의 가족이 죽으면 좌수의 환심을 사기 위하여 조문을 간다는 말로, 세상인심이 잇속에 밝아 체면과 이익을 저울질하여 이익이 더 무거운 쪽으로 움직이게 됨을 이름. = 대감 죽은 데는 안 가도 대감 말 죽은 데는 간다.

죄는 막둥이가 짓고 벼락은 샌님이 맞는다
나쁜 짓을 한 사람은 따로 있는데, 억울하게 다른 사람이 그 벌을 대신 받게 되는 경우를 이름. = 죄는 천도깨비가 짓고 벼락은 고목이 맞는다.

죄는 지은 데로 가고 덕은 닦은 데로 간다
죄지은 사람은 벌을 받게 되고, 덕을 닦은 사람은 복을 받게 된다는 뜻.

죄는 지은 데로 가고 물은 곬으로 흐른다
나쁜 짓을 하면 반드시 벌을 받게 마련이라는 뜻. = 죄는 지은 데로 가고 물은 트는 데로 흐른다.
* 곬 : 한 방향으로 트여 나가는 길.

죄악은 전생 것이 더 무섭다
전생에서 짓고 나온 죄악의 벌은 이생에서 몇 배나 더 되게 받는다는 뜻.
* 전생(前生) : 불교에서의 삼생(三生), 즉 전생(前生)·현생(現生)·후생(後生)

중의 하나로, 이 세상에 나오기 전에 태어났던 세상.

죄지은 놈 옆에 있다가 벼락 맞는다
나쁜 일을 한 사람과 함께 있다가 죄 없는 사람까지 벌을 받게 된다는 말.

주객(酒客)이 청탁(淸濁)을 가리랴
① 술을 잘 마시는 사람은 청주와 탁주를 가리지 않고 무슨 술이나 즐긴다는 말. ② 늘 즐기는 것이라면 종류를 가리지 않고도 좋다는 말.

주러 와도 미운 놈 있고, 받으러 와도 고운 사람 있다
사람을 좋아하고 미워하는 감정이란 이치로 따져서는 알 수 없다는 뜻.

주리 참듯 한다
못 견딜 만큼 힘든 것을 억지로 참는다는 뜻.

* 주리 : 옛날에 죄인의 두 다리를 묶고 그 사이에 두 개의 주릿대를 끼워 비틀었던 형벌.

주머니에 들어간 송곳이라
송곳을 주머니에 넣으면 밖으로 뚫고 나온다는 말로, ① 아무리 감추려 하지만 숨겨지지 아니하고 저절로 드러나 선악을 가리게 된다는 뜻. ② 재능이 뛰어난 사람은 숨어 있어도 남의 눈에 띄게 된다는 뜻. = 낭중지추(囊中之錐).

주먹구구에 박 터진다
어림짐작으로 셈하여 그저 대강 맞추다가는 크게 빗나가서 봉변을 당하게 된다는 뜻.

주먹 맞은 감투라
① 아주 찌그러져서 다시는 어찌할 도리가 없다는 말. ② 잘난 체하고 떠들다가 남에게 핀잔을 맞고 무안하여 아무 말 없이 있는 사람을 이름.

주먹은 가깝고 법은 멀다
사람은 어떤 문제가 발생하면 이성적으로 판단해서 해결하기보다는 주먹을 먼저 쓰게 된다는 말. = 법은 멀고 주먹은 가깝다.

주먹 큰 놈이 어른이다
기운 센 사람이 제일 윗자리를 차지한다는 뜻.

주인 많은 나그네 밥 굶는다
① 주인이 많으면 저마다 어느 집에서 밥 대접을 받았으려니 하고

생각하므로 나그네는 결국 어느 집에서도 밥 대접을 받지 못하고 만다는 말. ② 해 준다는 사람이 너무 많으면 서로 밀다가 결국 안 된다는 뜻. ③ 무슨 일을 하나 한 곬으로만 하라는 말. = 주인 많은 나그네 조석(朝夕)이 간 데 없다.

주인 배 아픈데 머슴이 설사한다
남의 일로 인하여 공연히 벌을 받거나 손해를 입게 되었을 때 이르는 말.

주인보다 객이 많다
응당 적어야 할 것이 도리어 많을 때 하는 말.

주인 보탤 나그네 없다
주인에게 손해를 끼치면 끼쳤지 보태 줄 나그네는 없다는 말로, 나그네는 아무래도 주인에게 손해를 끼치게 된다는 말.

주인집 장 떨어지자 나그네 국 마단다
일이 공교롭게 잘 맞아 들어간다는 말.

주제에 수캐라고 다리 들고 오줌 눈다
① 되지못한 것이 난 체는 혼자 한다는 말. ② 못난 자가 제구실을 한다고 아니꼬운 짓을 할 때를 비꼬는 말.

죽기가 설운 것이 아니라 아픈 것이 섧다
① 죽는 것보다 아픈 것을 참지 못하겠다는 말. ② 나라가 망하는 것보다 그로 인하여 고생하게 되는 것이 섧다는 뜻. ③ 흉년이 들어 집안이 망하게 되니 배가 고파 못 견디겠다는 말로, 당장 당한 일을

참아내기 힘들다는 뜻.

죽기는 그릇 죽어도 발인(發靷)이야 택일 아니 할까
일의 시작이나 근본이 잘못되었다고 나머지 일까지 내팽겨쳐서 못 쓰게 하지 말라는 뜻.

죽기는 섫지 않으나 늙기가 섫다
① 죽는 것보다 늙는 것이 더 섫다는 말.
② 무엇이나 당장 당하고 있는 일을 참아 내기 어렵다는 말.

죽기 살기는 시왕전에 매였다
사람의 생사는 저승의 염라대왕 등 시왕에게 매였다는 말로, 죽고 살기란 사람 뜻대로 못한다는 뜻.
* 시왕(十王) : 저승에서 죽은 사람을 재판한다는 열 명의 대왕.

죽 떠먹은 자리
① 많은 물건 가운데서 조금 떠내도 흔적이 안 난다는 말. ② 무슨 일을 저질러 놓고 감쪽같이 흔적을 남기지 아니한다는 말.

죽 먹은 설거지는 딸 시키고, 비빔 그릇 설거지는 며느리 시킨다
죽 먹은 설거지는 일이 쉽고 간단하므로 딸을 시키고, 비빔밥을 해 먹고 난 설겆이는 일이 많고 힘드는 것이라 며느리를 시킨다는 말로, 흔히 딸은 아끼고 생각하되 며느리는 일만 시키려 한다는 뜻.

죽사발이 웃음이요, 밥사발이 눈물이라
가난하게 살더라도 걱정 없이 사는 편이 먹을 것은 있어도 근심에 싸여 지내는 것보다 낫다는 말.

죽 쑤어 개 바라지한다
애써 한 일이 자기보다 남에게 좋은 일을 한 결과가 되었다는 말.
= 죽 쑤어 개 좋은 일 하였다.
* 바라지 : 음식이나 옷을 대어 주는 일.

죽 쑤어 식힐 동안이 급하다
무슨 일이 다 이루어졌으나 그것이 제 것이 될 때까지 기다리기가 힘들고 참을 수 없을 만큼 급하다는 뜻으로 하는 말.

죽어도 삼잔(三盞)이라
죽은 사람을 제사 지낼 때는 제상에 술 석 잔이 오른다는 말로, 권하는 술을 한 잔밖에 받지 않을 경우에 더 받으라는 뜻으로 '죽어도 삼 잔인데 한 잔 술이 어디 있느냐'고 하며 권하는 말.

죽어도 시집 울타리 밑에서 죽어라
여자는 한번 출가하면 무슨 일이 있더라도 시집에서 끝까지 살아 나가야 한다는 말.

죽어 보아야 저승을 알지
무슨 일을 당해 보지 않고서는 그 실상을 제대로 알 수 없다는 말.

죽어서 넋두리도 하는데
못다 한 말은 죽은 후에 넋두리로까지 하는데 할말은 언제나 다 해야 한다는 뜻.
* 넋두리 : 무당이 죽은 사람의 넋을 대신해서 하는 말.

죽어서 상여 뒤에 따라와야 자식이라
아무리 친자식이라 하더라도 부모님의 임종을 못 보거나 장례를 치르지 않으면 자식이라 할 수 없다는 말.

죽어 석 잔 술이 살아 한 잔 술만 못하다
죽은 뒤에 아무리 정성을 다해 모셔도 살아 있을 때 조금 생각한 것만 못하다는 뜻.

죽은 나무에 꽃이 핀다
볼 것 없던 집안에서 영화로운 일을 당하게 될 때 이르는 말.

죽은 놈의 발바닥 같다
① 뻣뻣하고 써늘함을 이름.
② 방바닥이 찰 때 이르는 말.
= 죽은 중의 발바닥 같다.

죽은 놈의 콧김만도 못하다
불이 사그라져서 따뜻한 기운이 없음을 이름.

죽은 뒤에 약방문
이미 때가 지난 뒤에 무엇을 알아내더라도 아무 소용없다는 말.
= 사후약방문(死後藥方文).

죽은 뒤에 초혼의 제 지낸다
죽은 뒤에 아무리 넋을 불러 혼령을 위로한들 사람이 다시 살아나지 않을 바에야 소용없다는 말로, 일이 이미 그릇된 후에는 무슨 짓을 하더라도 다시 회복할 수 없다는 뜻.

* 초혼(招魂) : 사람이 죽었을 때, 발상하기 전에 죽은 사람의 혼을 부르는 일. 그 사람이 생시에 입던 웃옷의 옷깃을 왼손에 잡고 오른손으로는 그 허리께를 잡아 들고 지붕에 올라서거나 마당에서 북쪽을 향해 '아무 동네 아무개 복(復)'이라고 세 번 부름.

죽은 사람 원도 푼다
이미 죽고 없는 사람의 소원도 풀어 줄 수 있는데 하물며 산 사람의 소원인데 안 풀어 주겠느냐는 말.

죽은 석숭보다 산 돼지가 낫다
① 아무리 귀했던 몸이라도 죽으면 돌보지 않는 것이 세상인심이라는 뜻. ② 아무리 천한 신분으로 지내더라도 사는 것이 죽는 것보다는 나으니 비관하지 말고 살아가라는 뜻. = 산 개가 죽은 정승보다 낫다. 죽은 정승이 산 개만 못하다.
* 석숭(石崇) : 중국 진나라 때의 유명한 대부호.

죽은 시어미도 방아 찧을 때는 생각난다
미워하던 사람도 자기가 아쉬울 때면 생각난다는 뜻.

죽은 자식 나이 세기
① 이왕 그릇된 일은 생각하여도 쓸데없다는 말. ② 아무리 하여도 소용없는 줄 알면서도 자꾸 회상하고 안타까워함을 이름. = 죽은 자식 눈 열어 보기. 죽은 자식 불알 만져 보기.

죽은 자식의 귀 모양 좋다 하지 마라
① 사람은 흔히 지나간 자기의 과거가 매우 훌륭한 것처럼 자랑하지만, 아무리 그렇게 말해도 알아주는 사람이 없으니 소용없는 짓이라는 말. ② 이미 잃어버린 것을 아무리 좋다 한들 쓸데없다는 말.

죽을 때 편히 죽는 건 오복(五福)의 하나
사람이 죽을 때 받는 고통이란 매우 큰 것인데, 이 고통을 면하는 것은 큰 복이라는 뜻.

죽을병에도 살 약이 있다
아무리 곤궁에 처해 있더라도 피어날 방법은 있는 법이니 낙심하지 말라는 뜻. = 죽을 수가 닥치면 살 수가 생긴다.

죽음에는 편작도 어찌할 수 없다
아무리 천하의 명의라 할지라도 죽음 앞에선 어찌할 수 없다는 말로, 죽음에 대하여 사람은 무력하다는 뜻.
* 편작(扁鵲) : 중국 춘추전국시대의 명의(名醫)

죽음에 들어 노소(老少) 있나
늙으나 젊으나 죽는 데 있어서는 일반이란 뜻. 즉 늙은이만 죽는 것이 아니라 어린아이도 죽는다는 말.

죽음은 급살이 제일
어찌됐든 이왕 죽을 바에는 자기도 모르는 사이에 빨리 죽는 것이 고통이 없어서 좋다는 말.

죽이 끓는지 밥이 끓는지
무엇이 어떻게 되어 가고 있는지 도무지 모른다는 뜻.

죽이 풀려도 솥 안에 있다
뜻대로 되지 않아 손해를 본 듯하나 따지고 보면 큰 손해라고 할 만한 것도 없다는 뜻. = 팥이 풀어져도 솥 안에 있다.

죽인지 코인지, 무릇인지 닭똥인지
두 물건이 서로 비슷하여 구별하기가 곤란할 때 이르는 말.
* 무릇 : 백합과의 여러해살이풀로 들이나 밭에 나는데, 파·마늘과 비슷하며, 뿌리잎은 선형(線形)으로 흔히 두 개씩 마주 남. 어린잎과 비늘줄기는 식용.

죽일 놈도 먹이고 죽인다
죽일 놈도 먹이고 죽이는데, 하물며 산 사람을 왜 굶기느냐고 항변하는 말.

죽 젓개질을 한다
죽이 끓어오를 때 그 죽이 넘치지 못하도록 죽젓개로 휘휘 젓는다는 말로, 무슨 일이 되어 가는 도중에 방해하는 것을 뜻함.

* 죽젓개 : 죽 쑬 때 젓는 방망이.

줄밥에 매로구나
재물을 탐하다가 남에게 이용됨을 비유하여 이르는 말.
* 줄밥 : 갓 잡은 매를 길들일 때, 줄 한 끝에 매어서 주는 밥. 매의 발목을 홰에 매어 놓아 달아나지 못하게 하면서 그 줄을 따라 밥을 먹게 함.

줄수록 양양
① 주면 줄수록 부족하게 여기고 더 요구하게 된다는 말.
② 사람의 욕심은 한이 없다는 말.

줄 없는 거문고
줄이 없는 거문고는 아무 쓸모가 없다는 말로, 보람없고 쓸데없는 처지가 됨을 뜻함.

중놈 돝고기 값 치른다
중이 돝고기, 즉 돼지고기를 먹을 리가 없으나 그 값을 치르게 된다는 말로, 당치도 않은 돈을 물게 되는 경우를 비유적으로 이르는 말. = 중이 회(膾) 값 문다.

중놈 장에 가서 성내기
아무 반응도 없는 데 가서 기를 올려 호령하고 꾸짖을 때 이르는 말.

중놈은 장(長)이라도, 죽으니 무덤이 있나 살으니 상투가 있나
중은 많은 신도들의 존경을 받지만, 살아 있을 때나 죽은 뒤에나 실제로 남기는 것이 아무것도 없다고 업신여기는 말. 누구나 다 가질 수 있는 무덤과 상투조차 없다고 중을 업신여겨서 하는 말. = 중은 장이라도, 죽으니 무덤이 있나 살으니 자식이 있나.

중 도망은 절에나 가 찾지
행방이 묘연하여 찾기 어려울 때 쓰는 말.

중매는 잘하면 술이 석 잔이고, 못하면 뺨이 세 대라
혼인의 중매는 잘했다 하더라도 겨우 술 석 잔 대접 받을 정도요, 반대로 잘못되면 도리어 뺨을 맞는 것이니, 가능하면 중매는 하지 않는 게 좋다는 말.

중매 보고 기저귀 장만한다
중매를 보고 나서 그 결과가 어떻게 될지도 모르는데 기저귀부터 장만한다는 말로, ① 준비가 너무 빠르다는 뜻. ② 일을 너무 급히 서둔다는 말.

중상 아래 반드시 날랜 사람 있다
후한 상을 준다고 하면 반드시 날랜 사람이 나서게 되어 있다는 말로, 상을 준다고 하면 힘을 다하여 일한다는 뜻.
* 중상(重賞) : 상을 후히 줌. 또는 그 상.

중 양식(糧食)이 절 양식이다
한집안 식구의 것은 곧 그 집안 모두의 것이라는 말.

중은 ×을 해도 무릎을 꿇고 한다
사람은 언제나 제가 지니고 있는 습성을 버리지 못한다는 말.

중은 중이라도 절 모르는 중이라
① 제 본분을 모르는 정신없는 사람을 이름. ② 반드시 알고 있어야 할 처지에 있으면서 모르고 있을 때 하는 말.

중을 보고 칼을 뽑는다
① 대단치 않은 일에 소란을 피우는 경우를 비유적으로 이르는 말. ② 소견이 좁다는 뜻.

중의 관자(貫子) 구멍이다
중은 망건을 쓰지 않기 때문에 그 끈을 꿰기 위한 관자 구멍은 소용없는 것이므로, 쓸데없는 물건이나 사람을 비유하여 이르는 말.

중의 망건 값 안 모인다
필요없는 지출을 안 하면 따로 돈이 모일 것 같지만 실제는 그렇지 않다는 말.

중의 벗은 자식이 있나, 터벅머리 계집이 있나
처자식도 없고 딸린 것도 없는 고독한 신세라는 뜻.

중의 빗
① 몹시 구하기 어려운 것을 이름. ② 다른 사람에게는 필요한 것이나 자기에게는 소용없는 물건이란 뜻. = 중의 상투.

중의 이마 씻은 물 같다
덤덤하고 미지근한 국물을 비유적으로 이르는 말.

중이 고기 맛을 보더니 절에 빈대껍질이 안 남는다
무슨 좋은 일을 한번 당하면 그에 혹하여 정신을 잃고 덤빈다는 뜻.
= 중이 고기 맛을 보면 법당에 파리가 안 남는다. 중이 고기 맛을 알면 촌에 내려가 외양간 널판자를 핥는다. 중이 고기 맛을 알면 절에 빈대가 안 남는다.

중이 미우면 가사(袈裟)도 밉다
그 사람이 밉다 보니 그에게 달린 것까지도 다 밉게만 보인다는 말.
= 며느리가 미우면 손자까지 밉다.

중이 밉기로 가사(袈裟)야 미우랴
한 사람에 대한 노여움으로 인하여 그에 달린 것까지 미워해서야 되겠느냐는 뜻.

중이 얼음 건너갈 때는 나무아미타불 하다가도 얼음에 빠질 때에는 하느님 한다
사람은 누구나 가장 위험을 느꼈을 때는 체면도 격식도 다 털어 버리고 제 본모습으로 돌아가 구원을 청한다는 말.

중이 제 머리를 못 깎는다
① 아무리 긴한 일이라도 제 손으로는 못하고 남의 손을 빌어야만 이루어지는 일을 가리킴. ② 제 허물을 제가 알아차리지 못한다는 말. = 의사가 제 병 못 고친다. 자수삭발(自手削髮)은 못한다.

중 절 보기 싫으면 떠나야지
어떤 곳에 있으면서 그곳 사람들이 싫어지거나 그곳이 싫어지면 싫은 그 사람이 떠나야 한다는 말.

중 쳐 죽이고 살인한다
중을 죽이고 살인한 벌을 받는 것은 좀 억울한 일이란 뜻으로, 무엇이나 작은 죄를 짓고 큰 벌을 받게 될 때 이르는 말.
[참고] 옛날에 중은 일반인들과 달리 생각하는 폐습이 있었음.

쥐가 쥐꼬리를 물고
쥐가 꼬리에 꼬리를 물고 일렬로 이동하듯이, 여러 사람이 연이어서 뒤를 따라오는 모습을 농조로 이르는 말.

쥐고 펼 줄 모른다
① 돈을 모아 가지고 쓸 줄을 모른다는 뜻.
② 풀쳐서 생각할 줄 모른다는 뜻.
* 풀치다 : 맺혔던 생각을 돌려 너그럽게 용서하다.

쥐구멍에도 볕 들 날이 있다
고생만 하는 사람도 언젠가는 좋은 시기를 만날 때가 있다는 말.

쥐구멍에 홍살문 세우겠다
① 가당치 않은 일을 주책없이 함을 비유적으로 이르는 말.
② 쓸데없는 겉치레를 요란하게 함을 비꼬는 말.
* 홍살문(紅—門) : 능(陵)·원(園)·묘(廟)·궁전 등에 세우는 붉은 칠을 한 문.

쥐구멍으로 소 몰려 한다
소는 크고 쥐구멍은 그에 비해 턱없이 작은데 그곳으로 소를 몰고 들어가려 한다 함은, 도저히 되지 않을 일을 억지로 하려고 한다는 뜻.

쥐도 들구멍 날구멍 있다
무슨 일을 하나 나중 일을 생각하고 해야 한다는 말.
= 너구리도 들구멍 날구멍을 판다.

쥐도 새도 모르게
아무도 모르게 한다는 뜻.

쥐 뜯어 먹은 것 같다
들쭉날쭉하고 보기 흉하게 됨을 이름.

쥐를 때리려 해도 접시가 아깝다
미운 것을 처리하여 없애 버리고 싶지만, 그렇게 하면 자기에게 큰 손해가 미칠 것 같아서 어쩔 수 없이 참고 내버려 둔다는 뜻.

쥐 먹을 것은 없어도 도둑맞을 것은 있다
아무리 가난하더라도 도둑맞을 것은 있다는 뜻.
= 저녁 먹을 것은 없어도 도둑맞을 것은 있다.

쥐 밑살 같다
① 몹시 작다는 뜻.
② 보잘것없고 대단치 않다는 말.

쥐 본 고양이
고양이가 쥐를 보면 어떻게 해서든지 잡아먹고야 만다는 뜻으로, 무엇이나 보기만 하면 결단을 내고야 마는 것을 이름.

쥐뿔같다
쥐뿔이란 아무 보잘것이 없거나 규모가 작은 것을 가리키는 말로, 어떤 것이 이 쥐뿔과 같다 함은, 너무 보잘것없어서 턱에 닿지 않는 일이란 뜻.

쥐뿔나게
되지않게 못난 짓을 함을 이름.

쥐뿔도 모른다
아무것도 알지 못한다는 뜻.

쥐새끼가 쇠새끼보고 작다 한다
자기보다 큰 사람을 보고 작다 할 때 이르는 말.

쥐 소금 나르듯
조금씩 서서히 줄어 없어진다는 말. = 쥐 소금 먹듯 한다.

쥐었다 폈다 한다
① 무슨 일을 자기 마음대로 조종한다는 뜻.
② 어떤 사람을 자기 마음대로 부린다는 뜻.

쥐죽은 듯
무서우리만큼 조용한 경우를 이름.

쥐 초 먹은 것 같다
시디신 식초를 먹고 난 뒤의 쥐의 표정과 같다는 말로, 얼굴을 잔뜩 찌푸렸다는 뜻.

지게를 지고 제사를 지내도 제 멋이다
무슨 일이든지 제가 좋아서 하는 일은 남이 어떻게 시비할 것이 아니라는 말. = 도포를 입고 논을 갈아도 제 멋이다. 갓 쓰고 박치기해도 제 멋. 오이를 거꾸로 먹어도 제 멋.

지네발에 신 신긴다
발 많은 지네발에 모두 신을 신긴다 함은, 예컨대, 자식이 많아 모두 돌보려고 애씀을 이르는 말.

지는 것이 이기는 것
맞설 형편이 못되는 아주 수준이 낮은 상대한테 옥신각신 시시비비를 가리기보다 아량 있고 너그럽게 대하면서 양보하는 것이 도덕적으로 승리하는 것임을 이르는 말.

지렁이 갈빗대
① 아주 터무니없는 물건이라는 뜻.
② 아주 부드럽고 말랑말랑한 것을 이름.

지렁이도 밟으면 꿈틀 한다
아무리 미천하거나 약한 사람도 너무 업신여기면 성을 낸다는 말.

지레짐작 매꾸러기
깊이 생각하지 않고 짐작이 가는 대로 무슨 일을 하다가는 낭패를 보기 쉽다는 말.

* 매꾸러기 : 어른들에게 늘 매 맞는 아이.

지린 것은 똥 아닌가
조금 새듯이 싼 것은 똥이 아니냐는 말로, 조금이라고 해서 안 했다고 발뺌할 수는 없다는 말.

지붕의 호박도 못 따는데 하늘의 천도(天桃) 따겠단다
정도가 얕고 쉬운 일도 못하면서 당치않은 어려운 일을 하려 한다는 말.

지성이면 감천이다
무슨 일을 함에 있어 지극적성이면 하늘도 감동시킨다는 말로, 사람이 무슨 일을 하든지 정성이 지극하면 다 이룰 수도 있다는 말.

지신(地神)에 붙이고 성주(星主)에 붙인다
가뜩이나 적은 것을 이리저리 뜯기고 나면 남는 것이 없다는 말.
= 터주에 놓고 조왕에 놓고 나면 아무것도 없다.

지어먹은 마음이 사흘을 못 간다
한때의 충격으로 억지로 일어난 마음은 오래 굳게 가지지 못한다는 뜻.
[**참고**] 여기서 '지어먹은 마음'이란 자연스럽게 자리 잡은 마음과는 거리가 먼 '애써 만들어 낸 마음'을 말한다.

지위가 높을수록 마음은 낮추어 먹어야
높은 자리에 앉게 될수록 지나치게 욕심을 부리거나 야심을 갖지 말고 겸손해야 한다는 말. = 지위가 높을수록 뜻을 낮추랬다.

지저분하기는 오간수 다리 밑이라
오간수(五澗水)는 서울 청계천의 동대문 근처로, 서울 시내의 더럽고 지저분한 것이 다 이리로 흘러내리는 곳. 그런데 이런 곳과 같이 지저분하다 함은, 사람의 하는 짓이 비루하고 난잡하다는 말.

지전 시정(紙廛市井)에 나비 쫓아가듯 한다
지전 시정은 옛날에 종이를 주로 취급하던 곳으로, 이곳을 찾는 사람들은 많았으나 생산은 그에 미치지 못해 독점적으로 대량 거래되었다고 한다. 그렇게 바쁜 곳에서 나비를 바람에 날리는 종잇조각인 줄 알고 쫓아간다 함은, 돈이 아주 많으면서도 작은 것에 연연해 쫓아다니는 구두쇠를 비꼰 말.

지척의 원수가 천 리의 벗이라
가까운 데 있는 원수가 먼 데 있는 벗이나 다름없다는 말로, 멀리 있는 일가친척이나 친구보다 이웃에서 자주 만나는 사람이 사실은 더 가깝다는 뜻.

지척이 천 리
서로 가까이 있으면서도 오래도록 만나지 못하여 멀리 떨어져 사는 것이나 다름없다는 말.

지킬 이 열이 도둑 할 놈 하나를 못 당한다
아무리 단단히 감시하여도 갖은 교묘한 수단을 다하는 도둑을 막아 내기란 어렵다는 뜻.

진 날 나막신 찾듯
평소에는 돌아보지도 않던 사람을 막상 아쉽게 되니까 찾는다는 뜻.

진 눈 가지면 파리 못 사귈까
눈을 앓고 언저리가 질적질적하면 저절로 파리가 온다는 말로, 재주가 있으면 초빙해 가지 않을 리 없고 돈이 있으면 쓸 사람이 찾아오지 않을 리 없다는 말.

진상은 꼬챙이에 꿰고 인정은 바리로 싣는다
나라에 바치는 것은 꼬챙이에 꿸 만큼 적고 관원에게 주는 뇌물은 바리로 실을 만큼 많다는 말로, ① 직접 자기의 이해와 관계있는 일에 더욱 마음을 쓴다는 말. ② 아래 관원들의 권세가 크다는 말.
* 진상(進上) : 지방의 소산물을 나라에 바치는 일.
* 바리 : 마소의 등에 잔뜩 실은 짐.

진시황이 만리장성 쌓는 줄 아느냐
만리장성을 쌓을 때 진시황의 독촉이 심했다는 데서 생겨난 말로, 무슨 일을 해 지기 전에 마치자고 재촉할 때, '그것은 불가능하다'고 항변하는 말.

진주가 열 그릇이나 꿰어야 구슬

아무리 좋은 것이라도 좋은 솜씨로 정성을 기울여 쓸모 있는 것으로 만들어 놓아야만 가치가 있다는 말. = 가마 속의 콩도 삶아야 먹는다. 솥 속의 콩도 쪄야 먹지. 구슬이 서 말이라도 꿰어야 보배.

질동이 깨뜨리고 놋동이 얻었다

① 대단찮은 것을 잃고 그보다 훨씬 나은 것을 가지게 되었다는 말.
② 상처 후에 후처를 잘 두었다는 말.
* 질동이 : 질흙으로 빚어서 구워 만든 동이.
* 놋동이 : 놋쇠로 만든 동이.

질러 가는 길이 먼 길이다

빨리 하려고 서두르다 보면 오히려 일이 잘못되어 그 반대의 결과에 도달하기 쉽다는 말.

질병에도 감홍로
오지로 된 병에도 감홍로와 같이 좋은 것이 담겨 있다는 말로, 겉모양은 보잘것없으나 속은 좋고 아름다운 것도 있다는 뜻.
* 질병 : 질흙으로 구워 만든 병.
* 감홍로(甘紅露) : 평양 특산의 소주에다 식용 붉은 물감을 타서 만든 술.

짐 벗고 요기할 날 없다
너무 바빠서 무엇 하나 먹을 틈도 없으니, 하물며 놀고 쉴 때야 있겠느냐는 말.

집과 계집은 가꾸기 탓
허술하고 변변찮은 집이라도 잘 가꾸고 손질을 하면 보기에 훌륭해지는 것과 같이, 좀 부족한 여자라도 평소에 잘 가르치고 알뜰히 가꾸면 훌륭하게 된다는 말.

집도 절도 없다
아무 데도 몸을 붙일 곳이 없고 의지할 데도 없다는 말.

집안 귀신이 사람 잡아 간다
가까운 사람으로부터 해를 입었을 때 하는 말.

집안 망신은 며느리가 시킨다
① 잘 아는 사람이 손해를 끼친다는 말. ② 못난 것이 늘 말썽을 부리고 폐만 끼친다는 말.

집안이 결단나면 생쥐가 춤을 춘다
가운이 기울어지면 별별 이상한 일이 다 생긴다는 말. = 집안이 망하려면 맏며느리가 수염이 난다. 집안이 안되려면 구정물 통의 호박꼭지가 춤을 춘다.

집안이 망하려면 울타리부터 망하고 사람이 망하려면 머리부터 망한다
사람이 나이가 들어 기력이 쇠하고 죽을 날이 가까워 오면 먼저 머리부터 희어진다 하여 한탄하는 말.

집안이 화합하려면 베개 밑 송사는 듣지 않는다
'베개 밑 송사'란 부인이 밤에 잠자리에서 한 잔소리를 뜻하는 말로, 남편이 아내의 잔소리를 곧이곧대로 믿어 그대로 행하면 집안이 불화하게 된다는 말.

집에 금송아지를 매었으면 내 알게 무어냐
어떤 귀중한 물건을 가지고 있더라도 일을 당한 현장에서 그것을 쓰지 못한다면 아무 소용이 없다는 말.

집에서 새는 바가지(쪽박)는 들에 가도 샌다
본성이 나쁜 것은 어디를 가나 그 본색을 감출 수 없다는 뜻.

집을 사면 이웃을 본다
① 집을 새로 장만하려면 먼저 그 이웃이 좋은 것을 보고 나서 장만하라는 말. ② 이웃이 중요함을 이름. = 세 닢 주고 집 사고 천 냥 주고 이웃 산다. 팔백금으로 집을 사고 천금으로 이웃을 산다.

집이 망하면 지관(地官) 탓만 한다
풍수(風水)의 잘못으로 조상의 산음(山蔭)이 흉하여 자기까지 그 화를 입었다고 말한다 함이니, 자기 잘못으로 일이 그릇되어도 도리어 남을 원망한다는 말. = 집안이 망하면 집터 잡은 사람만 탓한다.

집 태우고 못 줍기
① 큰 손해를 본 다음에 작은 이익이나마 얻으려고 애쓴다는 말. ② 큰 손해를 본 다음에 작은 것을 아낀다는 말. = 집 태우고 바늘 줍는다.

짖는 개는 여위고 먹는 개는 살찐다
사람도 늘 징징거리고 울상을 하고 지내거나 불평이 많아 앙앙거리면 살이 빠지고 이로울 것이 없다는 말.

짚그물로 고기를 잡을까
짚으로 만든 그물로 고기를 잡을 수 없듯이, 든든한 것으로 준비를 갖추지 않으면 일을 이룰 수 없다는 말.

짚불 꺼지듯 한다
① 잡았던 권세, 누렸던 호강이 아주 갑자기 몰락된다는 뜻.
② 아주 곱게 조용히 운명(殞命)함을 이름.

짚신감발에 사립 쓰고 간다
도무지 어울리지 않고 어색하여 보기 흉할 때 쓰는 말.
* 짚신감발 : 짚신을 신고 발감개를 함.
* 사립(絲笠) : 명주실로 위를 한 벌 싸서 만든 갓.

짚신에 국화 그리기
① 격에 맞지 않는 짓을 한다는 말. ② 주(主)되는 것이 이미 천한 것인데 화려하게 꾸밈은 당치않다는 말.

짚신은 제 날에 맞는다
생활 형편이나 환경 따위가 자기와 같은 정도의 사람끼리 짝을 맺는 것이 좋다는 뜻.

짚신장이 헌신 신는다
신 장사하는 사람이 신을 신이 없어 헌신을 신는다는 말로, 무엇이나 마땅히 있어야 할 곳에 그것이 없을 때 쓰는 말.

쪽박 쓰고 비 피하기
구차하게 피하려 하여도 피하지 못하고 어쩔 수 없이 당하고야 말게 됨을 뜻함. = 쪽박을 쓰고 벼락을 피해?

쫓겨 가다가 경치 보랴
절박한 경우를 당하여 딴생각을 할 여유가 없을 때 이르는 말.

쭈그렁밤송이 삼 년 간다
① 아주 약해 보이는 사람이 얼마 못 살 듯싶으면서도 오래 목숨을 이어 간다는 말. ② 좋지 않고 불완전하게 보이는 것은 남이 탐내지도 않기 때문에 피해를 입지 아니하고 오래 견디는 경우를 비유적으로 이르는 말.

쭈그리고 앉은 손님 사흘 만에 간다
곧 간다고 쭈그리고 앉은 이가 더 오래 있다 간다는 말로, 보기에 얼마 가지 못할 듯한 것이 오래 견디어 계속됨을 이르는 말.

찔러 피를 낸다
찌르지 않았더라면 피가 나지 않았을 것을 찌른 탓으로 피가 났다는 말로, 필요없는 짓을 하여 자기가 스스로 저에게 재화(災禍)를 끌어들인다는 말. = 긁어 부스럼.

차면 넘친다
① 가득 찬 상태는 오래 계속되기 어렵다는 뜻. ② 흥성한 상태는 오래가지 못하고 반드시 쇠망(衰亡)으로 기운다는 뜻.

차(車) 치고 포(包) 친다
장기에서 나온 말로, 무슨 일에나 당당하게 덤비어 잘 해결함을 이름.

찬물도 위아래가 있다
① 무엇에나 순서가 있으니 그 순서를 따라 해야 한다는 말.
② 하찮은 것이라도 어른부터 차례로 대접하라는 말.

찬물 먹고 냉돌방에서 땀 낸다
도무지 이치에 닿지 않는 말이니 그런 말은 아예 하지도 말라는 뜻으로 하는 말.

찬밥 두고 잠 아니 온다
① 대단치 않은 것을 남겨 두고 못 잊어 함을 웃는 말. ② 무엇을 다

먹어 치우거나 써 버리거나 하지 않고는 못 견디는 성미를 이름.

찬밥에 국 적은 줄만 안다
가난한 살림에는 없는 것이 당연한 것인 줄 모르고 무엇 좀 부족하다 하여 마음을 쓸 때 이름.

찬밥에 국 적은 줄 모른다
가난한 살림에는 없는 것이 당연한 일이라 별로 불편하게 느껴지지도 않는다는 말.

참깨가 기니 짧으니 한다
① 비슷비슷한 데서 굳이 잘잘못이나 크고 작음을 가리려 한다는 뜻. ② 조그만 것으로 시비를 건다는 말. = 도토리 키재기.

참깨 들깨 노는데 아주까리 못 놀까
남들도 다 하는데 나도 한몫 끼어 보자고 나설 때 이르는 말.

참새가 방앗간을 그저 지나랴
① 욕심 많은 사람이 잇속 있는 일을 보고는 지나쳐 버리지 못한다는 뜻. ② 제가 즐기는 것을 그대로 보고만 지나칠 까닭이 없다는 뜻. = 참새 방앗간이지.

참새가 아무리 떠들어도 구렁이는 움직이지 않는다
실력 없고 변변치 않은 무리들이 아무리 떠들어 대더라도 참으로 제게 실력이 있는 사람은 맞붙어서 같이 다투지 않는다는 뜻.

참새가 죽어도 짹 한다
아무리 약한 사람이라도 괴롭게 굴면 힘껏 대항한다는 뜻.

참새 얼러 잡겠다
꾀 많은 참새를 얼러서 능히 잡을 수 있겠다는 말로, 매우 수완이 좋고 교묘한 사람을 두고 하는 말.
* 어르다 : 어린아이나 짐승을 귀엽게 다루어 기쁘게 하여 주다.

참외를 버리고 호박을 먹는다
① 말쑥하고 알뜰한 아내를 버리고 둔하고 못생긴 첩을 취할 때 쓰는 말. ② 좋은 것을 버리고 나쁜 것을 취한다는 뜻.

참을 인 자 셋이면 살인도 피한다
세 번 참으면 살인도 면할 수 있다는 말로, 아무리 어려운 일이나 분한 일이 있더라도 그저 꾹 참는 것이 가장 좋다는 뜻.

찻집 출입 십 년에 남의 얼굴 볼 줄만 안다
사람들이 모여 한담하는 찻집 같은 곳에 다니다 보면 남의 눈치 살피는 것밖에는 배울 것이 없다는 말.

창씨(創氏) 고씨(庫氏)라
창씨와 고씨는 옛날 중국에서 '창고(倉庫)' 직을 맡아 대물림하던 성씨이니, 사물이 한 번 둔 채로 변하지 않음을 이름.

채 맞은 똥덩이 풍기듯
똥덩이를 채찍으로 치면 사방팔방으로 튀어 풍기듯 한다는 말로, 어떤 좋지 못한 일의 여파가 여기저기에 미쳐 나쁜 영향을 끼치게 될 때 쓰는 말.

책력 보아 가며 밥 먹는다
밥을 매일 먹을 수 없으니 책력을 보고 길일을 택해 먹는다는 말로, 가난하여 끼니를 자주 굶는다는 말.
* 책력(冊曆) : 천체를 관측하여 해와 달의 운행과 절기 따위를 적은 책.

처갓집에 송곳 차고 간다
사위가 처가에 가면 그 대접이 너무나도 극진하여 밥을 지나치게 꼭꼭 담아서 송곳으로 쑤셔 파먹지 않으면 안된다는 말로, 처가에서 사위 대접을 더 바랄 게 없이 정성껏 잘한다 하여 이르는 말.

처녀가 늙어 가면 산으로 맷돌짝 지고 오른다
① 처녀가 혼기를 놓치고 늙어 가면 여러 가지 이상한 행동을 한다는 말. ② 처녀가 무슨 일을 잘못했을 때 비웃는 말.

처녀가 아이를 낳았나
① 조그만 실수를 하고 크게 책망을 받을 때 '뭘 그리 심하게 하느냐'고 반발하는 말. ② 처녀가 아이를 낳은 것만큼이나 나쁜 짓을 한 것도 아니고 그다지 크게 새삼스러운 것도 아니라는 말.

처녀가 애를 낳고도 할말이 있다
무슨 일이나 잘못을 변명하고 이유를 붙일 수 있다는 말.

처녀면 다 확실인가
무엇이나 그 이름에만 따를 것이 아니라는 말.

처삼촌 묘에 벌초하듯
무슨 일을 함에 있어서 정성을 들이지 않고 대충대충 마구 한다는 말. = 외삼촌 산소에 벌초하듯. 처삼촌 어미 묘에 벌초하듯. 처숙부 묘에 성묘하듯.

처서(處暑)에 비가 오면 독의 곡식도 준다
처서 날에 비가 오면 크게 흉년이 든다는 말에서 나온 말.
= 처서에 비가 오면 항아리의 쌀이 준다.

천 길 물속은 알아도 계집 마음속은 모른다
여자의 마음은 변하기 쉬워서 대중할 수 없다는 말.

천 냥 빚도 말로 갚는다
① 말의 잘잘못은 일상생활에 매우 커다란 영향을 끼치는 것이므로 말할 때는 애써 조심하라는 뜻. ② 말 잘하는 사람은 처세에 유리하다는 뜻. = 말만 잘하면 천 냥 빚도 갚는다. 천 냥 빚도 말로 갚는다. 말

한마디에 천 냥 빚 갚는다.

천 냥 시주 말고 애매한 소리 말라
천 냥이나 되는 많은 돈을 내놓는 것보다 애매한 소리를 하지 않는 편이 낫다는 뜻으로, 쓸데없이 괜한 말로 남을 모함하지 말라는 말.

천둥 번개 할 때는 천하 사람이 한맘 한뜻
모든 사람이 같이 겪는 천변이나 위험 속에서는 그들의 마음이 하나가 된다는 뜻.

천둥에 개 뛰어들 듯
놀라 어쩔 줄 모르고 허둥지둥하는 모양을 이름.

천 리 길도 한 걸음으로부터
① 무슨 일이든 그 시초가 중요하니 차분차분하게 하라는 뜻. ② 아무리 크고 많은 것이라도 그 처음 시작은 작은 것이라는 말. ③ 처음부터 큰 성과를 얻을 수는 없지만 끈질기게 노력하면 원하는 것을 이룰 수 있다는 뜻.

천리마 꼬리에 쉬파리 따라가듯
쉬파리가 천리마 꼬리에 붙어서 먼 곳까지 간다 함이니, 남의 세력 밑에 붙어 다니며 사는 것을 이르는 말.

천 마리 참새가 한 마리 봉(鳳)만 못하다
수량보다는 그 질이 문제가 되는 것이라는 뜻으로, 좋지 못한 것이 아무리 많더라도 그것은 훌륭한 것 하나만큼도 쓸모가 덜하다는 말.

천방지축(天方地軸)한다
① 못난 사람이 종작없이 덤벙이는 일.
② 너무 급하여 방향을 잡지 못하고 함부로 날뛰는 일.

천인이 찢으면 천금이 녹고, 만인이 찢으면 만금이 녹는다
많은 사람이 달라붙어 힘을 다하면 무슨 일이든 못할 일이 없다는 말.

철들자 망령 난다
인생은 길지 못하여 곧 나이 드는 것이니, 어물어물하다가는 아무 일도 이루지 못한다는 것을 경계하는 말.

철 묵은 색시 가마 속에서 장옷고름 단다
오래도록 시집을 가지 못한 색시가 가마 안에서 혼례에 입을 예복을 짓는다는 말로, 충분한 시간이 있었음에도 불구하고 하지 않고 있다가 정작 일이 닥쳐서야 다급히 서두름을 이름.

철옹산성(鐵瓮山城) 같다
① 무엇에 둘러 싸여 있음이 매우 굳고 단단함을 이르는 말.
② 매우 고집이 센 경우에 하는 말.
* 철옹산 : 함경남도 영흥군과 평안남도 맹산군 사이에 있는 산으로 매우 험함.

첩의 살림은 밑 빠진 독에 물 길어 붓기
첩살림에는 돈이 한없이 든다 하여 이르는 말.

첩 정은 삼 년, 본처 정은 백 년
아무리 첩에 혹한 사람이라도 그것은 잠시 동안이요, 그 본처는 끝내 버리지 않는다는 말.

첫가을에는 손톱 발톱도 다 먹는다
① 가을이 되면 입맛이 좋아지는 계절이라 음식을 많이 먹게 된다는 뜻. ② 가을에는 모든 것이 무르익어 보약이 된다는 뜻.

첫날밤에 속곳 벗어 메고 신방에 들어간다
매사에 격식을 따르지 않고 염치없는 짓을 한다는 뜻.

첫딸은 세간 밑천이다
① 첫딸은 집안의 모든 일에 도움이 된다는 뜻.
② 처음에 딸을 낳으면 서운하다 하므로 이를 위로하는 말.

첫사위가 오면 장모가 신을 거꾸로 신고 나간다
① 처가에서 사위가 크게 환영 받음을 이름.
② 장모는 그 사위를 매우 귀하게 여긴다는 뜻.

첫술에 배부르랴
처음 떠먹는 한 숟가락의 밥에 배가 부르겠냐는 말로, 무슨 일이든 단번에 만족할 수 없다는 말.

청국장이냐, 거적문이냐
'청국장이 장이냐, 거적문이 문이냐'를 줄여서 하는 말로, 못된 사람은 사람이라 할 수 없고, 좋지 않은 물건은 물건이라 할 수 없다는 뜻.

* 거적문 : 문짝 대신에 거적을 친 문.
* 거적 : 짚을 두툼하게 엮거나, 새끼로 날을 하여 짚으로 쳐서 자리처럼 만든 물건.

청기와 장수
옛날에 청기와를 만들어 팔던 사람이 그 기술을 자기 혼자만 알고 있고 아들에게조차 알려주지 않았다는 말처럼, 자기만 알고 남에게는 알리지 않아 어떤 일을 자기 혼자 차지하려는 사람을 두고 하는 말.

청명하면 대마도를 건너다보겠네
날이 맑으면 먼 청나라까지도 내다볼 수 있을 만큼 눈이 좋다는 말이지만, 반대로 눈이 좋지 않아 잘 보지 못하는 사람을 조롱하는 말. = 청명한 날이면 청국(淸國)도 들여다보겠다.

청백리 똥구멍은 송곳부리 같다
청백한 까닭으로 재물을 모으지 못하고 매우 가난하게 산다는 뜻.

청산유수 같다
말이 거침없이 유창하게 나옴을 이름.

청승은 늘어 가고 팔자는 오그라진다
나이가 많아 생활이 구차해지면 궁상스럽고 가련하게 되며, 그렇게 되면 좋은 날은 다 산 셈이라는 뜻.

청어 굽는 데 된장 칠하듯
살짝 보기 좋게 바르지 않고 더덕더덕 더께가 앉도록 지나치게 발라서 흉할 때 이르는 말.

청(廳)을 빌려 방에 들어간다
대청을 빌려 주니 방까지 들어온다는 말로, ① 사정을 봐 주니 차츰 더 큰 요구를 한다는 뜻. ② 처음에는 조심하여 조금씩 하던 일도 차차 재미를 붙여 정도에 넘치는 짓을 한다는 뜻. = 행랑(行廊) 빌면 안방까지 든다.

청천백일(靑天白日)은 소경이라도 밝게 안다
아무리 보지 못하는 장님이라도 맑게 개인 하늘의 밝은 해는 안다는 말로, 누구나 분명히 알 수 있는 사실이라는 뜻.

청치 않은 잔치에 묻지 않은 대답
자신과는 아무런 상관이 없는 일에 끼어들거나, 아무 말에나 아는 체하고 나서는 사람을 두고 이르는 말.

초년고생은 양식 지고 다니며 한다
젊어서 고생하면 늙어서 낙이 올 것이니 참고 달게 여기라는 말. = 초년고생은 은 주고 산다.

초당(草堂) 삼간 다 타도 빈대 죽는 것만 시원하다
자기는 큰 손해를 보았더라도, 그로 인해 평소에 자기가 미워하던 사람이 잘못되게 된 것이 고소하다는 말. = 삼간초가 다 타져도 빈대 죽어 좋다. 삼간(三間) 집이 다 타도 빈대 타 죽는 것만 재미있다.

초록(草綠)은 동색(同色)이라
① 서로 같은 무리끼리 어울린다는 뜻. ② 명칭은 다르나 따져 보면 한 가지 것이라는 말. = 초록은 한 빛.

초립동(草笠童)이 장님을 보았다
장님을 만나면 재수가 없는데, 어린 장님은 더욱 싫어하여 불길하다는 뜻으로 쓰임.

초상술에 권주가(勸酒歌) 부른다
때와 장소를 분별 못하고 행동함을 이름.

초하룻날 먹어 보면 열하룻날 또 간다
한번 재미를 보면 자꾸 보려고 한다는 뜻.

초학(初學) 훈장(訓長)의 똥은 개도 안 먹는다
훈장 곧 선생의 일이 매우 어렵고 힘듦을 비유적으로 이르는 말.

초헌에 채찍질
소나 말이 끌지도 않는 초헌에다가 채찍질을 한다 함은, 격에 맞지 않아 우습다는 뜻.
* 초헌(軺軒) : 종이품 이상의 벼슬아치가 타던 외바퀴 수레.

촌년이 늦바람나면 속곳 밑에 단추 단다
① 촌사람이 어떤 일에 혹하게 되면 도회지 사람보다도 한 술 더 뜬다는 뜻. ② 어수룩한 사람이 한번 혹하면 도리어 정도를 지나친다는 뜻.

촌년이 아전 서방을 하면 날 샌 줄을 모른다
변변치 않고 되지못한 사람이 어쩌다 믿는 데가 있게 되면 세상이 어떻게 돌아가는지도 모르고 혼자 잘난 체하며 아니꼽게 군다는 뜻. = 촌년이 아전 서방을 하면 중의 꼬리에 단추를 붙인다.

촌놈은 똥배 부른 것만 친다
촌사람은 어떻든지 배불리 실컷 먹어야 좋아한다는 데서 나온 말로, 질보다도 양만 많으면 좋아하는 자를 놀리는 말. = 촌놈은 밥그릇 높은 것만 친다.

촌닭 관청에 간 것 같다
시골서 번화한 도회지에 처음으로 오거나 경험이 없는 일을 당하여 어리둥절하고 있는 사람을 보고 하는 말.

촌닭이 관청 닭 눈 빼 먹는다
남 보기에는 어수룩하고 얼빠진 것 같은 사람이 약빠른 체 잘난 체하는 사람을 도리어 제압하는 실력을 지녔다는 뜻.

촌 처녀 자란 것은 모른다
촌 처녀는 아주 어리다가도 곧 훌쩍 자라서 나이도 들기 전에 출가해 버리므로 이르는 말.

총명(聰明)은 둔필(鈍筆)만 못하다
아무리 똑똑하고 머리가 좋더라도 못난 글씨로나마 적어 놓는 것을 당하지 못한다는 말로, 무엇이나 틀림없이 하려면 적어 두어야 한다는 말.

추운 소한은 있어도 추운 대한은 없다
글자 뜻으로는 '대한(大寒)'이 '소한(小寒)'보다 더 춥겠으나 사실은 소한 무렵이 더 춥다는 말.

춥기는 사명당 사첫방이다
방이 대단히 춥다는 뜻.
* 사명당(四溟堂) : 이조 선조 때의 유명한 도사. 임진란에 일본에 건너가서 강화(講和)를 한 일이 있다고 함. 그때 왜왕이 사명당을 태워 죽이려고 구리로 한 간 집을 지어 그곳에 가두고 사면으로 숯을 피웠으나 사명당은 네 벽에 서리 상(霜) 자를 써 붙이고 방석 밑에 어름 빙(氷) 자를 써 놓고 팔만대장경을 외우니 방 안이 얼음 창고 같았다고 하는 전설이 있음.
* 사첫방 : 손님이 묵고 있는 방.

춥기는 삼청냉돌이라
방이 매우 치고 춥다는 말. 옛날 대궐 안의 금군삼청(禁軍三廳)에는 불을 잘 때지 아니하여 항상 매우 추웠으므로 일컫는 말.

충신의 편도 천명(天命), 역적의 편도 천명
일이 뜻대로 되어 충신의 칭호를 받는 것도 인력만으로는 할 수 없는 일이며, 일이 그릇되어 역적으로 몰리는 것도 사람의 힘으로 어찌할 수 없는 것이란 말로, 세상일은 무엇이나 사람의 뜻대로 이루어지는 것이 아니라 운명에 정해진 대로 되어 가는 것이란 말.

취중에 무천자(無天子)
누구나 술에 취하게 되면 아무도 어려운 사람이 없게 된다는 뜻.

취중에 진담 나온다
술에 취하면 대개 허튼 수작만 할 것 같으나, 함부로 지껄이는 듯한 말도 실은 제 진심을 속임 없이 털어내 놓는 것이라는 뜻.

치고 보니 삼촌이라
어떤 짓을 하고 나서 알고 보니 매우 실례된 행동이었다는 뜻.

치러 갔다가 맞기는 예사
남에게 무엇을 요구하러 갔다가 도리어 요구를 당하는 일도 흔히 있을 수 있다는 말.

치마짜리가 똑똑하면 승전막이 갈까
치마를 입은 여자가 아무리 똑똑하다고 한들 승전빗의 직위에는 못 간다는 말로, 여자란 아무리 똑똑하더라도 할 수 있는 일이 따로 있으니 집 안에서 살림이나 하고 주제넘게 딴 궁리를 하면 안 된다는 말.
* 승전(承傳) : 승전빗을 이르는 말로, 임금의 뜻을 받아 전달하는 내시부의 한 직임.

치수 보아 옷 짓는다
사람의 몸을 재어 본 뒤에 옷을 지어야만 몸에 맞는 옷을 지을 수 있듯이, 무엇이고 그 정도를 보아 그에 알맞게 처리해야 한다는 뜻.

치 위에 치가 있다
잘난 사람이 있으면 또 그보다 더 윗자리가 있다는 말로, 지나치게 잘난 체하는 사람에게 대하여 하는 말. = 뛰는 놈 위에 나는 놈이 있다.

친구는 옛 친구가 좋고 옷은 새 옷이 좋다
친구는 오래 사귄 친구일수록 정의가 두텁다는 말.

친구 따라 강남 간다
① 벗을 따라서는 먼 길이라도 간다는 뜻. ② 자기는 하기 싫더라도 남이 권하므로 마지못해 따라하게 된다는 말. = 벗 따라 강남 간다.

친구 망신은 곱사등이 시킨다
못나고 나쁜 것일수록 그와 같이 있는 동료들에게 좋지 못한 폐를 끼친다는 뜻.

친사돈이 못된 형제보다 낫다
사돈은 흔히 어려운 사이이지만, 곤란한 경우에는 형제보다도 오히려 도움이 된다는 뜻.

친형제 못 두면 친사돈 둔다
좋은 형제가 있어 서로 돕고 위하여 주지 못하는 처지라면 사돈과 서로 의지하고 살아갈 수 있다는 말.

칠 년 가뭄에 하루 쓸 날 없다
오래도록 날이 날마다 개이고 좋다가 모처럼 무엇을 하려고 할 때 비라도 오게 됨을 이름.

칠 년 간병에 삼 년 묵은 쑥을 찾는다
① 칠 년 동안 병간호를 하였는데도 신통치 않았는데 결국에는 주변에 흔히 널려 있는 쑥이 효능이 있다는 말로, 예로부터 쑥은 한방에 아주 좋은 효능이 많이 있는데 가까이 있는 것을 못 쓰고 있었다는 의미로 쓰임. ② 오랫동안 앓고 누워 있는 사람을 간병하다 보면 별 어려운 일도 다 겪게 된다는 말.

칠 년 대한(大旱)에 단비 온다
칠 년 동안의 큰 가뭄 끝에 단비가 온다 함은, 오랫동안 몹시 애타게 기다리던 것이 이루어진다는 뜻.

칠 년 대한(大旱)에 대우(大雨) 기다리듯
무엇인가를 매우 간절하게 기다린다는 뜻.

칠색팔색(七色八色)을 한다
얼굴빛이 변하도록 놀라며 믿지 않는다는 뜻.

칠팔월 수숫잎
성질이 약하여 잡은 마음이 없고 번복하기를 잘하는 사람을 비유적으로 이르는 말.

칠팔월 은어(銀魚) 곯듯
은어는 오뉴월이 한창이며, 칠팔월에는 줄어든 가을 물에 먹을 것이 없어 배를 굶주리듯이, 갑작스럽게 수입이 줄어서 살아가기가 어려움을 비유하여 이르는 말.

칠 푼짜리 돼지꼬리 같다
돼지가 아무리 크고 좋더라도 그 꼬리는 작고 보잘것없다는 말로, 무엇이 어처구니없이 작고 보잘것없음을 이르는 말.

침 먹은 지네
기운을 못 쓰고 있는 사람을 이름.

침 뱉은 우물 다시 먹는다
다시는 안 볼 듯이 야박스럽게 행동하여도 후에 다시 청할 일이 있게 된다는 말.

칼날 위에 섰다
사람이 날카로운 칼날 위에 서 있다 함은, 매우 위태로운 처지에 놓였다는 말.

칼로 물 베기
서로 갈라지기는 하나 곧 다시 합치게 된다는 뜻.

칼 물고 뜀뛰기
① 위태한 일을 모험적으로 한다는 뜻.
② 최후에 목숨을 걸고 성패(成敗)를 거룬다는 뜻.

칼을 물고 토할 노릇이다
기가 막히도록 분하고 억울하다는 뜻.

칼을 뽑고는 그대로 집에 꽂지 않는다
① 일단 칼집에서 칼을 뽑았으면 반드시 무엇이고 치고 나서야 도로 꽂는다는 말. ② 무슨 일이나 내친 것이면 하고야 만다는 뜻.

커도 한 그릇 작아도 한 그릇
① 크거나 작거나 그 명목에 있어서는 같다는 말.
② 분배하는 분량이 같다는 말.

코가 쉰댓 자나 빠졌다
근심이 쌓이고 고통스러운 일이 있어 맥이 빠졌다는 뜻.

코가 어디 붙은지 모른다
그 사람이 어떻게 생겼는지도 모른다는 말로, 도무지 한 번도 본 적이 없는 모르는 사람이라는 뜻.

코가 우뚝하다
젠체하며 거만을 빼는 사람을 이름.

코끼리 비스킷 하나 먹으나 마나
덩치 큰 코끼리가 조그마한 비스킷 하나를 먹어 봤자 간에 기별도 안 간다는 말로, 무엇을 먹기는 하였으나 도무지 양에 안 찼다는 말.

코딱지 두면 살이 되랴
이미 다 그릇된 것을 두어 둔다 한들 절대로 잘되지는 않는다는 말.

코 떼어 주머니에 넣었다
무슨 잘못이 있어 매우 무안한 경우를 당하였다는 말.

코 맞은 개 싸쥐듯
몹시 아프거나 속이 상하여 어쩔 줄 모르고 쩔쩔매며 돌아가는 모습을 비유적으로 이르는 말.

코 아래 입
사이가 매우 가까움을 비유적으로 이르는 말.

코 아래 진상(進上)이 제일이라
남의 환심을 사려면 뭐니 뭐니 해도 먹이는 것이 제일이라는 말.

코에서 단내가 난다
무슨 일에 너무 마음을 태워 코에서 단내가 난다는 말로, 심신이 매우 피로하였다는 뜻.

코털이 센다
너무 애를 태워서 코 속의 털이 하얗게 셀 정도라는 말로, 일이 뜻대로 되지 아니하여 몹시 곤란함을 이르는 말.

콧구멍에 낀 대추씨
매우 작고 보잘것없는 물건을 이름.

콧구멍이 둘이니 숨을 쉬지
다행히도 콧구멍이 둘이 있어 호흡이 막히지 아니하고 숨을 쉴 수 있다는 뜻으로, 몹시 답답하거나 기가 참을 해학적으로 이르는 말. = 콧구멍 둘 마련하기가 다행이라.

콧등이 세다
남의 말은 안 듣고 제 고집대로만 하는 성미를 가진 사람을 이르는 말. = 콧대가 세다.

콧방귀만 뀐다
남의 말에 들은 체 만 체 대꾸를 아니 한다는 뜻.

콧병 든 병아리 같다
꾸벅꾸벅 조는 것을 일컫는 말.

콩 반쪽이라도 남의 것이라면 손 내민다
남의 것이라면 무엇이나 탐내어 가지고 싶어한다는 뜻.

콩밭에 가서 두부 찾는다
성질이 매우 급한 사람을 보고 이르는 말.

콩밭에 서슬 치겠다
콩을 갈아서 두부를 만들 때 넣는 서슬을 콩밭에 직접 친다는 말로, 일의 순서도 없이 너무 급하게 서두른다는 뜻.

* 서슬 : 간수.

콩 볶듯 한다
성깔이 마르고 급하여 가만히 있지를 못하는 사람에게 하는 말.

콩 심어라 팥 심어라 한다
대수롭지 않은 일을 가지고 세세한 구별을 짓거나, 시비를 가려 지나친 간섭을 한다는 뜻.

콩 심은 데 콩 나고 팥 심은 데 팥 난다
한 원인이 있으면 당연한 이치에 따라 그 결과가 생긴다는 말.
= 콩에서 콩 나고 팥에서 팥 난다.

콩으로 메주를 쑤고 소금으로 장을 담근다 해도 곧이들리지 않는다
① 거짓말 잘하는 사람의 말은 다 거짓말같이 들린다는 뜻.
② 남의 말을 도무지 믿지 않음을 이름.
= 콩으로 메주를 쑨다 해도 곧이 안 듣는다.

콩을 팥이라 해도 곧이듣는다
① 남의 말을 무엇이나 말하는 대로 곧이듣는다는 말.
② 평소에 신용이 있는 사람의 말은 무슨 말이라도 믿는다는 뜻.

콩이야 팥이야 한다
서로 비슷한 것을 구별하려고 따진다든가 시비를 다툰다는 말.

콩죽은 내가 먹고 배는 남이 앓는다
좋지 못한 짓은 제가 하였으나 그에 대한 벌이나 비난은 다른 사람이 당한다는 말.

콩죽은 내가 먹었는데 배는 왜 네가 앓느냐
일은 내가 저질렀는데 그 벌은 왜 네가 받느냐는 말.

크고 단 참외
① 완미(完美)한 것이라는 뜻.
② 모든 조건을 다 갖추었다는 뜻.

큰 말이 나가면 작은 말이 큰 말 노릇한다
윗사람이 없으면 아랫사람이 윗사람 역할을 하게 되어 있다는 말.

큰 무당이 있으면 작은 무당은 춤을 안 춘다
저보다 기술이 나은 사람 앞에서는 누구나 그 일 하기를 꺼린다는 뜻.

큰 방죽도 개미구멍으로 무너진다
① 매우 적은 힘으로 큰일을 이루었다는 말. ② 조그마한 일이라도 삼가지 않으면 그것으로 인하여 장차 큰 해를 보게 된다는 말.

큰 북에서 큰 소리 난다
작은 북을 두드리면 작은 소리가 나고 큰 북을 두드리면 큰 소리가 나듯이, 크고 훌륭한 데서라야 무엇이나 좋은 것이 생길 수 있다는 말.

큰어머니 죽으면 풍년이 든다
첩의 소생이 본처 즉 큰어머니 밑에서 배불리 못 먹고 지내다가 그녀가 세상을 떠나니 실컷 먹을 수 있다는 말로, 흔히 서출인 자식을 박대한다는 뜻으로 쓰이는 말.

큰어미 날 지내는데 작은어미 떡 먹듯
세상을 떠난 본처의 제사를 지내는 날 그 후처가 떡 먹듯 한다 함은, 다른 이의 불행을 좋은 기회로 삼아 자기 이익을 꾀하는 경우를 이르는 말.

큰일 치른 집에 저녁거리 있고 큰굿 한 집에 저녁거리 없다
① 굿을 하는 데는 재물이 많이 들 뿐 아니라 무당이 모조리 가져간다는 것을 비유적으로 이르는 말. ② 잔치를 하는 집은 여유가 있으나 굿을 하는 집은 살림이 쪼들리는 법임을 이르는 말.

큰 집이 기울어져도 삼 년 간다
크게 잘 지은 집은 기울어져도 얼마 동안은 더 지탱할 수 있다는 말로, 부잣집이 망하여 재산을 다 없앴다 하더라도 얼마 동안은 그럭저럭 살아갈 수 있다 하여 이르는 말. = 부자는 망해도 삼 년 먹을 것이 있다.

큰집 잔치에 작은집 돼지 잡는다
큰집 잔치에 작은집의 금품을 더 많이 썼다는 말로, 자기 일도 아닌데 예상 외로 많은 물건이나 돈을 쓰게 되었을 때 하는 말.

큰코다친다
크게 낭패를 본다는 말.

키 크고 싱겁지 않은 사람 없다
사람이 키가 크면 보기에도 싱겁고, 또 사실 싱거운 행동을 많이 한다는 말.

키 크면 속없고 키 작으면 자발없다
흔히 키 큰 사람은 실없고 싱거우며, 키 작은 사람은 참을성이 없고 점잖지 못하다 하여 이르는 말.

키 큰 놈의 집에서 내려 먹을 것 없다
키가 큰 사람은 높은 데 둔 것을 잘 내려 먹을 수 있으나 그럴 것이 없다 함은, 키 큰 것이 생활에 유리한 조건이 아니라는 말.

타는 닭이 꼬꼬 하고 그슬린 돝이 달음질한다
안심하고 있던 일에도 돌연히 탈이 생기는 수가 있으니 항상 매사에 마음 놓지 말고 조심하라는 뜻.
* 돝 : 돼지.

타는 불에 부채질한다
① 한참 펄펄 뛰는 사람의 화를 한층 돋구어 더 노하게 한다는 뜻.
② 남의 재난을 보고 더욱 더 못되게만 일을 방해하는 것을 이르는 말.

탕게도 데면 터지고 쇠도 강하면 부러진다
조그만 게도 불에 데면 익어 터지고 쇠도 너무 강하면 부러지듯이, 무엇이나 정도가 극도에 오르면 탈이 난다는 말.

태산을 넘으면 평지를 본다
험한 산을 지나면 평탄한 들길에 이른다는 말로, 고생을 하고 나면 다음에는 즐거운 일이 있게 된다는 말.

태수 되자 턱 떨어져
오랫동안 공들여 해 오던 일이 갑자기 허사가 되어 아무 보람 없이 된 것을 이름.

터서구니 사나운 집은 까마귀도 앉지 않는다
집안이 말썽스럽고 항상 불화한 집에는 아무도 와 보는 사람이 없다 하여 이르는 말.

* 터서구니 사납다 : 평안도 사투리로 가품(家品)이 좋지 못하고 불화한 집안을 이름.

터주에 놓고 조왕에 놓고 나면 아무것도 없다
넉넉지 못한 것을 여기저기에 주고 나면 남는 것이 없다는 말.

= 지신에 붙이고 성주에 붙인다.

* 터주 : 집터를 지키는 지신(地神).
* 조왕 : 부엌을 맡은 신(神).

터진 꽈리 보듯 한다
터져서 아무짝에도 쓸모없는 꽈리를 보듯이 한다 함은, 사람이나 물건을 아주 쓸모없는 것으로 여기고 중요시하지 않는다는 뜻.

턱 떨어진 개 지리산 쳐다보듯 한다
주인 잃은 개가 먼 산만 바라보고 주인을 기다리듯 한다는 말로, 일이 낭패되어 맥 빠진 사람이 공연히 아무에게나 청을 하고 기다린다는 뜻.

털도 아니 난 것이 날기부터 하려 한다
못난 자가 제 실력에 맞지 않는 엄청난 짓을 하려 한다는 말.

털도 안 뜯고 먹겠다 한다
① 사리를 헤아리지 않고 남의 것을 통으로 삼키려 욕심냄을 비유하여 이르는 말. ② 너무 급히 하려고 덤빈다는 뜻.

털에서 먼지 안 나는 사람 없다
누구나 그의 결점을 찾으려고 뜯어보면 조금도 허물이 없는 사람은 없다는 뜻.

토끼가 제 방귀에 놀란다
제가 지은 죄 때문에 스스로 겁을 먹고 떨고 있는 사람을 이르는 말.

토끼 둘을 잡으려다가 하나도 못 잡는다
욕심을 부려서 한꺼번에 여러 가지를 하면 그 중의 하나도 성취하지 못하게 된다는 말.

토끼를 다 잡으면 사냥개를 삶는다
필요할 때는 소중히 여기다가도 필요없게 되면 천대하고 없애 버림을 비유하는 말. = 토사구팽(兎死狗烹).

토끼 죽으니 여우 슬퍼한다
동류(同類)의 괴로움과 슬픔을 같이 괴로워하고 슬퍼한다는 뜻.
= 여우가 죽으니 토끼가 슬퍼한다.

틈 난 돌이 터지고 태 먹은 독이 깨진다
앞서 무슨 징조가 보인 일은 반드시 후에 그대로 나타나고야 만다는 뜻.
* 태(를) 먹다 : 물건이 깨져서 금이 가다.

티끌 모아 태산
티끌과 같이 아무리 적은 것이라도 모이면 큰 것이 될 수 있다는 말.

파고 세운 장나무
장나무는 물건을 받치기 위하여 세운 굵고 큰 나무로, 땅을 깊이 파고 세운 장나무는 한층 탄탄한 것이므로 사람이나 일이 든든하여 믿음직스러울 때 하는 말.

파김치가 되었다
기운이 빠지고 지쳐서 아주 느른하게 된 모양을 비유한 말.

파리 한 섬을 다 먹었다 해도 실제로 먹지 않았으면 그만
남에게 별의별 불명예스러운 말을 다 듣더라도 실제로 자기에게 그런 일이 없었다면 상관할 바 없고 모른 체하라는 뜻.

판돈 일곱 닢에 노름꾼은 아홉
노름판에 나온 돈은 모두 해서 일곱 닢밖에 안되는데 노름꾼이 아홉 사람이라 함은, 보잘것없는 일에 그 소득을 얻고자 턱없이 많은 사람이 모인다는 뜻.

판수는 죽는 날이 없을까
판수는 점을 치기 때문에 제 일은 무엇이나 잘 알아맞혀서 죽지도 않고 영원히 살 것 같지만 실상은 그렇지 못하다는 말로, 장님을 쫓아다니면서 점을 친다는 것은 부질없는 짓이라는 말.

팔 고쳐 주니 다리 부러졌다 한다
① 체면이 없이 무리하게 계속 요구를 하는 경우를 이르는 말.
② 사고가 잇따라 일어남을 비유적으로 이르는 말

팔대 독자 외아들이라도 울음소리는 듣기 싫다
아무리 귀한 아이라도 울음소리는 듣기 싫다는 말로, 아이들의 울음소리란 매우 듣기 싫은 것이라는 뜻.

팔백금으로 집을 사고 천금으로 이웃을 산다
① 집을 새로 장만하려면 먼저 그 이웃이 좋은 것을 보고 나서 장만하라는 말. ② 이웃이 중요함을 이름. = 세 닢 주고 집 사고 천 냥 주고 이웃 산다. 집을 사면 이웃을 본다.

팔십 노인도 세 살 먹은 아이한테 배울 것이 있다
아무리 어린아이가 하는 말이라도 그것을 귀담아 듣고 무시하지 말 것이며, 어린아이 소견도 때로는 좇는 것이 더 좋은 수가 있다는 말.

팔이 들이굽지 내굽나
자기와 더 가까운 사람에게 더 정이 쏠리는 것이 사람의 상정이라는 말. = 팔이 안으로 굽는다. 팔이 안으로 굽지 밖으로 굽나.

팔자가 좋으면 동이장수 맏며느리 됐으랴
팔자 좋다는 말을 듣고 무엇이 좋으냐고 반문하는 말.

팔자는 독에 들어가서도 못 피한다
① 일이 억지로 안될 때 할 수 없다는 뜻으로 탄식하여 하는 말.
② 저 타고난 팔자대로 살 것이지 아무리 딴생각을 하여도 소용없다는 뜻.

팔자를 고친다
① 여자가 재가하는 것을 이름.
② 가난한 사람이 부유하게 된다는 말.

팥으로 메주를 쑨대도 곧이듣는다
메주는 콩으로 쑤는 것인데 팥으로 쑨다 해도 곧이듣는다 함은 남의 말을 지나치게 잘 믿는다는 말. = 팥을 콩이라 해도 곧이듣는다.

팥이 풀어져도 솥 안에 있다
얼른 보아서 손해된 것 같으나 사실은 그리 큰 손해는 아니라는 말. = 죽이 풀려도 솥 안에 있다.

패랭이에 숟가락 꽂고 산다
가난하고 천한 사람이 쓰는 대오리의 갓에 숟가락을 꽂아 놓았다 함은, 그 살림이 매우 가난하여 세간도 물론 보잘것없다는 말.

패장(敗將)은 말이 없다
승부를 다투어서 지거나, 무슨 일을 잘못하였을 때에는 나서서 무어라고 말하지 않는다는 뜻.

평양 감사도 저 싫으면 그만이다
아무리 좋은 일이라도 제 마음에 들지 않으면 억지로 시키기 힘들다는 뜻.

평지에서 낙상(落傷)한다
① 안전한 곳에서 뜻밖에 실각함을 이름.
② 마음을 놓는 데서 실수가 생기는 것이니 항상 조심하라는 말.
= 장판방에서 자빠진다. 평지에서 낙상한다. 방바닥에서 낙상한다.

평택이 무너지나 아산이 깨어지나
① 쌍방의 힘이 비슷하여 싸우는 기세가 같이 동등함을 이름. ② 싸움을 할 때 서로 끝까지 결판이 날 때까지 해보자고 어르는 말.
= 아산이 깨어지나 평택이 무너지나.

포도군사의 은동곳 물어 뽑는다
도둑놈이 잡혀 벌을 받고 하옥될 때에 그를 잡고 있는 포도군사의 상투에 꽂은 은비녀를 몰래 입으로 물어서 뽑는다는 말로, 좋지 않은 제 버릇은 아무 데를 가서도 고치지 못한다는 말.

포도청 문고리도 빼겠다
겁이 없고 담이 큰 사람을 두고 이르는 말.

푸성귀는 떡잎부터 알고 사람은 어렸을 때부터 안다
① 자라서 크게 될 사람은 어릴 적부터 다르다는 말. ② 결과가 좋은 것은 시초부터 잘된다는 뜻. = 될성부른 나무는 떡잎부터 알아본다. 열매 될 꽃은 첫 삼월부터 안다. 잘 자랄 나무는 떡잎부터 알아본다.

푸줏간에 들어가는 쇠걸음
벌벌 떨며 무서워하거나 마음에 내키지 아니하는 것을 억지로 하는 모양을 비유적으로 이르는 말.

풀끝의 이슬
사람의 생애란 풀끝의 이슬처럼 덧없고 허무하여 마음 둘 곳이 없다는 말.

풀 베기 싫어하는 놈이 단 수만 센다
새 풀을 베면서 몇 단이나 베었나 그것만 따진다 함은, 하던 일이 싫증이 나서 해 놓은 일의 성과만 헤아린다는 말. = 게으른 선비 책장 넘기기. 게으른 여편네 밭고랑 세듯. 게으른 일꾼 밭고랑 세듯. 풀 베기 싫어하는 놈이 단 수만 센다.

풀을 베면 뿌리를 없이 하라
① 무슨 일을 하거나 철저히 해야 한다는 말. ② 나쁜 것을 없이함에 있어서는 아주 근본부터 없애 버려야 후환이 없다는 말.

품안에 있어야 자식이라
자식이 어릴 때는 부모를 따르나 장성하면 차츰 부모로부터 멀어진 다 하여 이르는 말. = 자식도 품안에 들 때 내 자식이지.

풍년거지 더 섫다
거지란 늘 서러운 신세이지만, 남들이 다 잘되는 것을 보고는 한층 더 제 처지가 서럽다는 말.

피나무 껍질 벗기듯
무엇을 차근차근히 벗겨서 아주 하나도 남기지 않음을 이름.

피는 짚신 삼으면서 잡아야 다 잡는다
논의 피는 아무리 뽑아도 한없이 나는 것이므로 그것을 모두 없애려면 그 피를 뽑아 짚신을 삼으면서 자꾸 뽑아내야 한다는 말.

피 다 잡은 놈 없고 도둑 다 잡은 나라 없다
논의 피는 아무리 뽑아도 한없이 다시 나고, 도둑은 아무리 잡아도 한없이 생겨난다 하여 이르는 말.

피로 피를 씻는다
① 혈족끼리 서로 다툰다는 말.
② 악을 처리하기 위하여 또다시 악으로써 한다는 뜻.

피를 나누다
혈연 관계에 있다는 뜻.

핑계가 좋아서 사돈네 집에 간다
속으로는 어떤 일을 좋아하면서도 겉으로는 다른 것이 좋은 듯이 둘러댐을 비유적으로 이르는 말.

핑계 없는 무덤이 없다
어떤 것이든 결과가 있는 것에는 반드시 원인이 있다는 뜻으로, 무슨 일에라도 반드시 둘러댈 핑계가 있음을 이르는 말.

하나는 열을 꾸려도 열은 하나를 못 꾸린다
① 한 사람이 잘되면 여러 사람을 도와서 살릴 수가 있으나 많은 사람의 힘을 합하여도 한 사람을 잘살게 하기는 어렵다는 뜻. ② 한 부모는 여러 자식을 거느리고 살아 나가도 자식 여러 명이 한 부모를 모시고 살기가 어렵다는 뜻.

하나를 보면 열을 안다
① 일부를 보고 전체를 안다는 말.
② 매우 영특하다는 말.

하늘 높은 줄만 알고 땅 넓은 줄은 모른다.
야위고 키만 큰 사람을 농으로 이르는 말.

하늘 높은 줄은 모르고 땅 넓은 줄만 안다
키가 작고 옆으로만 퍼져 뚱뚱하게 생긴 사람을 농으로 이르는 말.

하늘 보고 손가락질한다
제게는 당치도 않은 엄청난 짓을 한다는 뜻.

하늘 보고 주먹질한다
아무 소용없는 엄청난 일을 한다는 뜻.

하늘 보고 침 뱉기
하늘을 보고 침을 뱉으면 도로 자기 얼굴로 떨어진다는 말로, 자기 스스로가 자기를 욕보이는 언행을 할 때 이르는 말.

하늘에 돌 던지는 격
힘써 수고한 보람은 고사하고 도리어 그 일로 말미암아 자기에게 재앙이 생기게 된다는 말.

하늘에서 떨어졌나 땅에서 솟았나
① 도무지 기대하지도 않던 것이 홀연히 나타남을 이름.
② 부모와 조상을 몰라보는 자를 깨우쳐 주는 말.

하늘을 두고 맹세한다
자기가 한 약속은 어떠한 일이 있더라도 반드시 지키겠다고 맹세한다는 말.

하늘을 보아야 별을 따지
어떤 성과를 거두려면 거기에 상당한 노력과 준비가 있어야 한다는 뜻.

하늘을 쓰고 도리질한다
세력이 등등하여 그 세력을 믿고 두려운 것이 없는 듯이 행세함을 이름.

하늘의 별 따기
매우 무엇을 하기가 어려워 이룰 가망이 없는 일에 비유한 말.

하늘이 만든 화는 피할 수 있으나 제가 만든 화는 피할 수 없다
사람은 자기가 지은 잘못으로 인하여 반드시 그 후환을 입게 된다는 뜻으로 하는 말.

하늘이 무너져도 솟아날 구멍이 있다
아무리 어려운 처지라도 그것을 벗어나서 다시 잘될 수 있는 방책이 서게 된다는 뜻.

하던 지랄도 멍석 펴 놓으면 안 한다
일껏 하던 일도 더욱 잘하라고 떠받들어 주면 안 한다는 뜻.

하루 굶은 것은 몰라도 헐벗은 것은 안다
집이 가난하여 먹지 못하고 지내는 것은 남의 눈에 얼른 띄지 않으나 옷을 입지 못하고 있는 것은 곧 나타난다는 말로, 옷차림이나마 남에게 궁색하게 보이지 말라는 말.

하루 물림이 열흘 간다
한번 연기하기 시작하면 자꾸 더 끌어 가게 된다 함이니, 무슨 일이나 뒤로 미루는 것을 경계하는 말.

하루 죽을 줄은 모르고 열흘 살 줄만 안다
언제 죽을지도 모르는 이 덧없는 세상에서 얼마든지 오래 살 것처럼 인색하게 굴고 제가 조금이라도 잘살기 위해 남에게 혹독하게 구는 사람을 보고 하는 말.

하룻강아지 범 무서운 줄 모른다
철모르고 함부로 덤비는 것을 가리키는 말.

하룻밤을 자도 만리장성을 쌓아라
잠시 만난 사람이라도 정의를 깊이 맺어 두라는 말.

하룻밤을 자도 헌 각시
① 여자의 정도를 굳게 지킬 것을 강조하는 말. ② 한번 과오라도 있으면 지조를 지킨 사람으로 볼 수 없다는 말.

하지도 못할 놈이 잠방이 벗는다
어떤 일을 할 실력도 자신도 없는 사람이 하려고 덤비는 경우를 두고 이르는 말.

하품에 딸꾹질
① 어려운 일이 겹쳤다는 뜻.
② 공교롭게도 일이 잘 안된다는 뜻.

학이 곡곡 하고 우니 황새도 곡곡 하고 운다
아무것도 모르고 비판 없이 남이 하는 대로 무조건 따라한다는 뜻.

한강물 다 먹어야 짭나
한강물을 다 마셔야만 짜다고 하겠느냐 함은, 무슨 일이나 조금만 시험해 보면 짐작이 간다는 말.

한강에 그물 놓기
① 이미 준비는 하여 놓았으니 기다리고 있노라면 언젠가는 이루어질 날이 있다는 말. ② 막연한 일을 어느 세월에 기다리고 있겠느냐는 뜻으로 하는 말.

한강이 녹두죽이라도 쪽박이 없어 못 먹겠다
사람이 몹시 게으르고 무식함을 비유적으로 이르는 말.

한 귀로 듣고 한 귀로 흘린다
말을 하여도 귀담아 듣지 않아서 곧 잊어버리고, 결국은 듣지 않은 것과 같다는 뜻.

한 날 한 시에 난 손가락도 길고 짧다
① 온갖 사물은 다 고유의 특성을 가지고 있어서 구별이 된다는 말.
② 한 형제간에도 슬기로운 사람과 어리석은 사람이 생기며, 같은 등속이라도 고르지 못하다는 말.

한 냥짜리 굿하다가 백 냥짜리 징 깨뜨린다
쓸데없는 일을 하다가 도리어 큰 손해를 보게 되었을 때 이르는 말.

한 노래로 긴 밤 새울까
① 한 가지 일만 하여 세월을 허송함을 이름. ② 어떤 일이거나 그만 둘 때가 되면 그만 두고 새 일을 시작해야 한다는 뜻.

한 놈의 계집은 한 덩굴에 열린다
한 남자의 처첩이 여럿이라도 집안의 규모와 남편의 성질에 따르다 보면 모두 비슷해진다는 뜻.

한 다리가 천 리
조금이라도 더 가까운 사람에게 정이 쏠리며, 조금이라도 촌수가 먼 사람에게는 자연히 등한하게 된다는 뜻.

한 달이 크면 한 달이 작다
한 번 좋은 일이 있으면 그 다음에는 궂은일이 있게 되어 있어서 세상일은 모두 늘고 줄며 변하여 돌아가게 마련이라는 뜻.

한더위에 털 감투
제 철이 지나 쓸모없게 되어 버려서 오히려 거추장스럽기만 한 물건을 이르는 말.

한데 앉아서 음지 걱정한다
자기는 지붕도 없는 곳에 앉아서 남이 응달에 앉아 있는 것을 걱정한다는 말로, 제 일도 한심스러운데 남의 일까지 마음을 쓰고 있다는 뜻.

한 되 주고 한 섬 받는다
조금 주고 그 대가로 몇 갑절이나 더 많은 것을 받는다는 뜻.

한라산이 금덩어리라도 쓸 놈 없으면 못 쓴다
아무리 귀중한 재물일지라도 그것을 쓸 줄 아는 사람이 있어야만 그것이 제 진가를 발휘한다는 뜻.

한량이 죽어도 기생집 울타리 밑에서 죽는다
사람은 평소의 행실과 자기의 본색을 감출 수 없으며, 죽을 때도 그것을 나타내게 된다는 말.

한 말 등에 두 안장을 지을까
한 사람에게 한꺼번에 두 가지 일을 시킬 수 없다는 뜻.
= 한 어깨에 두 지게를 질까.

한 말 주고 한 되 받아 무엇하나
벌이를 한다고 도리어 남 좋은 일만 하고 다님을 이름.

한 번 가도 화냥, 두 번 가도 화냥
무슨 일을 한 번 저지르나 여러 번 저지르나 저질렀다는 사실에는 틀림이 없고, 그와 같은 말을 듣기는 매일반이라는 말.

한 번 걷어 챈 돌에 두 번 다시 채지 않는다
한 번 실수한 것에 또다시 실수를 거듭하지는 않는다는 말.

한 번 검으면 흴 줄 모른다
한 번 좋지 않은 짓을 하고 그것이 습관이 되면 좀처럼 고치기 어렵다는 뜻.

한 번 똥눈 개가 일생 눈다고
어쩌다 한 번 실수로 똥눈 개는 한평생 똥누었다고 지목받는다는 말로, 한 번 실수하여 남에게 의심을 받으면 늘 그 누명을 벗기가 힘들다는 말.

한 번 속지 두 번 안 속는다
처음 한 번은 속기 쉽지만 그 다음부터는 경계하기 때문에 다시는 속지 않는다는 말.

한 번 실수는 병가의 상사(常事)
한 번쯤의 실수는 누구에게나 다 있는 것이므로 크게 탓할 것이 아니라는 말.

한 번 엎지른 물은 다시 주워 담지 못한다
한 번 해 버린 일은 아무리 예전대로 복구하려 하나 다시 고쳐 회복할 수 없다는 뜻.

한 불당에 앉아 내 사당 네 사당 한다
① 한집안의 것은 모두가 그 집 사람들의 것인데도 불구하고 저마다 제 것 남의 것을 찾고 저마다 제가 많이 가지려고 한다는 말.
② 한집안 식구끼리 이권을 가지고 싸우는 것은 옳지 않다는 뜻으로 이름.

한 살 더 먹고 똥 싼다
나이를 먹어 가면 점점 더 나아져야 할 텐데 그렇지 못하고 오히려 더 철없는 짓을 한다는 뜻.

한솥밥 먹고 송사(訟事) 한다
아무리 친밀한 사이라도 하찮은 일로 인해 서로 송사까지 할 수 있게 된다는 말. 인심의 험악함을 이른 말임.

한 술 밥에 배부르랴
① 무슨 일에나 처음 일에 큰 효과를 얻을 수 없다는 말.
② 힘을 조금 들이고 많은 효과를 바랄 수는 없다는 말.

한 시를 참으면 백날이 편하다
세상을 살아가자면 참기 어려운 일이 한두 가지가 아니지만, 그런 때일수록 한번 꾹 참아야만 훗날에 후회가 따르지 않지, 그렇지 않고 그 당시의 감정대로 일을 저질러 버린다면 반드시 후회할 일이 생긴다 하여 이르는 말.

한식에 죽으나 청명에 죽으나
한식과 청명은 하루 사이라서 하루 먼저 죽으나 하루 뒤에 죽으나 별 차이가 없다는 말로, 무슨 일에 있어 별 차이가 없다는 뜻으로 쓰이는 말.

한 아들에 열 며느리
부모들은 흔히 자기 아들이 여러 첩을 보는 것을 싫어하지 않는다 하여 이르는 말.

한 알 까먹은 새도 날린다
낟알 한 알 까먹은 새도 쫓아 버린다는 뜻으로, 아무리 적고 보잘것없는 것이라도 먹는 것이란 허술히 할 것이 아니라는 뜻.

한 어미의 자식도 아롱이다롱이
한 어머니에게서 난 아이들도 그 모양과 성격 등이 모두 다르다는 말로, 세상일은 무엇이나 꼭 같은 것이 없다는 뜻. = 한 어미의 자식도 오롱이조롱이.

한 외양간에 암소가 두 마리
매우 어리석고 미련한 데가 있는 것끼리 있으면 서로 이익되는 것이 없다는 말.

한 일을 보면 열 일을 안다
한 가지 일을 보면 그 사람의 다른 모든 행동까지도 미루어 알 수 있다는 말.

한집 살아 보고 한배 타 보아야 속 안다
사람의 마음은 같이 오래 지내 보아야 알며, 특히 순경(順境)보다도 역경(逆境)에서 지내 봐야 안다는 뜻.

한집에 늙은이가 둘이면 서로 죽으라고 한다
일할 사람이 여럿이면 서로 밀고만 있어서 일이 안된다는 뜻.

한집에 있어도 시어미 성(姓)을 모른다
자기에게 가깝고 손쉬운 일은 흔히 무심하여 지나쳐 버리는 수가 많기 때문에 도리어 잘 모른다는 뜻.

한 푼 아끼다 백 냥 잃는다
적은 것을 아끼다가 큰 손해를 보게 된다는 뜻.

한 푼 장사에 두 푼 밑져도 팔아야 장사
장사를 하려면, 최악의 경우에는 밑지더라도 아무튼 팔아야만 된다는 뜻.

한 푼짜리 푸닥거리에 두부가 오 푼
푸닥거리 전체에 대한 돈보다 굿에 쓸 두부 값이 더 많이 들었다 함은, 주(主)되는 일보다 그것을 하기 위한 부분적인 일에 더 비용이나 힘이 많이 들 때 이르는 말.

할머니 뱃가죽 같다
쭈글쭈글한 것을 비유하여 이름.

할 일이 없거든 오금이나 긁어라
오금을 긁는 모양은 보기 싫은 짓이지만 하는 일 없이 가만히 있는 것보다는 낫다는 뜻으로, 일 없이 그저 노는 것보다는 낫다는 말.

할 일이 없으면 낮잠이나 자라
자신과 상관없는 일에 쓸데없이 참견하는 경우를 비꼬는 말.

함박 시키면 바가지 시키고 바가지 시키면 쪽박 시킨다
윗사람이 아랫사람에게 무슨 일을 시키면 그는 또 자기의 아랫사람을 불러서 시킨다는 말.

함지밥 보고 마누라 내쫓는다
부인들은 흔히 함지에 밥을 많이 퍼서 여럿이 같이 먹으므로, 그 밥을 혼자 다 먹는 줄 잘못 알고는, 밥 많이 먹는 마누라와는 같이 살 수 없다 하여 내쫓는다는 말.

함흥차사(咸興差使)
심부름 간 사람이 떠난 뒤 다시 돌아오지 않음을 뜻함.
[참고] 태조 이성계가 그 아들 태종과의 사이가 나빠져 함흥으로 가서 나오지 않으므로, 태종이 아버지의 노염을 풀기 위하여 여러 차례 사신을 보냈으나 보내는 대로 죽이고 돌려보내지 않았다는 이야기에서 나온 말.

항문이 더럽다고 도려 버릴 수 있느냐
① 아무리 더러워도 자기에 속한 것이면 어쩔 수 없다는 말.
② 자작지얼(自作之孽), 즉 자기 스스로가 지은 재앙은 버릴 수가 없다는 말.

항우(項羽)도 댕댕이 덩굴에 넘어진다
힘이 센 항우도 보잘것없는 덩굴에 걸려 넘어지는 수가 있다는 말로, 작고 보잘것없다 하여 깔보아서는 안된다는 말.

해동청 보라매
사람이 영악하고 날램을 보고 이름.
* 해동청(海東靑)·보라매 : 둘 다 매의 이름.

해변 개가 산골 부자보다 낫다
해변은 물산(物産)이 풍성하고 산골은 빈궁하여, 산골 부자라고 해 봤자 사는 것이 보잘것없음을 이름.

해산 구멍에 바람 들라
여자가 해산을 하고 나서 바람을 잘못 맞으면 병이 나므로 바람을 맞지 말라고 이르는 말.

행랑(行廊) 빌면 안방까지 든다
대청을 빌려 주니 안방에까지 들어온다는 말로, ① 사정을 봐 주니 차츰 더 큰 요구를 한다는 뜻. ② 처음에는 조심하여 조금씩 하던 일도 차차 재미를 붙여 정도에 넘치는 짓을 한다는 뜻. = 청(廳)을 빌려 방에 들어간다.

행랑이 몸채 노릇 한다
신분이 천한, 밑에 딸린 사람이 일에 간섭하고 주인 노릇을 한다는 말.

행수행수 하고 짐 지운다
입으로는 그 사람을 존경하거나 아끼어 대접하는 체하면서 그 사람을 이용한다는 말.
* 행수(行首) : 여러 사람의 우두머리.

행실을 배우라 하니까 포도청 문고리를 뺀다
품행을 단정히 하라고 훈계하였더니 도리어 위험하고 못된 짓을 한다는 말.

향기 나는 미끼 아래 반드시 죽는 고기 있다
미끼가 좋으면 반드시 고기가 찾아와서 문다는 말로, 누구나 좋은 물건을 내보이면 그것을 얻기 위하여 애쓰고 받을 만한 노력을 아끼지 않는다는 뜻.

허리띠 속에 상고장(上告狀) 들었다
허리띠 속에 기밀을 요하고 함부로 할 수 없는 상고장이 들었다 함은, 겉보기는 허름하나 좋은 것을 가지고 있거나, 얼른 보아 못난 듯한 이가 비상한 재주를 감추고 있다는 뜻.

허리 부러진 호랑이
아무리 용맹을 떨치던 호랑이라 할지라도 허리가 부러지면 조금도 두려울 것이 없는 것처럼, 제아무리 권세가 당당하고 재주가 비상하던 사람도 일단 기운이 꺾이고 재주를 쓸 수 없게 되면 두려울 것 없는 무력한 자가 되고 만다는 뜻.

허울 좋은 과부
① 과부의 생활이란 아무리 좋아 보이더라도 실상은 그리 부러워할

만한 것이 아니라는 뜻. ② 보기만 좋았지 아무 실속이 없다는 뜻.

허울 좋은 하눌타리
겉모양은 좋으나 실속이 보잘것없다는 말.

허파에 바람 들었나
비실비실 웃으며 실없이 행동하는 사람을 이름.

허허 해도 빚이 열닷 냥이다
겉으로는 흔연스럽게 좋은 척하나 마음속에는 근심 걱정이 가득하다는 뜻.

헌 머리에 이 모이듯
① 이익이 있는 곳으로 떼를 지어 모임을 이름. ② 많은 사람이나 물건이 이 틈 저 틈에 끼어 있는 모양을 두고 이름. = 헌 머리에 이 박이듯.
* 헌 머리 : 종기 등이 나서 헌데가 있는 머리.

헌 머리에 이 잡듯
머리에 종기가 나 헌데서 이를 잡으려면 쉬운 일이 아니므로, 무엇이나 어지럽게 헝클어진 것을 꼼꼼하게 뒤짐을 이름.

헌 분지 깨고 새 요강 물어준다
조그만 실수로 인해 억울하게도 큰 손해를 본다는 뜻.
* 분지 : 진흙으로 만든 요강.

헌신같이 버린다
아낌없이 아주 내버려 돌아보지 않음을 이름. = 헌신짝 동댕이치듯. = 헌신짝 벗어 내던지듯.

헌 짚신도 짝이 있다
아무리 가난하고 볼품없는 사람이라도 그 사람에게 어울리는 배필이 있다는 말.

헐복(歇福)한 놈은 계란에도 뼈가 있다
복이 없는 놈은 모처럼 얻게 된 계란에도 유난스럽게 뼈가 들었더라는 말로, 운이 나빠 일이 안되는 사람은 무슨 일을 하든지 잘 안된다는 뜻.

헤엄 잘 치는 놈 물에 빠져 죽고 나무에 잘 오르는 놈 나무에서 떨어져 죽는다
① 사람은 흔히 그가 가지고 있는 재간 때문에 실수하게 된다는 말.
② 잘한다고 날뛰느니보다 좀 어리석은 듯 미련한 듯한 사람이 더 믿음직스럽다는 뜻. = 나무에 잘 오르는 놈이 떨어지고, 헤엄 잘 치는 놈이 물에 빠져 죽는다.

혀 밑에 죽을 말이 있다
말을 잘못하면 큰 화를 입게 되므로 말조심을 하라는 뜻.

혀 아래 도끼 들었다
말을 잘못하면 재앙을 얻게 되니 말조심하라는 뜻.

혀에 굳은살이 박히도록
혓바닥에 굳은살이 박혀 뻣뻣해지도록까지 말을 한다는 말로, 입이 아프도록 말을 많이 한다는 뜻.

현왕재 지내고 지벌 입는다
① 남에게 좋은 일을 해 주고 도리어 그 사람에게서 해를 입게 될 때 이름. ② 세력 있는 사람에게 뇌물을 쓰고 나서 역효과를 내게 되었을 때 이르는 말.
* 현왕재 : 불교에서 사람이 죽었을 때 그를 극락으로 인도케 하는 기도.
* 지벌 : 신불(神佛)의 노여움을 사서 벌을 받게 되는 것.

형만한 아우 없다
① 모든 일을 처리하는 데 있어서 역시 형이 아무보다 낫다는 뜻. ② 아우가 아무리 형을 생각한다 하더라도 형이 아우를 생각하는 정에는 미치지 못한다는 뜻. = 형 미칠 아우 없고, 아비 미칠 아들 없다.

형은 먹어라 하는데 아주머니는 먹지 말란다
아주머니, 즉 형수 되는 이가 흔히 시동생들을 달갑지 않게 여긴다는 말.

형제는 잘 두면 보배, 못 두면 원수
형제를 잘 두면 매우 든든하고 서로 돕고 도와주며 잘 지낼 수 있으나, 못된 형제가 있으면 남같이 모르는 체할 수도 없고 일일이 폐를 입게 된다는 뜻으로 하는 말.

형틀 지고 와서 볼기 맞는다
가만히 있으면 아무 탈이 없을 일을, 제가 서둘러서 화를 부르고 고생을 사서 한다는 뜻.

호도 속 같다
일이 복잡하여 갈피를 잡을 수 없음을 이름.

호랑이가 굶으면 환관(宦官)도 먹는다
굶은 호랑이가 내시(內侍)라고 해서 잡아먹지 않을 리 없다는 말로, 일단 굶고 나면 좋고 나쁜 것을 가리지 않는다는 뜻.

호랑이 개 어르듯
호랑이가 개를 잡아먹을 속셈은 숨기고 개를 꾀느라고 좋게 달래듯 한다는 말로, 속으로는 딴생각을 하고 제 잇속만 찾으면서 당장은 가장 좋은 낯으로 먼저 상대방을 슬슬 달래어 환심을 사 두려고 한다는 뜻.

호랑이 굴에 가야 호랑이 새끼를 잡는다
뜻하는 성과를 얻으려면 반드시 그에 마땅한 일을 하고 기다려야 한다는 뜻.

호랑이는 죽어서 가죽을 남기고 사람은 죽어서 이름을 남긴다
사람은 살아생전에 훌륭한 일을 하여 후세에 빛나는 이름을 남겨야 한다는 말.

호랑이 담배 먹을 적
지금과는 아주 형편이 다른 '까마득한 옛날'이라는 말을 비유적으로 이르는 말.

호랑이더러 날고기 봐 달란다
소중한 물건을 염치도 예의도 없고 믿을 수도 없는 사람에게 맡겨 그것을 보아 달라고 하면 도리어 잃게 될 뿐이라는 뜻. = 도둑괭이더러 제물 지켜 달란다. 고양이한테 생선 맡긴 것 같다.

호랑이도 곤하면 잔다
① 일이 잘 안되고 늘 실패만 거듭할 때에는 차라리 아무것도 하지 않고 쉬며 기회를 기다리는 것이 좋다는 말. ② 누구나 곤할 때는 쉬어야 한다는 말.

호랑이도 새끼가 열이면 시라소니를 낳는다
자식을 많이 낳으면 그 중에 사람 구실을 제대로 못하는 자식도 있게 된다는 뜻.
* 시라소니 : 고양잇과에 딸린 짐승으로, 호랑이와 고양이의 중간쯤 됨.

호랑이도 쏘아 놓고 나면 불쌍하다
아무리 밉던 사람도 그가 죽게 되었을 때는 측은하게 여겨진다는 뜻.

호랑이도 자식 난 골에는 두남둔다
호랑이와 같은 사나운 짐승도 제 새끼는 사랑하고 중히 여기는데 하물며 사람에 있어서야 말할 것도 없다는 뜻.

* 두남두다 : 애착을 가지고 돌보다.

호랑이도 제 말 하면 온다
① 그 자리에 없다고 하여 남의 흉을 함부로 보지 말라는 뜻. ② 마침 이야기 중에 오르내리고 있는 자가 바로 그때 나타났음을 이름.

호랑이에게 개 꾸어 준 셈
믿을 수 없는 사람에게 주어 아무런 갚음도 바랄 수 없이 되었음을 이름.

호랑이에게 고기 달란다
고기를 즐기는 호랑이에게 고기를 달라고 하면 줄 리가 없다는 말로, 전혀 현실성이 없고 경우에 어긋나는 행동을 함을 이름.

호랑이에게 물려가도 정신만 차려라
아무리 위급한 경우를 당하였더라도 정신을 똑바로 차리고 있으면 그 위험을 면할 수가 있다는 뜻. = 범에게 물려 가도 정신만 차리면 산다.

호랑이에게 물려 갈 줄 알면 누가 산에 갈까
① 미리부터 결과가 좋지 않을 줄 안다면 아무도 그것을 무릅쓰고 어려운 일을 하지 않는다는 말. ② 누구나 일을 처음 할 때는 실패할 생각은 않는다는 말.

호랑이 잡고 볼기 맞는다
장한 일을 하고도 도리어 벌을 받는다는 뜻.
[**참고**] 맹수를 잡았으므로 그 공은 크지만, 호랑이는 산군(山君)이라 하여 잡기를 금하였으므로 도리어 볼기를 맞았음.

호랑이 잡을 칼로 개를 잡는 것 같다
호랑이 잡는 칼이 개를 잡는 칼보다 더 잘 들을 것이나 여기서는 반대로 칼이 잘 들지 않을 때 하는 말.

호랑이 제 새끼 안 잡아먹는다
호랑이같이 사나운 짐승도 제 새끼는 안 잡아먹는다는 뜻으로, 사람이 제 자식을 사랑하는 것은 당연하다는 말.

호랑이 코빼기에 붙은 것도 떼어 먹는다
① 위험을 무릅쓰고 이익을 추구함을 이름. ② 눈앞에 당한 일이 당장에 급하여 어떠한 위험한 일이라도 하지 않으면 안 되게 되었다는 뜻.

호미로 막을 것을 가래로 막는다
일이 크게 벌어지기 전에 미리 처리했더라면 그렇게 애쓰지 않아도 될 것을, 처음에 내버려 두었다가 큰 손해를 보거나 수고를 한다는 뜻.

호박나물에 힘쓴다
가벼운 호박나물 하나도 들지 못하고 무거워한다는 말로, 기골이 매우 약한 사람이 가벼운 것을 들고도 힘들어 하며 쩔쩔맨다는 뜻.

호박넝쿨이 벋을 적 같아서야
세력이 한창 뻗어나갈 때 같으면야 뭘 못할 게 있겠느냐는 말로, 세력이 한창 좋을 때에는 그 기세가 무섭지만 언제까지나 그럴 수는 없다는 뜻.

호박씨 까서 한입에 넣는다
① 조금씩 저축하였다가 그것을 한꺼번에 소비해 버림을 이름.
② 애써서 조금씩 모은 돈을 어떤 한 사람에게 몽땅 빼앗김을 이름.

호박에 말뚝 박기
① 심술궂고 가혹한 짓을 함을 가리키는 말.
② 아무리 말하여도 도무지 반응이 없다는 뜻.

호박이 넝쿨째 굴러 떨어졌다
뜻밖에 크게 좋은 수가 생겼음을 이름.

호박잎에 청개구리 뛰어오르듯
나이 어린 자가 웃어른에게 버릇없이 행동하거나 건방진 말을 툭툭

내뱉을 때 이름.

혹 떼러 갔다가 혹 붙여 온다
이익을 얻으러 갔다가 도리어 해를 당하게 되었을 때 쓰는 말.

혼삿말 하는데 상사(喪事)말 한다
① 하고 있는 말과 아무 관련이 없는 딴 말을 한다는 뜻.
② 경사스러운 말을 하는데 불길한 말을 할 때 쓰는 말.

혼인날 똥싼다
가장 조심하고 남에게 잘 보이려고 할 때 일이 공교롭게 되어, 모양이 사납게 되고 도리어 실수를 하여 남에게 망신당하였을 때를 이름.

혼인집에서 신랑 잃어버렸다
어떤 일을 함에 있어서 가장 중요한 것을 잃어버렸을 때 쓰는 말.

홀아비는 이가 서 말, 과부는 은이 서 말
과부는 알뜰하여 살림을 넉넉하게 해 나갈 수가 있지만 홀아비는 헤퍼서 살아 나갈 수 없다는 말로, 여자는 혼자 살아 나갈 수가 있어도 남자는 혼자 살기 어렵다는 뜻.

화롯가에 엿을 붙이고 왔나
솥뚜껑에 엿을 두고 그것이 녹아 없어질까 봐 염려되어 그러느냐는 뜻으로, 빨리 돌아가려고 일어서는 사람을 만류하면서 이르는 말.
= 가맛동(솥뚜껑의 사투리)에 엿을 놓았나. 솥뚜껑에 엿을 놓았나.

화약을 지고 불로 들어간다
자기가 스스로 위험한 일을 하여 재앙을 청한다는 말.

화재 난 데 도둑질
남이 위급하고 불행한 일을 당하여 정신을 못 차리고 있는 틈을 타서 도둑질을 한다는 말로, 남의 불행을 도와주지는 않고 도리어 그것을 악용하여 자기의 이익으로 삼음을 이르는 말.

화적(火賊) 봇짐 털어먹는다
도둑질을 하여 꾸린 화적의 봇짐을 털어먹는다 함은, 나쁜 짓에 있어 한 수 위라는 뜻.

홧김에 화냥질한다
홧김에 분별없이 행동하여 더욱 큰일을 저지름을 이름. = 부앗김에 서방질한다.

황금 천 냥이 자식 교육만 못하다
부모가 자식에게 주는 가장 크고 좋은 유산은 공부 시키는 것이란 뜻.

황새 조 알 까먹은 것 같다
황새가 좁쌀 한 알을 까먹은 것과 같다 함은, 분량이 너무도 적어서 턱없이 부족하다는 뜻.

황소 불알 떨어지면 구워 먹으려고 다리미 불 담아 다닌다
언제 이루어질지 모르는 요행을 바라고 어리석게 서성거리며 기다린다는 뜻. = 쇠불알 떨어질까 하고 제 장작 지고 다닌다.

황충이 간 데는 가을도 봄
누리 떼가 지나가면 농작물이 크게 해를 입어 가을 추수 때가 되어도 거둘 것 없이 봄같이 궁하다는 말로, ① 좋지 못한 자는 가는 곳마다 나쁜 영향을 끼친다는 뜻. ② 운이 없는 사람은 아무리 좋은 처지에 있게 되어도 불행한 일만 생긴다는 말.

* 황충(蝗蟲) : 누리. 메뚜깃과의 곤충으로 풀무치와 비슷한데, 떼를 지어 날아다니며 농작물에 큰 피해를 주는 해충.

횃대 밑에 더벅머리 셋이면 날고뛰는 놈도 별 수가 없다
방 안에 더벅머리를 한 어린아이가 셋이 있으면 아무리 재주 있는 사람도 어쩔 수 없다는 말로, 어린 자식이 셋이나 딸리면 그 치다꺼리에만 얽매여 꼼짝도 할 수 없다는 뜻.

효성이 지극하면 돌 위에 풀이 난다
어버이에 대한 효성이 지극하면 기적적인 천우신조도 있게 되는 법이라 하는 말.

* 천우신조(天佑神助) : 하늘과 신령의 도움.

효자 끝에 불효 나고 불효 끝에 효자 난다
① 대대로 효자만 나거나 불효자만 나는 것이 아니라, 효자가 나면 불효자도 나고 불효자가 나면 또 나중에는 효자도 나게 된다는 말. ② 이 세상의 모든 일에는 흥망성쇠가 되풀이된다는 말.

효자 효녀가 나면 집안이 망한다
예전에는 친상을 당하면 오래 거상을 했는데, 효자 효녀는 이것을 꼬박 지키느라고 일을 못하였으므로 생긴 말.

* 거상(居喪) : 상중에 있음.

후에 보자는 사람 무섭지 않다
① 그 자리에서 당장 화풀이를 하지 못하고 나중에 두고 보자 하며 협박하는 사람은 무섭지가 않다는 말. ② 훗날을 기약하는 사람을 믿고 기대할 것이 못된다는 말. = 나중 보자는 양반 무섭지 않다.

흉갓집도 사귈 탓
불길하다고 소문난 집도 잘 눌러 살면 아무 탈 없이 지낼 수 있다는 말로, 손댈 수 없을 만큼 틀어진 일이라도 다루는 솜씨에 따라서 얼마든지 잘되어 나갈 수 있다는 말.

흉년거지
먹을 것을 얻기가 몹시 어려워서 무진 애를 쓰지만 얻는 것은 적다는 뜻으로, 특별히 노력을 하고도 효과는 적음을 가리키는 말.

흉년에 밥 빌어먹겠다
흉년에 밥 빌어먹기는 고되고 힘든 일이므로, 기골이 약하여 무슨 일을 하기에 너무 힘들어 하고 또 할 줄도 모르는 사람에게 미운 소리로 하는 말.

흉년에 어미는 굶어 죽고 아이는 배 터져 죽는다
① 흉년에는 양식이 모자라 울며 보채는 아이들만 주므로 아이들은 지나치게 배불리 먹게 되고 어른들은 굶게 됨에서 이르는 말. ② 먹을 것이 넉넉하지 못한 살림에는 아이는 지나치게 많이 먹고 반대로 어른은 못 먹는 것이 보통이라는 말.

흉년의 떡도 많이 나면 싸다
아무리 귀한 물건이라도 많이 나와서 흔해지면 값어치가 없어진다

는 말.

흉이 없으면 며느리 다리가 희단다
며느리가 미우면 시어머니가 생트집을 잡는다는 말로, 생트집을 잡아서 남을 흉봄을 이름.

흥정은 붙이고 싸움은 말리랬다
좋은 일은 하도록 권하고 나쁜 일은 말려야 한다는 말.

힘 센 놈의 집에 져다 놓은 것 없다
힘이 세면 무엇이나 등에 져다 놓을 수가 있어 살림이 풍족할 듯싶은데 실은 그렇지 않다는 말로, 힘만 세고 그것을 사용하지 않는 것은 아무런 소용이 없다는 말.

힘 센 아이 낳지 말고 말 잘하는 아이 낳아라
사람이 말을 잘하면 처세하기에 퍽 유리하다는 뜻으로 하는 말.
= 일 잘하는 아들 낳지 말고 말 잘하는 아들 낳아라.

한국의 속담 대백과

초판 1쇄 2012년 1월 20일 발행
중판 1쇄 2014년 12월 8일 발행

- 엮어옮김 __ 이선종

- 펴 낸 곳 __ 아이템북스
- 펴 낸 이 __ 박효완
- 편집주간 __ 이선종
- 편집기획 __ 정용숙·전상훈
- 디 자 인 __ 김영숙

- 등록번호 __ 제2-3387호
- 등 록 일 __ 2001년 8월 7일
- 주   소 __ 서울특별시 마포구 서교동 444-15
- 전   화 __ 02-332-4337
- 팩   스 __ 02-3141-4347

※ 파본이나 잘못된 책은 교환해 드립니다.